青年学者丛书

中国A股上市公司景气度研究

陈国政 / 著

前　言

改革开放以来，中国经济取得了巨大的成就，其中上市公司发挥了重要的功能，上市公司成为拉动国民经济发展的重要引擎。同时上市公司对城市发展有着非常重要的促进作用，可以提升城市的经济活力和城市创新能力，上市公司质量及数量与城市经济发达程度之间呈现出高度的正相关。本人长期跟踪研究中国A股上市公司与城市发展之间的关系，特别对上市公司景气度有着较为深入的研究，上市公司景气度可以反映出上市公司的发展变化。为了全方位了解中国A股上市公司景气度的变化，特将多年对上市公司景气度研究的成果进行梳理，加上2021年的最新数据，最后形成了《中国A股上市公司景气度研究》一书。

本书拟对中国A股上市公司景气度(也叫景气指数)进行全方位、多视角的分析，构建了上市公司景气指数计算方法体系，上市公司景气指数由生产景气指数、销售景气指数、投资景气指数、现金流景气指数、成本景气指数、盈利景气指数、雇佣景气指数7个分类景气指数合成。本书对中国证券市场的发展轨迹进行了全方位、多视角介绍，在此基础上，对中国A股上市公司景气指数进行计算及分析，研究时间跨度从2001年到2021年。对中国A股上市公司的景气指数分析从以下几个层面进行：一是对中国A股上市公司2001年到2021年的景气指数进行了描述，同时对每年的分类景气指数也进行了分析，描述中国A股上市公司20多年景气度变化；二是从不同证券交易所、不同板块、重点区域、重点行细分行业4个不同的维度对中国A股上市公司2001年到2021年的景气指数进行了详细分析，丰富了对中国A股上市公司景气度变化的认识；三是以2021年上市公司为样本，从不同省份、不同细分行业的视角对上市公司进行了横向的比较分析，得出不同省份之间的上市公司景气度的基本特征，以及不同细分行业的上市公司景气度的基本特征。对引起上市公司景气度变化的宏观经济因素、外部突发因素、上市公司行业前景、上市公司自身因素等进行了较为深入的分析，最后提出提升中国A股上市公司景气度的对策措施，为促进中国A股上市公司健康发展提供参考建议。

目　录

第一章
导　论

中国A股上市公司(简称上市公司)作为中国资本市场上的重要生力军,从1990年至今,经历了30多年的发展,为中国国有企业改革、经济发展和产业转型升级做出了巨大的贡献。但是上市公司发展的总体情况如何,缺乏一个总体的评价指标,而上市公司景气度可以作为反映上市公司总体发展水平的客观指标。

第一节　问题的提出与研究意义

一、问题的提出

企业是经济增长的重要支撑,在中国经济步入新常态,增长速度放缓的大环境下,研究企业发展的景气状况有利于预测企业的成长,从而对经济增长预测具有重要的意义。企业是经济发展的源泉,特别是上市公司,是中国企业中的中坚力量,对中国经济的发展具有决定性的作用,基本上代表了中国经济的中坚力量和未来产业的发展趋势。中国上市公司的发展速度相当惊人,短短30多年,市值规模位居世界第二。上市公司的市值长期接近GDP,有时候甚至超过当年GDP。到2021年年底,中国上市公司数量超过4 600家,最近几年每年以8%左右的速度增长。在李克强总理提出"大众创业,万众创新"的"双创"时代,上市公司承担了巨大的历史使命,成为创新创业的重要平台。上市公司作为经济增长的重要动力,其数量越来越多,其质量也越来越高,同时代表先进生产力和全球产业演进趋势。如何从定量的角度研究上市公司的基本面以及反映上市公司总体发展状况，是一个值得深入探讨的课题。

上市公司的发展状况缺乏定量评价指标。近30年来，上市公司获得了快速的发展，但是对上市公司的实际经营状况如何，却缺乏一个全方位的描述，通过上市公司的景气度研究，可以反映出中国上市公司经营状况特征以及多年来上市公司的发展状况。通过对不同区域上市公司景气状况的研究，可以对比不同区域上市公司发展质量和上市公司发展潜力作出一个基本的判断；对不同板块的上市公司景气状况进行研究，可以反映出不同板块上市公司之间成长的差异性；通过对不同行业上市公司的景气状况进行研究，可以发现新兴产业与传统产业之间的发展快慢，可以反映中国产业转型的脉络。众多的上市公司，其发展的整体状况如何，成长性如何，可以用上市公司景气度作为定量评价指标。

二、解决的问题

从定量研究的角度评价上市公司发展状况。如何定量评价上市公司生产经营情况的好坏？目前对上市公司的发展状况尚缺乏科学、客观的评价指标。本书通过构建上市公司景气指数来反映上市公司发展的景气度，以此作为衡量上市公司发展的客观评价指标。通过对历年上市公司景气指数的计算，大致描述2001年以来中国上市公司的景气指数来全面了解主板、中小板和创业板上市公司的景气状况，同时也可以了解不同区域的上市公司和不同行业的上市公司的景气状况；然后对2021年上市公司景气指数进行横向的比较，从历史脉络和横向两个层面对中国上市公司景气状况进行多维度的描述，多方位展示中国上市公司的景气状况。

三、研究的意义

（一）研究的理论意义

本研究通过利用上市公司公开的财务报表数据、通达信证券交易软件、Wind数据库作为研究的数据来源，对中国上市公司的景气状况进行纵向和横向的比较分析，通过分析全面展示中国上市公司的发展状况。研究的理论价值在于丰富上市公司研究的理论框架，研究上市公司的景气状况有利于完善对中国上市公司的研究，同时也能够拓展企业景气指数研究方法，丰富企业景气指数研究的不同方法。本研究通过构建上市公司景气指数方法，从定量研究的视角描述整个股市的基本面，不同于个股的基本面范畴，填补了上市公司理论研究上的一个空白。

（二）研究的现实意义

现实意义在于两个方面：

第一，通过景气指数计算方法模型的构建，全面计算上市公司历年景气指数，准确反映中国上市公司板块、区域、行业的景气特征，全面展现上市公司总体的发展。

第二，给投资者和政府相关部门了解全部上市公司的基本面提供了定量的指标（上市公司景气指数）研究的方法，通过该方法计算的上市公司景气指数可以为投资者了解股市基本面和政府相关部门决策提供参考依据。

第二节　研究方法与主要内容

一、研究方法

（一）文献研究法

查取了企业景气指数研究方法和长三角小微企业景气指数研究方法，综合其他关于企业景气指数研究的方法，对所采取的方法进行分析比较，然后建立本研究计算上市公司景气指数的方法体系。同时提出股市基本面的概念，把上市公司景气度作为反映股市基本面的客观指标。

（二）定量分析法

通过对上市公司基本财务数据进行梳理，选取了 7 个二级指标和 16 个三级指标作为研究的指标体系，所有数据都有可靠的来源和可获得性，全部为上市公司历年年报中的数据。通过定量分析方法对中国上市公司板块、区域、行业景气度进行描述统计分析。

（三）比较法

通过上市公司历年景气指数之间的比较，描述上市公司的发展变化，以及不同板块（主板、中小板和创业板）、不同区域和重点行业的上市公司历年景气指数比较，了解其发展趋势。同时从不同省份、行业对2021年的上市公司景气指数进行了横向比较分析，以及对2021年各省份、各行业的分类景气指数进行了比较分析，全面展示上市公司的发展变化。

二、研究主要内容

本研究的主要内容是对上市公司景气指数指标选择、计算方法和模型的构建，通过选择生产、销售、投资、现金流、成本、盈利和雇佣7个分类指标作为上市公司景气指数研究的二级指标。方法构建中考虑指标的代表性和科学性，特别是引入现金流作为二级分类指标，充分考虑到了上市公司的特点。对上期与本期采取了差别赋权，最后合成上市公司景气指数，建立上市公司景气指数计算模型。科学、高效、全面计算上市公司景气指数，既从时间序列角度考虑，分别计算了2001—2021年的上市公司景气指数，同时也对主板、中小板、创业板以及沪深两个证券交易所上市公司历年的景气指数和部分区域、行业的景气指数进行了计算。同时以2021年的上市公司景气度为研究对象，从不同省份、不同行业等角度计算了相应的上市公司景气指数并进行了横向比较；所选择的行业涉及100个细分行业。对上市公司景气指数进行多层次、全方位、纵向和横向的描述。

三、研究创新

本研究采用实证研究方法，通过对上市公司年报中的财务数据等进行收集整理分析，获取上市公司景气指数计算的基础数据，对2001—2021年的上市公司景气指数进行了计算。文中数据翔实、图表丰富。创新之处在于利用上市公司有关生产、销售、投资、现金流、成本、盈利和雇佣等公开数据，共计涉及16个三级指标，作为上市公司景气指数计算的基础，对二级指标采用平均赋权，对三级指标则是差别赋权；对时间跨度上期指数（0.3）和本期指数（0.7）采用差别赋权，最后合成上市公司景气指数，构建上市公司景气指数研究指标体系和方法模型。

第三节　文献综述与相关理论

一、企业景气指数文献综述

(一) 企业景气指数分析方法的发展

景气的研究方法最初是国外学者研究经济波动的一种方法，景气研究的方法最早可以追溯到19世纪末期。早在1888年召开的巴黎统计学大会上，就已经开始出现了以颜色作为标记来反映经济波动情况的论文。但是早期的这类研究仅仅是用来对经济发展进行简单的描述，主要是从定性的视角出发，大部分缺少定性的测量方法和模型，以定量为主的研究方法到20世纪初才得到大量的应用。

早在1903年，英国学者就开始尝试利用"国家波动图"来反映英国的宏观经济变化。但是学界认为，真正的景气研究方法是由美国学者创造的，1909年，美国巴布森统计公司发布了一个经济景气指数，该指数的主要功能是用来反映美国宏观经济运行状况，同时该指数给巴布森统计公司的投资者和客户提供了了解美国经济波动的情况，指导其客户进行商业投资。紧接着，美国布鲁克迈尔经济研究所在1911年发布了一个景气指数，该指数主要涉及股票、商品和货币三类不同的市场。1917年哈佛大学的经济学家编制并发布了反映经济波动的"哈佛指数"。随后，在1920年，英国伦敦与剑桥经济研究所编制并发布了反映英国商业情况变化的"英国商业循环指数"。1922年，瑞典经济统计学家编制并发布了瑞典商情指数，该指数主要是用来反映瑞典的商业发展变动的一个指数。1950年，NBER经济统计学家引入扩散指数的方法，开始尝试建立新的景气编制方法。从1961年开始，各国的官方机构正式采用景气指数来预测宏观经济的波动，纷纷建立各自的经济景气预警系统。这一阶段，景气指数的研究方法获得了广泛流传，成为风靡一时的研究方法。合成指数法和季节调整等方法逐步完善和成熟，景气指数研究方法在指标的选取上，一般会选择三类指标：超前指标、同步指标和滞后指标。这奠定了景气指数研究方法的地位，景气指数研究呈现出国际化的趋势。

通过对国外景气指数的方法及应用的梳理，可以发现景气指数研究在经济波动分析中的作用非常大，获得了世界各国官方的充分认可。Magnus Forsells 和 Geoff Kenny（2004）使用 1985—2000 年的景气调查数据，对欧共体国家的通货膨胀进行了详细的实证分析，同时还解释了经济中通货膨胀现象。结果表明了居民对通货膨胀的预期与宏观经济中解释通货膨胀的变量是独立的，同时可以用这些变量来解释通货膨胀发生的原因。Renata GrzedaLatocha 和 Gemot Nerb（2004）将从景气调查中获得的扩大产能需要作为检测指标建立欧元区的短期利率模型，阐述了该指标对欧共体经济发展中产能利用率做出了非常好的阐释，同时被当作解释 ECB 货币政策的主要指标之一。Christian M. Dahl 和 Lin Xia（2004）通过将定性数据进行定量化的处理，拓展了景气指数研究的方法，该方法处理的定性数据是基于期望和感觉的调查数据。Christian Gayer（2005）对欧盟委员会所发布的一些景气调查指标进行了分析处理，得出这些指标对欧盟经济活动所产生的影响。

（二）中国统计局企业景气指数研究

20 世纪 20 年代，有关企业景气的调查开始在西方国家出现，极短的时间内在西方国家流行起来。20 世纪 90 年代初期，中国统计局也开始开展有关企业景气的调查工作，20 世纪 90 年代末期，中国统计局开展了针对全国范围的企业景气调查。企业景气指数的数据主要来自客观调查的数据，主要是通过对企业负责人或者主要管理人员发放问卷，让参与调查的人员根据自身企业的发展状况以及对本企业所处行业的总体状况进行判断，根据主观的判断来回答问卷。同时还需要参与被调查的人员对未来一段时间内本企业和本行业的发展趋势作出预判。同时还需要对未来一段时间内的总体经济状况作出预判。因此企业景气状况调查中的主观成分太多，缺少客观数据的支撑。因为主观的回答会受到多种因素的干扰，这也是企业景气调查自身受到质疑的地方之一。另外还有就是在样本的选取过程中，也存在一个问题，就是选取哪些样本，不选取哪些样本，不同的样本调查可能会出现截然相反的结果。这也是企业景气调查的难点之一。但是企业景气调查作为一种预测经济发展的变动趋势的调查统计方法，其所采集的信息具有较高的超前性和连续性，无论在时间上还是在指标设置上都弥补了传统统计方法的不足。

$$\text{企业景气指数}=0.4\times\text{即期企业景气指数}+0.6\times\text{预期企业景气指数};$$

$$\text{即期企业景气指数}=\left(\text{企业负责人对本季度本企业综合经营状况回答良好比重}-\text{回答不佳的比重}\right)\times100+100$$

$$\text{预期企业景气指数}=\left(\text{企业负责人对预计下季度本企业综合经营状况回答良好比重}-\text{回答不佳的比重}\right)\times100+100$$

企业景气指数的数值介于0和200之间,100为景气指数的临界值。当景气指数大于100时,表明所处状况趋于上升或改善,处于景气状态,越接近200状态越好;当景气指数小于100时,表明所处状况趋于下降或恶化,处于不景气状态,越接近0状态越差。景气指数的具体划分标准为:180以上为"非常景气"区间,[180,150)为"较强景气"区间,[150,120)为"较为景气"区间,[120,110)为"相对景气"区间,[110, 100)为"微景气"区间,100为景气临界点,(100,90]为"微弱不景气"区间,(90,80]为"相对不景气"区间,(80,50]为"较为不景气"区间,(50,20]为"较强不景气"区间,20以下为"非常不景气"区间。

(三)长三角小微企业景气指数研究方法

长三角小微企业景气指数研究是新华社上海分社、浦东发展银行、上海社会科学院共同研究开发的一个旨在反映长三角小微企业景气状况的指数。该指数于2013年首次发布,于2014年采取了半年度景气指数发布和年度景气指数发布,2015年和2016年则采用季度景气指数发布。该指数自首次发布以来,引起了强烈的反响,成为评价长三角小微企业发展的风向标。

该景气指数采用客观和主观分权合成的方法,指数由两部分构成,一部分是客观指数合成,客观指数由生产、成本、订货、投资、融资、雇佣和盈利7个分类指数合成,7个分类指数分别对应的具体指标为主营业务收入、主营业务成本、存货、固定资产、财务费用、期末人数和净利润。客观景气指数的数据全部来自所选取样本公司的年度财务数据。另一部分是主管景气指数,所采取的分类指标与客观景气指数采取的分类指标一样,这样的好处在于可以对每一个分类指数进行客观和主观的合成，可以进行分类景气指数计算。但是主观指数的分类指标全部由企业负责人来进行问卷填写，对填写结果进行汇总处理计算。

长三角小微企业计算方法如下：

（1）主观景气指数的计算：通过调查问卷得出的关于7个分类景气指标的评价，采用扩散指数方法计算各分类指数；然后通过赋权合成主观指数。

$$DI_t = \text{扩张指标数}/\text{指标总数} \times 100\%, \qquad t=1,2,3\cdots\cdots$$

具体计算方法是将敏感性指标呈上升的赋值为1，持平的赋值为0，下降的赋值为－1，利用下面的计算公式：

$$DI_t = \left(\begin{matrix}\text{上升的敏感}\\\text{性指标项目}\end{matrix} - \begin{matrix}\text{下降的敏感}\\\text{性指标项目}\end{matrix}\right) \div \begin{matrix}\text{敏感性总}\\\text{指标数}\end{matrix} \times 100\%$$

$$\text{调整 } DI_t = \text{原始指标} \times 100 + 100$$

合成主观景气指数时，各分类指标的权重为100/7，这个权重通过专家咨询确定。

（2）客观景气指数的计算：首先计算分类景气指数：对主营业务收入增长率、主营业务成本增长率、存货周转速度、投资利润率、平均从业人员增长率、净利润增长率几个指标进行标准调整，分别计算生产、成本、订货、投资、融资、雇佣和盈利7个分类景气指数。

调整景气指数＝原始指标×100＋100

其次，通过平均赋权法（100/7）对生产、成本、订货、投资、融资、雇佣和盈利7个分类景气指数进行赋权，合成客观景气指数。

（3）长三角小微企业景气指数的计算：按照通常规则，对客观景气指数和主观景气指数分别赋权为40%和60%，计算综合的长三角中小微企业景气指数。

（4）行业景气指数的计算：类同于“长三角小微企业景气指数”，先计算分类指数，而后通过赋权合成的方法得到行业景气指数。

长三角小微企业景气指数计算的具体方法分解见图1－1。

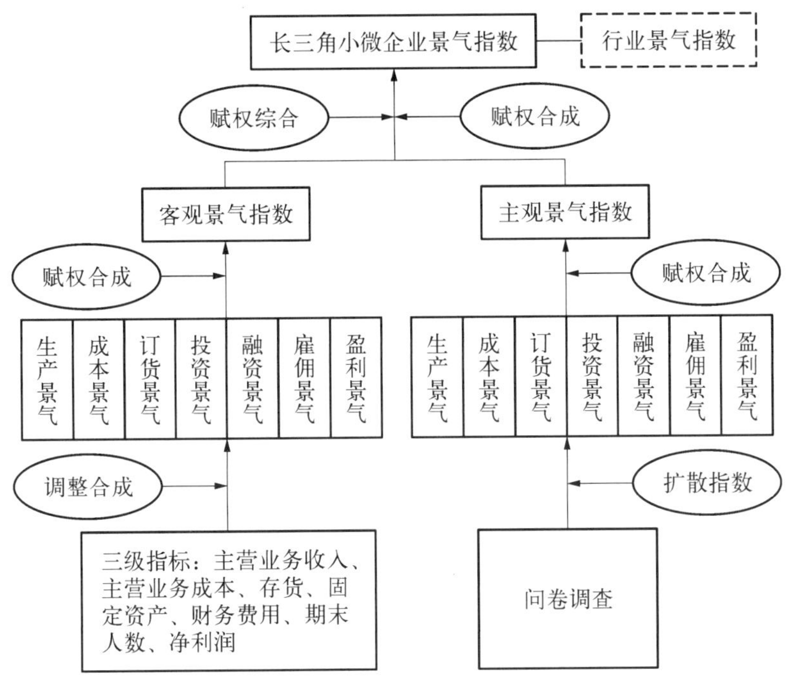

图 1－1 长三角小微企业景气指数计算示意图

(四) 其他关于景气指数的研究

2014 年浙江工业大学中国中小企业研究院联合国家工业和信息化部中小企业发展促进中心、对外经济与贸易大学等 4 家单位共同发布《中国中小企业景气指数研究报告 2014》。基于中国中小企业发展的实际情况，通过确立宏观和微观、官方统计和非官方调研相结合的景气指数评价方法，收集选取中国国家和各省份统计局的统计数据、深圳证券交易所上市的中小板和创业板企业财务数据，以及全国 2 万多家中小微企业景气监测问卷调查数据，采用主成分分析法—扩散指数法—合成指数法，计算出了中国大陆 31 个省自治区、直辖市(统称省份)、七大地区及 16 个主要城市(不含四大直辖市)的中小企业综合景气指数和加权平均值，系统总结了中国中小企业总体发展及不同区域发展的最新现状和趋势。

除此以外，关于上市公司方面的研究有《中国上市公司企业家能力指数报告》《中国上市公司高管薪酬指数报告》和《中国上市公司蓝皮书》。在这些研究中，对中国上市公司的基本特征及上市公司高层管理者的能力和薪酬进行系统的描述，对我们解读上市公司提供了科学的数据和可靠的依据。比如《中国上市公司企业家能力指数报告》对中国资本市场开放以来上市公司企业家能力进行了全面的分析与评价，借鉴了国际先进的职业经理人制度，完善了企业家能力评价标准，构建了包括企业家人力资本、关系网络能力、社会责任能力和战略领导能力4个一级指标、30个二级指标的企业家能力评价体系，使用公开数据，从总体、行业、地区、所有制、上市板块等角度对企业家能力指数进行了全视角的排名与比较，分析了企业家能力指数影响因素，从董事会、高管薪酬、现金持有、投资者回报、技术创新、集团控制、国际化战略、经济增长等方面验证了企业家能力指数的有效性。《中国上市公司高管薪酬指数报告》则对中国上市公司高管薪酬指数进行了排名，通过划分指数区间，对高管薪酬合理性作了全面比较，同时分析了高管薪酬指数的影响因素，讨论了国有企业高管薪酬的特点，检验了高管与员工之间薪酬差距与公司业绩的关系，提出了高管薪酬攀比效应，并特别分析了金融业高管薪酬居高不下的原因。研究目的是为了发挥上市公司高管薪酬的激励效应，推动上市公司高管激励的实施，按照实际贡献确定薪酬，从而实现中国上市公司高管薪酬激励的合理化和规范化，形成科学、公平的激励机制，快速提升公司绩效。

二、上市公司与经济增长的文献综述

在股票市场发展初期，规模比较小，在整个金融市场中的分量非常小。在一开始就有少量的学者开始做股票市场与经济增长关系的研究，不过有关股票市场与经济增长的研究大都是以定性分析为主，很少涉及定量的分析。直到20世纪90年代以后，发展中国家的股票市场获得快速发展，在金融市场中的占比越来越高，才有更多的经济学家开始关注股票市场发展和经济增长之间的研究。

（一）金融发展和经济增长之间关系研究

19世纪末期，Agehot(1873)和Schumpeter(1912)强调银行作为主要的金融部门，在资金的筹集上具有得天独厚的优势，企业的发展和经济的增长离不开银行等机构的支持。Suhumpeter认为，企业要生存和发展，资金是非常重要的，而银行则是资金的重要提供者之一。Gurley，Shaw(1955)和

Patrick(1966)对银行作为资金的提供者对企业发展和经济增长的观点作了进一步的研究,更加强调了金融机构的重要作用。Gold smith(1969)对金融机构在经济增长中的作用进行深入的分析与探索,对金融机构促进经济发展作了更加精确的阐述,指出了金融机构的优化可以推动经济高速增长,进一步提高经济增长效益。由于金融机构追求高回报率,企业之间也存在激烈的竞争关系,银行资金在市场机制的作用下,流入到利润率较高的行业和企业。Mckinnon(1973)做了更加深入的研究,指出了金融市场在经济发展中起着非常重要的作用,对促进经济增长具有积极意义。如果对金融市场限制过多,则会导致投资下降,降低投资回报率,长期来看则不利于经济的增长。因此建议放松对金融市场的管制,促进投资规模和投资回报率的提高。同时内生增长理论同样指出了金融政策可以推动经济增长,金融稳定有利于经济稳定。

相反的观点则认为,金融市场对经济增长的作用几乎没有。Robinson(1952)认为,金融市场对经济增长的影响非常小,金融市场的发展仅仅是对生产部门的实际发展情况的反映。根据此观点,金融市场发展是经济增长的结果,而不是引起经济增长的原因。Patrick(1966)最早提出了金融市场与经济增长之间的因果关系,认为在经济发展程度较低的情况下,金融市场的发展会促进经济的增长,是经济增长的原因;但是到了经济高度发展阶段,经济的高速发展对资金需求巨大,推动金融市场的深化发展,经济增长反过来成为金融深化的原因。Mckinnon(1988)认为,金融市场与经济增长之间确实相关,但是依然没有解决 Patrick(1966)提出的问题,金融市场与解决增长两者哪个是因,哪个是结果,或者互为因果?对金融市场与经济增长的关系问题,理论上一直存在较大的分歧。

(二)股票市场与经济增长的关系研究

虽然早期的有关金融市场与经济增长关系的理论模型中并没有把股票市场单列出来进行分析,但是 20 世纪 90 年代开始就有学者做了专门针对股票市场与经济增长关系的研究,重要的有两派观点,一派认为股票市场会促进经济增长;另一派则认为股票市场会引起经济增长放缓。

1. 股票市场促进经济增长的观点

Levine(1991)和 zervos(1996)对股票市场与经济增长的关系做出了深

入的研究，指出股票市场可以创造流动性，同时能够提供长期的资本投资，而高收益项目通常需要长期资本投资，但是投资者通常不愿意长期投资，放弃对资金的控制。股票市场的流动性可以让储蓄拥有流动资产（比如股权），同时股票市场可以帮助企业获得长期资本，改善企业资本配置，促进经济增长。Saint-Paul（1992）、Dev ereux 和 Smith（1994）的研究表明了通过大众持股，降低了企业股权的集中度，因此股票市场具有分散风险的能力。这种风险分散能力可以推动资金由低风险、低收益的投资转向高收益的投资，通过投资收益的提高进而推动生产率的提高，最终促进经济增长。Holmstrom 和 Tirole（1994）认为，股票市场可以激励投资者去获取公司信息，有助于资源优化配置和加速经济增长。在发达的股票市场上，那些已得到公司信息的投资者，能够在信息广泛传播及价格发生变化之前，按照现行牌价进行交易以获取利益。Jensen 和 Murphy（1990）认为，发达的股票市场，股票业绩会直接影响到所有管理者的薪酬待遇，从而可以有效解决委托代理问题中信息不对称问题，可以推动企业管理者努力工作，可以提高资源有效配置，最终会促进经济的高速增长。同时股票市场的公开快速交易将导致公司之间的收购更加方便，随着可能被并购的威胁将会促使管理者用心经营，提升公司经营业绩，最终实现公司股价上涨。Greenwood 和 Smith（1996）认为，股票市场能够增加资源流动性，促进经济效率和加速长期增长。

2. 股票市场引起经济放缓的观点

不少学者认为，股票市场会导致经济增长放缓，Bencivenga 和 Smith（1991）指出，股票市场的流动性减少了收益的不确定性，因而会降低储蓄率，从而导致银行资本减少，直接引起用于贷款的资金减少，导致企业缺乏资本投资，最终会引起经济增长放缓。Devereux 和 Smith（1994）也指出，较大的风险分担意味着储蓄水平将因此而下降，储蓄水平的下降会引起可以用于投资的资金进一步减少，对实体经济的投资减少最终又会拖累经济增长。Stiglitz（1985，1993）认为，发达的股票市场可以通过价格变化迅速披露信息，这种迅速的披露会导致投资者投入私人资源以获取公司信息的积极性快速下降，而不是鼓励投资者投入私人资源以获取公司信息，因此会引进经济增长的放缓。Stiglitz（1985）认为，股票市场的发展不会显著改善公司控制,因为与所有者相比,局外人通常拥有公司较坏的信息,所以他们会不愿意接管,接管威胁对于实行公司控制不是有效机制。Mayer(1988)认为,在工业化国家,由于公司股权融资比重低,所以股票市场在筹措资金上对于经济增长并不重要。

(三) 股票市场与经济增长实证研究

为了检验股票市场发展和经济增长之间的因果关系,大量的学者在进行理论研究的同时,也开展了对两者因果关系的实证分析。Atje 和 Jovanovic(1993)利用 72 个国家 1980—1988 年的样本数据进行了回归分析,验证股票市场与经济增长之间的因果关系。检验结果是股票成交总额/GDP 和经济增长之间存在着很强的正相关,而且统计上也非常显著。得出了股票市场发展对经济增长有积极影响的观点。Levine 和 Zervos(1996)在 Atje 和 Jovanovic(1993)对股票市场和经济增长的研究基础上,采用工具变量法,对 41 个国家 1976—1993 年的有关数据建立多国回归经济计量模型,考察了股票市场发展与经济增长之间的联系,股票市场发展与经济增长仍然存在着显著正相关。Filer,Hanousek 和 Gampos(2000)的格兰杰因果检验的结果是股票市场活动与经济增长之间几乎没有关系,虽然在现代经济中发达的股票市场能发挥一些作用,但并不表示它的存在对于经济增长必不可少。Gursoy 和 Musiumov(2000)利用了 20 多个国家 1981—1994 年的数据,对股票市场和经济增长因果关系进行检验,结论表明,股票市场和经济增长之间有双向因果关系,在发展中国家中股票市场与经济增长之间存在着很强的联系。

三、对相关文献综述的评价

(一) 有关景气指数研究评价

企业景气指数研究从国外到国内,经历了 100 多年,其研究方法获得了很大的发展与改善,其主要在于给各种指标的赋权和指标的选取,以及指标的可获得性。中国自 1990 年成立证券交易所后,上市公司获得了快速发展,到 2016 年年底,上市公司数量已经突破 3 000 家,其间对上市公司的研究也不少,有上市公司企业家能力指数研究和上市公司高管薪酬研究等。但是对上市公司景气指数研究较晚,仅仅 2014 年中国社会科学院金融研究所对上市公司景气指数做过研究。2004年一季度为100,10多年中仅仅2010年一季度一次超过100,达到100.08,其余所有季度均低于100,最低的是2008年四季度,为96.81。国内关于企业景气指数的研究较多,2014年浙江工业大学中国中小企业研究院联合国家工业和信息化部中小企业发展促进中心、对外经济与贸易大学等4家单位共同发布《中国中小企业景气指数研究报告2014》、上海社会科学院和新华社上海分社、浦发银行合作开发的《长三角小微企业景气指数》等。同时,企业景气指数与宏观经济形势之间关系密切,当经济形势好转的时候,企业景气指数会上行,经济形势恶化的时候,企业景气指数会下行。

在景气指数的数据来源和方法上,国家统计局做的企业景气指数全部采用主观的方法,全部数据来自对样本企业的问卷跟踪调查,然后对问卷数据进行量化处理,即期企业景气指数和预期企业景气指数分别赋权为0.4和0.6,预期的权重大于即期的权重。而长三角小微企业景气指数则采用客观和主观指标,这一点不同于国家统计局的企业景气指数方法,对7个分类指标采用平均赋权法,对客观景气指数和主观景气指数分别采取0.4和0.6的赋权方法。

(二)有关股票市场与经济增长的评价

在股票市场发展和经济增长之间关系的问题上,早期研究主要是从理论上分析股票市场对经济增长可能产生的影响,后期研究主要是从实证上对两者关系加以检验。经济理论界普遍认为,股票市场在经济增长中具有非常积极的作用,对促进经济增长的作用非常明显。在实证研究中,大多数的检验结果也支持了股票市场发展与经济增长正相关的观点,股票市场发展对经济增长作用的大小会因股票市场发展指标、估计方法、数据频率以及两者关系的函数形式的不同而不同。更重要的是,近来有研究表明,股票市场发展对经济增长的影响与各国所实行的金融政策有关,不同国家的股票市场发展对经济增长的影响是不一样的。

股市涨跌到底会受哪些因素的制约是一个非常复杂的问题,既有基本面因素,也有资金、政策方面的因素。导致股市涨跌的基本面主要有来自宏观、微观和行业方面的原因。宏观经济环境是上市公司运营的基本背景,宏观经济环境好坏会直接影响上市公司的经营,影响上市公司未来的现金流、投资、营业收入和营业利润等基本指标，因此宏观经济环境对股市涨跌的影响是相当深远的。除了宏观经济的因素外，不同上市公司所处的行业发展也对该行业的上市公司的涨跌有着巨大的影响。此外股票市场当前的估值也会影响未来的股票价格，估值的变化也会对股票涨跌产生影响。

第二章
上市公司景气指数设计

本章在参考前文中国统计局企业景气指数和长三角小微企业景气指数研究方法的基础上，采取与上述两种方法不同的思路来构建上市公司景气指数方法体系。与上述两种方法相同的是同样采用赋权合成法来构建上市公司景气指数，[①]不同点有三个：一是上市公司景气指数的分类指标有所差别；二是上市公司数据全部采用客观数据，而没有问卷调查方面的主观数据；三是采用本期和上期，且赋权比重也有所差异。

第一节　上市公司景气指数构建思路

鉴于现有企业景气指数研究方法对企业调查的要求，如果通过对 4 600 多家上市公司进行相关问卷调查，其难度非常大，也不是一般研究可以完成的。因此希望通过对上市公司公开的财务数据以及上市公司年报进行数据提取和分析，设计一种新的方法来研究上市公司景气指数。方法设计上既考虑了科学性，又考虑了可行性，以及数据的可获得性。

一、总体思路

上市公司景气指数选择沪深两市的全部 A 股上市公司作为研究对

① 上市公司景气度，也叫上市公司景气指数，用来反映上市公司运行状况的客观指标，能够较好地反映出上市公司发展的基本状况，在后面的上市公司景气状况描述中，一般都用上市公司景气指数。

象，在样本选择上采取全样本的方法。在指标选取上采用二级指标和三级指标，通过加权合成计算上市公司景气指数。计算方法考虑到能够对沪深两市所有 A 股公司进行计算，也能够对不同市场、不同区域、不同省份、不同行业、不同板块上市公司的计算，分别计算它们的景气指数。

由于上市公司数量众多，分布全国各个省份，研究的时间限制和研究者本身的能力限制，不可能对众多的上市公司进行实地调研或者问卷调研来获取研究所需要的数据。但是上市公司作为公众化的公司，其每年的对外财务报表是真实准确的，并且所涵盖的内容和指标也是非常丰富的，因此以上市公司公开财务报表数据作为数据来源，既具有真实性，也有准确性，同时还有可获得性。

鉴于中国证券市场的发展到目前为止才 30 多年，那么所计算的时间跨度必须在这个范围内。由于上市公司在开始发展的一些年份中，数量非常少，与现在差别非常大，因此研究从 1999 年的数据开始采集，计算 2001 年的上市公司景气指数(因为一期指数的计算需要三期的基础数据)。另一个考虑的原因是在进行景气指数和相应股票指数进行格兰杰因果关系检验的时候，我们所选择的各类股票指数，有不少是从 2000 年后，更有的是从 2005 年才开发出股票指数，因此我们的分析中以 2001 年上市公司景气指数作为第一期数据。

上市公司的公开财务数据非常丰富，为利用客观数据计算上市公司景气指数提供了可能。在众多财务数据的选择中，一方面要考虑数据的可获得性，只有比较容易从公开途径获得的数据，才有可能让研究持续深入地进行下去；另一方面，要考虑指标选择的科学性，所选择的指标要能够很好地反映上市公司生产经营的基本状况。所有指标的选取既要能够充分体现上市公司的生产经营活动，又要能够很好地反映上市公司的总体发展趋势。指标选择上考虑了指标的重要性、一致性、敏感性、全面性、时效性和可操作性。选择先行、同步和滞后三类指标，构建上市公司景气研究指标体系；采用恰当的统计方法，对所选指标进行分析处理，通过加权合成法计算上市公司景气指数；对计算结果进行分析，验证上市公司景气指数指标体系方法的有效性。

二、构建原则

（一）全面性原则

上市公司景气指数的构建要具有全面性，要涵盖所有A股上市公司，无论是在上海证券交易所上市的企业，还是在深圳证券交易所上市的企业，均应该纳入指数计算范围。也就是说，上市公司景气指数是一个全样本的指数，不存在样本选择和抽样的问题。

（二）代表性原则

上市公司景气指数构建要具有代表性，由于选取了全体样本作为计算对象，因此只需要在指标选择上，能够客观反映上市公司的生产经营状况，上市公司景气指数的代表性就能够得到很好的体现。因此设计了7个二级指标和16个三级指标，确保更好地反映上市公司的生产经营状况。

（三）平稳性原则

为了降低景气指数的大幅波动，在方法设计上采用三期数据进行计算，消除采用两期数据计算中由于某一期数据跳跃式变化带来的大幅波动。另外采用全部上市公司进行计算，保证了样本的稳定性，也避免了样本的大幅调整带来的计算结果的波动。

（四）发展性原则

对上市公司景气指数计算采用每年的全部上市公司，是充分考虑了发展的原则。每年新发行的上市公司数量有限，一般不会超过上年上市公司总量的10%，有些年份由于IPO数量非常少，甚至出现过一段时期内停止IPO的情形。这样在保证了样本基本上稳定的前提下，又有新的样本的加入，充分体现了上市公司的发展，也体现了上市公司景气指数的发展。

（五）可获得性原则

在数据来源上要充分考虑各类指标数据的可获得性，如果不能从上市公司公开财务报表中获得的数据或者指标，就算这类指标能够更好地体现和反映研究中所要表达的意思，也是不能够采用的。但是可以用其他指标或者是几个指标综合替代。

（六）科学性原则

在指标选择上要充分考虑所选择的指标背后的深层次的原因，考虑指标所能够代表的经济上的含义，指标所能够体现的生产经营活动的基本情况。对每个指标的选取，都要经过谨慎考虑，避免因指标算得不恰当而带来计算结果所反映的上市公司景气状况偏差。

三、构建目标

上市公司景气指数研究的主要目的是反映中国证券市场的发展，上市公司的生产经营状况，能够全面、准确、真实地反映上市公司发展。因此上市公司景气指数的构建要能够形成一套完整的理论方法体系，同时能够实际运用于上市公司景气指数的计算。既要考虑对沪深两市全部上市公司的景气指数的计算，也要考虑对不同的市场、不同的板块、不同的行业和不同的年份的上市公司景气指数的计算。

通过景气指数的计算，要能够全面反映上市公司历年的景气指数的变化情况，从景气指数的变化中发现上市公司的实际经营状况。同时也要能够对上市公司景气指数进行不同板块、不同区域、不同行业的比较。总的说来，既要有纵向的分析，也要有横向的比较，形成一个立体的分析，全面展示中国上市公司景气指数的特征与变化。

第二节　上市公司景气指数指标体系

根据上市公司公开的财务数据，对景气指数指标进行选择。公开的上市公司财务数据有总资产、净资产、流动资产、固定资产、无形资产、资产负债率、流动负债率、存货、应收账款、营业收入、营业成本、营业利润、投资收益、利润总额、税后利润、净利润、经营现金流、总现金流、每股收益、每股净资产、毛利率、营业利润率和净利润率等指标。从上述指标中选取与上市公司生产经营活动最为密切的指标，再加上上市公司年末员工人数后，设计上市公司景气指数指标。

一、上市公司景气指数指标选择

上市公司景气指数由 7 个二级指标、16 个三级指标组成。7 个二级指标，也叫作7个分类景气指数，把这7个分类景气指数作为上市公司景气指数的二级指标，每个二级指标下面又有若干个三级指标，二级指标由三级指标分权合成。

（一）生产景气指数

上市公司生产景气指数的三级指标由营业收入和主营业务收入所组成。用营业收入的变化来反映上市公司在生产方面的变化。营业收入通常是指上市公司在日常经营活动过程中所获得的收入总额，主要包括销售商品，或者是提供劳务和服务，以及出售一些资产的使用权等。而主营业务收入则是指上市公司经常性的同时也是最主要的业务所产生的收入。不同上市公司的主营业务收入来源是不同的，同行业的上市公司的主营业务收入的来源也是有差别的，主营业务收入在上市公司的营业收入中比重较大，对上市公司的经济效益有着主要的影响。营业收入对上市公司的多少会影响到上市公司的盈利能力，也会影响到上市公司规模的扩张。主营业务收入占比越高的上市公司，表明其在上市公司的主营业务上有较大的优势，有利于上市公司核心竞争能力的提升。

（二）销售景气指数

销售景气指数的三级指标由存货、存货周转率和应收账款周转率所组成。存货是上市公司为了满足销售的突然增加的需要，用来储备的产品或者商品。当上市公司销售不太好的情况下，由于不能随意地停工，那么会导致大量的产品销售不出去，在这种情况下也会造成大量存货。由于上述两种原因，会造成正常的存货和非正常的存货。大量的存货一方面需要企业提供更大的仓库来堆积，增加企业的仓储成本；另一方面，大量的存货同时会占用企业大量的生产资料，而这些生产资料会占用上市公司大量的资金，资金是需要成本的，因此存货的增多是对上市公司不利的。

存货周转率也是反映上市公司经营能力的重要指标之一，可以用来评价上市公司的产品的畅销程度，可以体现上市公司销售能力的重要指标，产品价值的最终转化是在销售阶段，只有强大的销售能力，将产品销售出去，并及时回收了货款，上市公司才能得以持续地生产经营。存货周转率越高表明上市公司产品越畅销。应收账款周转率是上市公司在一定时期内赊销净收入与平均应收账款余额之比，是衡量上市公司应收账款周转速度和上市公司销售能力的重要指标之一。上市公司应收账款周转率越高表明上市公司的销售能力越强。

(三) 投资景气指数

投资景气指数的三级指标由固定资产、总资产和投资收益所组成。上市公司的投资活动主要是指购买固定资产以及不包括现金等价物范围内的投资及处置活动。固定资产是非货币资产，主要是上市公司生产过程中需要的厂房、机器设备、运输工具、大型办公设备等，使用时间要超过 12 个月。固定资产是上市公司发展、扩大规模的主要手段。当规模扩大时，需要更多的厂房用于生产活动，需要更多的仓库用于堆放生产资料和所生产的产品，需要更多机器设备用于生产活动，以及销售产品的过程中需要更多的运输工具，这些增加的投资都属于固定资产投资，是一种长期投资，在短期内很难变现。这些固定资产的成本也是通过多期以折旧的形式分摊进入产品成本的。固定资产投资是上市公司投资的主要形式，也是确保上市公司生产经营活动顺利进行的保障，同时固定资产投资也是企业规模不断扩大的表现。

(四) 现金流景气指数

现金流景气指数的三级指标由经营现金流、投资现金流和总现金流所组成。现金流是上市公司在一定会计期间按照现金收付实现制度，通过一定经济活动而产生的现金流入和现金流出的统称，也就是说一定时期内上市公司的现金和现金等价物的流入和流出的数量。现金流是一个企业发展的基本条件，当企业现金流不能维持日常生产经营活动的时候，企业就会面临倒闭的可能。当企业现金流充足的时候，企业有大量的现金可以用于扩大生产规模，招聘更多员工，或者对外进行投资，产生更多的利润促进上市公司的良性发展。现金流比利润更能体现上市公司的发展质量，如果没有现金流增多的盈利是不可靠的，是值得怀疑的。因为利润是可以通过关联交易等进行调节的，而现金流是不能够调节的，它是上市公司实实在在的盈利或者亏损的表现。经营现金流是企业在经营活动过程中所产生的，而投资现金流则是上市公司在对外投资活动过程中产生的。总现金流则是在上市公司所有活动中产生的，是决定企业能否继续生存的重要指标。

（五）成本景气指数

成本景气指数的三级指标由营业成本和主营业务成本组成。销售商品过程中，由于不同的上市公司的销售渠道和销售方式不同，以及对销售过程中的各项相关开支和费用的管理不同，都会引起上市公司的营业成本上的差异。营业成本是上市公司在经营活动过程中销售商品或者提供劳务和服务的成本。疏于管理的公司可能会在销售商品活动中产生许多不必要的开支和费用，毫无疑问会导致营业成本的上升。另外公司的产品的紧缺性、市场竞争的激烈程度都会影响到公司在销售过程中的费用和开支。但是当公司处于发展阶段，公司规模进一步扩张，要销售更多的产品，必然会引起营业成本的相应增加，同时公司的营业收入也会增加。为了更好地考察公司在成本管理上的能力，在研究中一般会用营业成本与营业收入的比值，也就是单位产值的营业成本作为计算的指标，来考察企业在成本管理上的能力。营业成本包括主营业务成本和其他业务成本，主营业务成本一般要占到上市公司营业成本中的绝大部分，其他业务成本是除主营业务活动以外的其他经营活动所发生的支出和费用。

（六）盈利景气指数

盈利景气指数的三级指标由营业利润、净利润和利润总额所组成。净利润是利润总额缴纳所得税后的利润留成，也叫税后利润。净利润是反映上市公司经营效益的主要指标，对于任何一家公司来说，净利润越多越好。净利润是反映上市公司内在价值的主要指标之一，直接影响到上市公司的每股收益。同时净利润还是评价上市公司是否亏损的唯一指标，直接决定上市公司是否进入退市的关键指标。营业利润则主要是由上市公司在生产经营活动过程中所产生的利润。不少上市公司还有来自营业利润之外的其他利润，比如上市公司对外投资活动产生的利润，还有政府财政补贴所产生的利润等。由净利润所引起的每股收益变化，是投资者非常看重的一个指标，也是反映上市公司发展质量的主要指标，还是证券交易所判断该上市公司股票是否要进入ST板块的主要依据。

（七）雇佣景气指数

雇佣景气指数的三级指标由上市公司员工数量一个指标所组成。一个企业的规模扩张，对劳动力需求旺盛，当一个企业进入成熟期，或者是衰退期的阶段，对劳动力需求萎缩。当经济景气的时候，各类投资行为和消费行为会大幅回升，对各类产品的需求会急剧增长，产品供不应求，产品价格会快速上升。生产更多的产品可以让上市公司获取更多的利润，这个时候上市公司就会加大生产要素的投入，需要有更多的人员来进行生产加工，对劳动力的需求会大幅上升。当经济进入衰退阶段，产品销路不振，这个时候，产品供给大于需求，库存进一步积压，上市公司会降低生产规模，对劳动力需求会下降，不再招聘新员工。另外当上市公司进行技术改进，新的工艺流程将会大力提升生产能力，比如智能机器人的引进，都将引起企业对劳动力需求的减少。特别在进入人工智能时代，机器取代人的工作岗位，将在更多的行业引起劳动力需求的减少。当一个企业对劳动力的需求增加时，企业开始进行扩张，企业的景气状况将会好转；当一个企业对劳动需求减少时，企业的景气状况将会恶化。

上市公司景气指数由 7 个分类景气指数合成，7 个分类景气指数分别是生产、销售、投资、现金流、成本、盈利和雇佣景气指数。生产、销售、成本管理则是直接关系到企业净利润的指标，可以作为同步指标考虑；投资和雇佣则是反映企业规模扩张，进一步发展提升生产能力和盈利能力的指标，可以作为先行指标考虑；而现金流和盈利则是反映企业生产经营活动的好坏的指标，反映的是过去的情况，可以作为滞后指标。通过 7 个分类景气指数的设计，分别涵盖了上市公司景气指数的先行、同步和滞后 3 类指标，确保上市公司景气指数的准确性、时效性和预测性。

与长三角小微企业景气指数不同，特意选择了上市公司的现金流(Cash Flow)作为分类景气指标，主要是因为现金流是上市公司生产经营活动中一个非常重要的指标。现金流是指企业在一定会计期间内，对经营、投资、筹资等经济活动而产生的现金流入、现金流出及其总量情况的汇总，即企业一定会计期间内的现金和现金等价物的流入和流出的总和。导致上市公司现金流入的行为有商品销售、劳务输出、资产出售、投资回收、资金借入等；导致上市公司现金流出的行为有固定资产添置、对外投资和债务偿还等，企业是否有充足的现金流是企业能否正常运行的重要条件。现金流的充足与否可判断上市公司的经营活动是否能够产生正的现金收入，是上市公司正常运转的基本前提。

二、上市公司景气指数指标的处理

对于上市公司选择的三级指标的处理，是上市公司景气指数方法构建中一个重要环节。上市公司景气指数的指标的处理涉及指标权重、指标赋值和指标变化处理等3个方面的内容。

(一) 关于三级指标的权重

对每个分类景气指数下的三级指标，按照平均赋权的方法进行计算，比如生产景气指数有2个三级指标，则每个指标在生产景气指数的计算中被赋权1/2；销售景气指数的三级指标有3个，则每个指标被赋权1/3。

(二) 关于三级指标的赋值

有关16个三级指标的赋值问题，采取正向赋值和反向赋值两种方法，具体如下：

13个三级指标按照正向赋值，分别是主营业务收入、营业收入、存货周转率、应收账款周转率、固定资产、总资产、经营现金流、投资现金流、总现金流、营业利润、利润总额、净利润、期末员工人数。正向赋值的指标是当本年度的值大于上年度的时候，给它赋值为1，当本年度的值小于上年度的时候，给它赋值为－1。

其余3个三级指标则是按照反向赋值，分别是存货、营业成本和主营业务成本，反向赋值指标是当本年度的值大于上年度的时候，给它赋值为－1，当本年度的值小于上年度的时候，给它赋值为1。

(三) 关于指标的变化处理

在指标的处理上有些直接采用原始数据，有些采用单位产值数据。关于指标的变化处理方法：16个三级指标中有10个指标是用原始数据的，分别是主营业务收入、营业收入、存货周转率、应收账款周转率、固定资产、总资产、营业利润、利润总额、净利润和期末员工人数，这10个三级指标的数值是不进行处理的，直接利用原始数据进行计算。另外6个三级指标的数据是需要进行变化处理的，分别是存货、经营现金流、投资现金流、总现金流、营业成本和主营业务成本，这些指标在计算的时候都是用原始数据除以营业收入，相当于是单位产值所对应的指标，因为随着上市公司规模的不断壮大，其存货、经营现金流、投资现金流、总现金流、营业成本和主业务成本一般会相应地增长的，所以用这6个三级指标除以营业收入后的比率作为进行不同年度的比较。

表2-1　上市公司景气指数指标及正反取向

	二级指标	三级指标	数值选择	正反取向
上市公司景气指数	生产景气指数	主营业务收入	原始数据	正向
		营业收入	原始数据	正向
	销售景气指数	存货	单位产值数据	反向
		存货周转率	原始数据	正向
		应收账款周转率	原始数据	正向
	投资景气指数	固定资产	原始数据	正向
		总资产	原始数据	正向
	现金流景气指数	经营现金流	单位产值数据	正向
		投资现金流	单位产值数据	正向
		总现金流	单位产值数据	正向
	成本景气指数	营业成本	单位产值数据	反向
		主营业务成本	单位产值数据	反向
	盈利景气指数	营业利润	原始数据	正向
		利润总额	原始数据	正向
		净利润	原始数据	正向
	雇佣景气指数	期末员工人数	原始数据	正向

第三节　上市公司景气指数方法构建

上市公司景气指数计算方法的构建是本章的关键一步，如何构建一个科学可行的方法，关系到整个上市公司生产经营状况的描述，关系到对整个上市公司发展的总体把握，同时也关系到上市公司景气指数的准确描述。

一、上市公司景气指数计算方法

上市公司景气指数的合成分为几个步骤，首先计算上期分类景气指数，在此基础上合成上期景气指数；然后计算本期分类景气指数，在此基础上合成本期景气指数，最后利用上期景气指数和本期景气指数合成上市公司景气指数。

（一）上期分类景气指数计算

上期分类景气指数计算方法。根据主营业务收入、营业收入、存货、存货周转率、应收账款周转率、固定资产、总资产、经营现金流、投资现金流、总现金流、营业成本、主营业务成本、营业利润、利润总额、净利润、期末员工人数，分别赋值计算生产景气指数、销售景气指数、投资景气指数、现金流景气指数、成本景气指数、盈利景气指数、雇佣景气指数。每一个分类景气指数的具体计算方法如下：

1. 首先，计算上期某一个分类指数中的三级指标的计算值

$$\begin{aligned}\text{上期三级指标计算值}=\Big[&\Sigma\Big(\text{上升指标}\times\text{对应权数}\Big)+\Sigma\Big(\text{持平指标}\times\text{对应权数}\Big)\\&+\Sigma\Big(\text{下降指标}\times\text{对应权数}\Big)\Big]\div\text{总权数}\times 100\text{。}\end{aligned}$$

其中：因为上市公司中大盘蓝筹股与一些小盘股的市值、营业收入和盈利等指标差别巨大，避免因此而造成的少量个股代替了整个市场的情况，将指数变成了大盘蓝筹股的景气指数，特将每个个股赋予同样的权数，也就是所谓的平均赋权法。总权数为样本个数，上升指标的对应权数指上升指标样本个数，持平指标对应权数，则为持平指标样本个数，下降指标权数则为下降指标样本个数。

这里用于比较的指标是上年度和上上年度的指标：

对于13个正向指标，每当一个个股上年的指标值大于上上年指标值时，则定义为一个上升指标，并赋值为1；每当一个个股上年的指标值

与上上年指标值持平时，则定义为一个持平指标，并赋值为0；每当一个个股上年的指标值小于上上年指标值时，则定义为一个下降指标，并赋值为−1。

而对于存货、营业成本和主营业务成本3个负向指标，每当一个个股上年的指标值大于上上年指标值时，则定义为一个上升指标，并赋值为−1；每当一个个股上年的指标值与上上年指标值持平时，则定义为一个持平指标，并赋值为0；每当一个个股上年的指标值小于上上年指标值时，则定义为一个下降指标，并赋值为1。

2. 其次，计算上期分类景气指数

$$\text{上期分类景气指数}=\sum\left(\text{上期三级指标计算值}\times\text{三级指标在二级指标中的权重}\right)+100$$

比如，上期生产景气指数＝上期主营业务收入计算值×0.5＋上期营业收入计算值×0.5。生产景气指数有2个三级指标，所以主营业务收入和营业收入这两个三级指标在二级中的权重均为0.5。

(二) 上期景气指数合成

通过平均赋权法，对上期的生产景气指数、销售景气指数、投资景气指数、现金流景气指数、成本景气指数、盈利景气指数、雇佣景气指数等进行平均赋权，合成上市公司上期景气指数。

$$\text{上期景气指数}=\sum\left(\text{上期分类景气指数}\times\text{对应权数}\right)$$

这里的对应权数为1/7。

(三) 本期分类景气指数计算

本期分类景气指数计算方法。根据主营业务收入、营业收入、存货、存货周转率、应收账款周转率、固定资产、总资产、经营现金流、投资现金流、总现金流、营业成本、主营业务成本、营业利润、利润总额、净利润、期末员工人数，分别赋值计算生产景气指数、销售景气指数、投资景气指数、现金流景气指数、成本景气指数、盈利景气指数、雇佣景气指数。每一个分类景气指数的具体计算方法如下：

1. 首先,计算本期某一个分类指数中的三级指标的计算值

$$\text{本期三级指标计算值}=\left[\sum\left(\text{上升指标}\times\text{对应权数}\right)+\sum\left(\text{持平指标}\times\text{对应权数}\right)+\sum\left(\text{下降指标}\times\text{对应权数}\right)\right]\div\text{总权数。}$$

其中:因为上市公司中大盘蓝筹股与一些小盘股的市值、营业收入和盈利等指标差别巨大,避免因此而造成的少量个股代替了整个市场的情况,将指数变成了大盘蓝筹股的景气指数,特将每个个股赋予同样的权数,也就是所谓的平均赋权法。总权数为样本个数,上升指标的对应权数指上升指标样本个数,持平指标对应权数,则为持平指标样本个数,下降指标权数则为下降指标样本个数。

这里用于比较的指标是本年度和上年度的指标:

对于13个正向指标,每当一个个股本年的指标值大于上年指标值时,则定义为一个上升指标,并赋值为1;每当一个个股本年的指标值与上年指标值持平时,则定义为一个持平指标,并赋值为0;每当一个个股本年的指标值小于上年指标值时,则定义为一个下降指标,并赋值为-1。

而对于存货、营业成本和主营业务成本3个负向指标,每当一个个股本年的指标值大于上年指标值时,则定义为一个上升指标,并赋值为-1;每当一个个股本年的指标值与上年指标值持平时,则定义为一个持平指标,并赋值为0;每当一个个股本年的指标值小于上年指标值时,则定义为一个下降指标,并赋值为1。

2. 其次,计算本期分类景气指数

$$\text{本期分类景气指数}=\sum\left(\text{本期三级指标计算值}\times\text{三级指标在二级指标中的权重}\right)+100$$

比如,本期生产景气指数=本期主营业务收入计算值×0.5+本期营业收入计算值×0.5。生产景气指数有2个三级指标,所以主营业务收入和营业收入这两个三级指标在二级中的权重均为0.5。

(四)本期景气指数合成

通过平均赋权法,对本期的生产景气指数、销售景气指数、投资景气指

数、现金流景气指数、成本景气指数、盈利景气指数、雇佣景气指数进行平均赋权，合成上市公司本期景气指数。

$$\text{本期景气指数} = \sum\left(\text{本期分类景气指数} \times \text{对应权数}\right)$$

这里的对应权数为 1/7。

(五) 景气指数合成

为了减少对本期数据的过度依赖，确保数据平稳，特选择上期和本期分类景气指数进行赋权合成分类景气指数，对上期景气指数赋权 0.3，对本期景气指数赋权 0.7，合成上市公司景气指数。

$$\text{上市公司景气指数} = 0.3 \times \text{上期景气指数} + 0.7 \times \text{本期景气指数}$$

$$\text{上市公司分类景气指数} = 0.3 \times \text{上期分类景气指数} + 0.7 \times \text{本期分类景气指数}$$

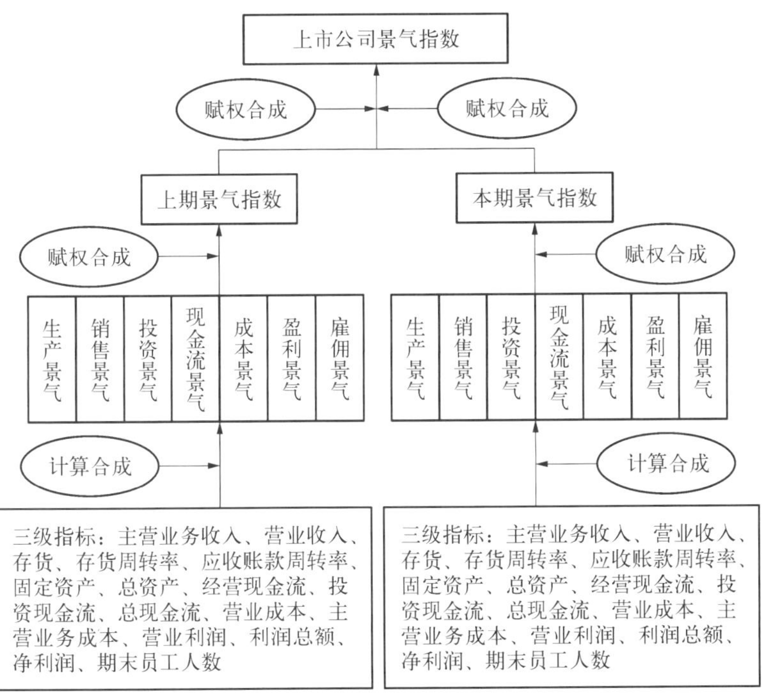

图 2-1　上市公司景气指数合成示意图

二、上市公司景气指数方法的应用

上市公司景气指数方法具有非常广泛的应用范围，既可以对中国证券市场所有上市公司的景气指数进行计算，也可以对不同证券交易所、不同的板块、不同的区域、不同的省份、不同的行业的上市公司的景气指数进行计算。上市公司景气指数是能够代表上市公司基本面的一个重要的客观指标，同样的方法也可以用于上市公司之外的其他企业。

（一）可以对不同证券交易所的上市公司景气指数进行计算

可以单独对上海证券交易所的上市公司进行计算，也可以单独对深圳证券交易所的上市公司景气指数进行计算，也可以对北京证券交易所上市公司景气指数进行计算，可以比较3个不同的证券交易所的上市公司的景气指数强弱，反映3个交易所的上市公司的发展与成长空间，但是由于目前北京证券交易所股票不多，同时上市时间也较短，因此在后面的分析中，没有对北京证券交易所的上市公司景气指数进行计算，后面的上市公司景气指数计算也仅限于沪深2个交易所的A股上市公司。

（二）可以对不同板块的上市公司景气指数进行计算

可以单独计算主板上市公司的景气指数，沪深两个交易所均有主板上市公司，计算的是横跨两个不同交易所的主板上市公司的景气指数。也可以单独计算中小板上市公司的景气指数，反映中小企业的发展趋势。还可以对创业板上市公司景气指数进行计算，反映创业板上市公司的发展和成长空间，以及对科创板上市公司的景气指数进行计算。

（三）可以对不同区域的上市公司景气指数进行计算

可以对中国经济发展势头迅猛的长三角区域、珠三角区域、京津冀区域三大经济圈的上市公司景气指数进行计算，用以观察这些区域上市公司发展的总体趋势。

（四）可以对不同省份的上市公司景气指数进行计算

可以分别对各个省份的上市公司景气指数进行单独计算，用来比较分析不同省份上市公司的发展与成长情况。

（五）可以对不同行业的上市公司景气指数进行计算

不同行业的上市公司景气指数会有较大的差别，上市公司细分行业有

100 多个，可以分别计算每个行业的上市公司景气指数，同时也可以把一些属于同一行业的细分行业进行合并，计算大行业的上市公司景气指数，用来分析不同行业上市公司的发展趋势。

（六）上市公司景气指数计算方法还可以用于其他非上市公司景气指数的计算

拓展上市公司景气指数计算方法在其他企业或者公司中的应用，比如通过抽样的方法可以计算一个区域所有企业的景气指数，或者是一个经济开发区，或者是某一个行业的所有企业的景气指数，将研究方法进行推广，体现研究的实际应用价值。

第三章 上市公司发展的历程

最早的股份有限公司制度诞生于1602年，即在荷兰成立的东印度公司。股份有限公司这种企业组织形态出现以后，很快为资本主义国家所广泛利用，成为资本主义国家企业组织的重要形式之一。

中国历史上最早出现的股票是西洋人发行的。1840年鸦片战争后，外商开始在中国兴办工商企业并开始发行股票。最早在中国设立股份银行的是英国汇丰银行，1865年3月3日在香港设立总行，4月在上海设立分行，1870年前后中国出现了买卖外商股票的经纪人。

与此同时，在清朝洋务运动的推动下也出现了中国人自己开办的股份有限公司和中国人自己发行的股票。1872年，李鸿章、盛宣怀在上海开办的轮船招商局发行了股票。1882年，上海初步形成了证券市场，华商组织了上海"平准股票公司"，外商组织了"股票掮客公会"，这是中国出现的最早的专门从事股票交易的机构。

1891年，洋商开办上海股份公所，1905年，改为上海众业公所。1914年，上海股票商业公会成立，同年12月北洋政府颁布了我国第一部证券交易条例，证券交易有了初步的法规。当时的上海股票商业公会设在上海二马路一带(今九江路)。最初有会员12家，后增至15家，会员缴纳12两白银作为公会资本，每月还要交会费2两白银。交易品种包括公债、铁路、公司股票等。交易方式是现货交易，交易时间为上午9:00—11:00，手续费按1%～5%收取。这标志着中国人自己经营的第一家现代证券交易所诞生了。

1921年秋，风云突变，当时上海先后兴起的150家交易所，有的发行股票成立了信托公司，因股票价格大幅下跌而倒闭，引起了连锁反应，上海有近百家证券物品交易所倒闭，只剩下包括上海货商交易所在内的10多家。天津的证券物品交易所也因上海股价暴跌、交易所倒闭之风的影响，于1922年停止了营业。

第一节　中国三大证券交易所

1978年12月18—22日，中国共产党第十一届中央委员会第三次全体会议在北京举行，提出了把全党的工作重点转移到社会主义现代化建设上来。党的十一届三中全会冲破长期“左”的错误思想的严重束缚，批评“两个凡是”的错误方针，充分肯定必须完整、准确地掌握毛泽东思想的科学体系，高度评价关于真理标准问题的讨论，果断结束“以阶级斗争为纲”，重新确立马克思主义的思想路线、政治路线、组织路线。从此，拉开我国改革开放的大幕，党的十一届三中全会，实现中华人民共和国成立以来党的历史上具有深远意义的伟大转折，开启了改革开放和社会主义现代化的伟大征程。目前，中国拥有上海证券交易所、深圳证券交易所和北京证券交易所，分别位于上海、深圳和北京，三大交易所形成三足鼎立的格局。

一、上海证券交易所

上海证券交易所(Shanghai Stock Exchange)位于上海市浦东新区，创立于1990年11月26日，于1990年12月19日正式营业。上海证券交易所是采用会员制的事业法人机构，会员25家，分专业经纪商、专业自营商、兼管经纪商与自营商3种。主要业务是：组织证券上市、提供证券集中交易，提供集中清算交割，股票集中过户、提供证券市场信息。交易所采用现货交易方式，不搞期货交易。开业初期以债券交易为主，同时进行股票交易，逐步转为债券与股票交易并重。上海证券交易所成立后，首批有8只股票挂牌交易，分别为：延中实业(600601)、真空电子(600602)、飞乐音响(600651)、爱使股份(600652)、申华实业(600653)、飞乐股份(600654)、豫园商场(600655)、浙江凤凰(600656)。由于上交所这8只股票成为新中国最早公开上市交易的一批股票，“老八股”之称由此而来。经过30多年的发展，到2021年年底，上海证券交易所拥有上市公司共计2 032家。

二、深圳证券交易所

深圳证券交易所(Shenzhen Stock Exchange)于1989年11月15日筹建，1990年12月1日开始集中交易(试营业)，1991年4月11日由中国人民银行总行批准成立，并于1991年7月3日正式成立，为采取会员制的交易所，交易所位于深圳市罗湖区深南东路深业中心。经过30多年的发展，到2021年年底，深圳证券交易所上市公司共有2 570家。深圳证券交易所主要发行的是主板股票、中小板股票(于2021年4月6日起，合并到主板)、创业板股票。据世界证券交易所联合会(WFE)2020年12月31日统计，深圳证券交易所成交金额、融资金额、股票市价总值分别位列世界第三、第四和第七位。

深圳证券交易所在改革开放中孕育诞生，开新中国证券集中交易之先河。资本市场的功能作用，在改革开放和现代化建设实践中不断得到检验。1978年12月，中国共产党第十一届中央委员会第三次全体会议确立以经济建设为中心的基本国策。一年后，改革开放的第一声“开山炮”在深圳蛇口炸响。1980年8月26日，全国人大批准《广东省经济特区条例》，深圳经济特区正式设立。深圳敢闯敢试、敢为天下先的改革精神，海纳百川、兼容并蓄的开放精神，空谈误国、实干兴邦的使命精神，共同孕育了深交所的诞生与成长。1982年，广东省宝安县联合投资公司在深圳成立，是国内首家通过报刊公开招股的公司，1983年7月向全国发行“深宝安”股票凭证。1984年10月，中国共产党十二届三中全会通过《关于经济体制改革的决定》，企业股份制开始试点，证券市场也在试点过程中萌动。1988年4月，“深发展”股票在特区证券挂牌柜台交易，连同随后上柜的“万科”“金田”“安达”和“原野”，被称为“深圳老五股”。1988年6—9月，深圳市政府举办4期资本市场基础理论培训班，11月成立资本市场领导小组，在争论中坚持改革探索的脚步。1989年11月25日，下达《关于同意成立深圳证券交易所的批复》。

三、北京证券交易所

北京证券交易所(Beijing Stock Exchange)位于北京市西城区金融

街，于2021年9月3日注册成立，是经国务院批准设立的中国第一家公司制证券交易所，受中国证监会监督管理。经营范围为依法为证券集中交易提供场所和设施、组织和监督证券交易以及证券市场管理服务等业务。2021年9月10日，北京证券交易所官方网站上线试运行，2021年11月15日，北京证券交易所在北京市西城区金融街金阳大厦正式开市，首批公司由原来新三板精选层的69家公司平移而来，而新三板的基础层和创新层公司还是在原来的新三板市场交易。目前，北京证券交易所需要2年及以上的股票交易经验和50万元及以上日均资产才能开通。

2021年9月2日，习近平主席在2021年中国国际服务贸易交易会全球服务贸易峰会上发表视频致辞时强调，中国将继续支持中小企业创新发展，深化新三板改革，设立北京证券交易所，打造服务创新型中小企业主阵地。

深化新三板改革，设立北京证券交易所，是实施国家创新驱动发展战略、持续培育发展新动能的重要举措，也是深化金融供给侧结构性改革、完善多层次资本市场体系的重要内容，对于更好地发挥资本市场功能作用、促进科技与资本融合、支持中小企业创新发展具有重要意义。北京证券交易所的设立是对资本市场更好地服务于构建新发展格局、推动高质量发展做出的新的重大战略部署，为进一步深化新三板改革、完善资本市场对中小企业的金融支持体系提供了更快捷的路径。

证监会坚持市场化、法治化方向，统筹协调多层次资本市场发展布局，推动健全资本市场服务中小企业创新发展的全链条制度体系，着力打造符合中国国情、有效服务“专精特新”中小企业的资本市场专业化发展平台，努力建设一个规范、透明、开放、有活力、有韧性的资本市场，更好地服务于实体经济、服务“专精特新”中小企业高质量发展。北京证券交易所的定位很清晰，就是服务于创新型中小企业。那什么是创新型的中小企业呢？这类企业有“专精特新”四大特点：“专”是专业化；“精”是精细化；“特”是特色化；“新”是新颖化。到2021年年底，北京证券交易所的上市公司总共有82家，全部由新三板上市公司转板而来。

2021年9月17日，北京证券交易所官网发布《北京证券交易所投资者适当性管理办法（试行）》，明确了个人投资者参与北京证券交易所市场股票交易需要满足的条件，对机构投资者则不设资金准入门槛。个人投资者需要满足两项条件，其一，投资者申请权限开通前20个交易日证券账户和资金账户内的资产日均不低于人民币50万元（不包括该投资者通过融资融券融入的资金和证券）；其二，投资者必须参与证券交易24个月以上。机构投资者参与北京证券交易所股票交易，应当符合法律法规及北京证券交易所业务规则的规定。另外，在北京证券交易所开市前已开通精选层交易权限的投资者，其交易权限将自动平移至北京证券交易所。同时，北京证券交易所将坚持与新三板创新层、基础层一体发展和制度联动，具有新三板创新层和基础层交易权限的投资者，其交易权限范围将包含北京证券交易所股票。

四、北京证券交易所与沪深证券交易所的区别

北京证券交易所的上市公司是“专精特新”的创新型中小企业，而沪深交易所是符合其上市条件的所有企业。北京证券交易所的上市公司大多都源于新三板的精选层、创新层、基础层，而沪深交易所的公司来源是全国，以后甚至是全球。

在北京证券交易所上市的公司，持有股份数量在10%以下的投资者，其股份没有锁定期。公司上市后，想卖就可以卖，很自由。在沪深交易所上市的公司就不同了，公司上市后的所有股份至少锁定一年。

除了以上这些不同点之外，两者的投资者结构也不一样。北京证券交易所的投资者以机构为主，而沪深交易所是以散户为主。

另外，除了新股上市首日不设涨跌幅限制外，北京证券交易所的涨跌幅都是30%。而沪深主板是10%，科创板、创业板是20%。

对于机构投资者来说，北京证券交易所不设门槛。但对个人投资者来说，有两个门槛：第一个是在开通权限前的20个交易日，账户里的日均证券资产得达到50万元；第二个是至少有2年的证券交易经验。如果是在北京证券交易所成立前就已经开通新三板精选层投资资格的人，其交易权限自动会迁移到北京证券交易所。

第二节　中国 A 股上市公司概览

人民币普通股票与人民币特种股票，简称 A 股和 B 股。A 股是人民币普通股票的简称，是指以人民币认购和交易，在中国大陆注册、在中国股票市场上市的普通股票。

到 2021 年年底，三大证券交易所共有上市公司 4 684 家，其中上海证券交易所 2 032 家，深圳证券交易所 2 570，北京证券交易所 82 家。

表 3－1　2021 年三大证券交易所上市公司数量　　单位：家

交　易　所	主板	中小板	创业板	科创板	北证板	合计
上海证券交易所	1 655			377		2 032
深圳证券交易所	519	961	1 090			2 570
北京证券交易所					82	82

一、中国 A 股上市公司省份分布

2021 年年底，中国 A 股上市公司总数为 4 684 家，排名前 5 的省份分别是广东、浙江、江苏、北京、上海，所占比例分别为 16.25%、12.92%、12.15%、9.07%、8.22%，合计占比为 58.60%。5 个省份的上市公司总数占比接近上市公司数量的 60%，而 2016 年年底，这 5 个省份的上市公司数量占全部上市公司总数的 53.86%，数据表明上市公司的区域集中度进一步提升。广东作为最早开放的省份之一，经济发达，特别是广东境内的深圳，经济发展总量非常大，民营经济数量非常多，众多高科技企业为代表的战略性新兴产业云集，一个省的上市公司数量高达 16.25%，比 2016 年的 15.51%又有所增加。而北京则是云集了大量的央企，以银行、保险、能源等中字头为代表的巨无霸企业非常多，上市公司的市值非常大。上市公司数量占比不到 1%的省份主要集中在西部等地，分别是山西、云南、广西、黑龙江、甘肃、贵州、海南、内蒙古、西藏、宁夏、青海，合计为336家，占比为7.17%。经济越发达的地区，上市公司数量越多；经济越落后的地区，上市公司数量越少。

11个省份的上市公司数量超过100家，从2021年中国各省份的GDP排名来看，前11名分别是广东、江苏、山东、浙江、河南、四川、湖北、福建、湖南、上海、安徽，上市公司数量前11名的省份中，除了北京以外的其余10个省份2021年的GDP排名也进入前11位，数据表明了上市公司数量与其所在省份的经济具有显著的相关关系，越是接近发达的省份，其上市公司数量也越多。经济发达省份，有着优越的区位优势和良好的营商环境，有利于企业的快速成长，其上市公司数量也越多。上市公司通过资本市场IPO直接融资，容易获得价格低廉的社会资本，有助于上市公司开展生产经营活动；同时作为上市公司具有较好的知名度和良好的口碑，容易获得公众的认可，产品的市场空间较为广阔，提升了企业的盈利能力和缴纳税收的能力，有利于促进所在省份的财政收入增长，两者之间形成了一种良性互动的格局。

表3-2 2021年中国A股上市公司所在省份分布

省 份	数 量	百分比	排 名
广 东	761	16.25	1
浙 江	605	12.92	2
江 苏	569	12.15	3
北 京	425	9.07	4
上 海	385	8.22	5
山 东	267	5.70	6
福 建	162	3.46	7
四 川	156	3.33	8
安 徽	148	3.16	9
湖 南	132	2.82	10

续 表

省 份	数 量	百分比	排 名
湖 北	128	2.73	11
河 南	97	2.07	12
辽 宁	80	1.71	13
河 北	69	1.47	14
江 西	67	1.43	15
陕 西	66	1.41	16
天 津	63	1.35	17
重 庆	62	1.32	18
新 疆	58	1.24	19
吉 林	48	1.02	20
山 西	41	0.88	21
云 南	41	0.88	22
广 西	39	0.83	23
黑龙江	38	0.81	24
甘 肃	34	0.73	25
贵 州	34	0.73	26
海 南	34	0.73	27
内蒙古	27	0.58	28
西 藏	21	0.45	29
宁 夏	16	0.34	30
青 海	11	0.23	31
合 计	4 684	100.00	

二、中国A股上市公司城市分布

从城市角度看，中国A股上市公司同样具有较高的集中度，全国共有418个城市拥有自己的上市公司，其中前30个城市集中了中国A股62.55%的上市公司，这30个城市中，有四大直辖市，也有省会城市、地市级城市和县级城市，江苏省无锡市下辖的江阴市是30个城市中唯一的县级市，其共有33家A股上市公司，占上市公司数量的0.70%，作为一个县级市能够拥有如此之多的上市公司，在赞叹江阴的经济发展潜力时，不得不说这是中国A股市场上的一大奇迹。有7个城市的上市公司数量超过100家，最多的是北京市，上市公司数量高达425家，占比为9.07%。上市公司数量排在前10位的城市分别是北京、上海、深圳、杭州、广州、苏州、南京、成都、宁波、武汉，上市公司数量占比合计为42.12%。

表3-3　2021年中国A股上市公司前30名城市分布

城　市	数　量	百分比	排　名
北京市	425	9.07	1
上海市	385	8.22	2
深圳市	372	7.94	3
杭州市	194	4.14	4
广州市	131	2.80	5
苏州市	109	2.33	6
南京市	105	2.24	7
成都市	98	2.09	8
宁波市	83	1.77	9
武汉市	71	1.52	10
长沙市	65	1.39	11
合肥市	65	1.39	12

续　表

城　市	数　量	百分比	排　名
天津市	63	1.35	13
重庆市	62	1.32	14
厦门市	61	1.30	15
无锡市	60	1.28	16
常州市	53	1.13	17
绍兴市	53	1.13	18
青岛市	49	1.05	19
西安市	48	1.02	20
福州市	47	1.00	21
东莞市	45	0.96	22
佛山市	45	0.96	23
济南市	42	0.90	24
台州市	35	0.75	25
珠海市	34	0.73	26
湖州市	33	0.70	27
江阴市	33	0.70	28
南通市	32	0.68	29
汕头市	32	0.68	30
合　计	2 930	62.55	

三、中国 A 股上市公司细分行业分布

中国 A 股上市公司涉及 133 个细分行业，排在前 10 位的行业是电气设备、软件服务、元器件、化工原料、汽车配件、专用机械、医疗保健、化学制药、

通信设备、环境保护，所占比例分别为5.27%、5.21%、4.89%、4.68%、3.99%、3.97%、3.01%、2.73%、2.73%、2.43%，占比合计为38.92%。细分行业占比排名前30位的上市公司数量合计3 118家，占66.57%；细分行业占比排名前60的上市公司数量为4 043家，占比为86.32%。数据表明了上市公司细分行业分布具有较高的集中度，同时也是以国民经济发展重点行业、国家鼓励的战略性新兴产业为主，能够较好地代表国家产业发展方向，也是以发展空间前景非常广阔的产业为主，具有极大的成长性，有些上市公司经过多年的发展，成长为巨无霸企业，成为整个行业的龙头企业，在市场中具有较大的话语权，对经济发展做出了巨大的贡献。除了前十的细分行业外，一些发展前景较好，符合未来产业发展方向的细分行业，上市公司数量也在逐年增加，比如建筑工程、半导体、机械基件、电气仪表、食品、互联网、家用电器、中成药等。

表3-4　2021年中国A股上市公司细分行业分布

细分行业	数量	百分比	排名	细分行业	数量	百分比	排名
电气设备	247	5.27	1	机械基件	86	1.84	13
软件服务	244	5.21	2	电器仪表	85	1.81	14
元器件	229	4.89	3	食品	85	1.81	15
化工原料	219	4.68	4	互联网	80	1.71	16
汽车配件	187	3.99	5	家用电器	77	1.64	17
专用机械	186	3.97	6	中成药	70	1.49	18
医疗保健	141	3.01	7	服饰	62	1.32	19
化学制药	128	2.73	8	区域地产	59	1.26	20
通信设备	128	2.73	9	塑料	59	1.26	21
环境保护	114	2.43	10	生物制药	58	1.24	22
建筑工程	110	2.35	11	家居用品	53	1.13	23
半导体	91	1.94	12	证券	49	1.05	24

续　表

细分行业	数量	百分比	排名	细分行业	数量	百分比	排名
仓储物流	47	1.00	25	医药商业	31	0.66	43
小金属	47	1.00	26	造纸	31	0.66	44
广告包装	45	0.96	27	装修装饰	31	0.66	45
纺织	44	0.94	28	其他建材	30	0.64	46
农药化肥	44	0.94	29	综合类	30	0.64	47
文教休闲	44	0.94	30	化纤	29	0.62	48
影视音像	44	0.94	31	出版业	28	0.60	49
供气供热	41	0.88	32	染料涂料	27	0.58	50
航空	41	0.88	33	商贸代理	27	0.58	51
银行	41	0.88	34	工程机械	26	0.56	52
百货	40	0.85	35	煤炭开采	26	0.56	53
IT 设备	39	0.83	36	普钢	24	0.51	54
运输设备	39	0.83	37	汽车整车	24	0.51	55
农业综合	38	0.81	38	水泥	23	0.49	56
铝	34	0.73	39	玻璃	22	0.47	57
全国地产	33	0.70	40	矿物制品	22	0.47	58
多元金融	32	0.68	41	路桥	21	0.45	59
火力发电	31	0.66	42	白酒	20	0.43	60

四、中国 A 股上市公司板块分布

中国 A 股上市按照其先后发行的顺序可以分为主板、中小板、创业板、科创板、北证板五大板块，所占比例分别为 46.41%、20.52%、

23.27%、8.05%、1.75%。① 数据表明了主板上市公司依然是中国A股上市公司的主力，基本上占到了上市公司的一半，不过随着创业板和科创板的大量发行，主板上市公司的占比逐年呈现下降趋势。

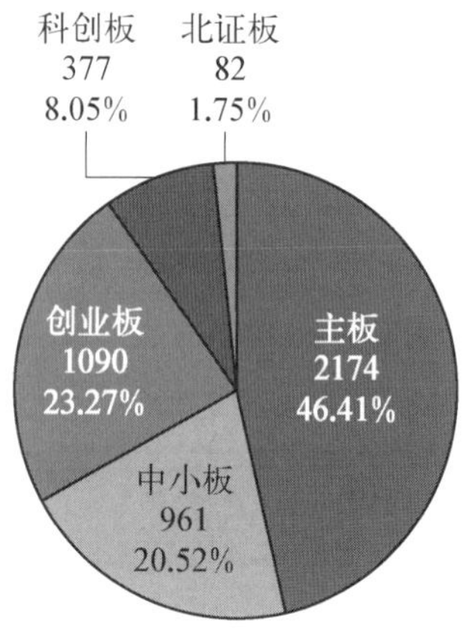

图3-1 2021年中国A股上市公司板块分布

五、中国A股上市公司营业收入

2021年，所有上市公司营业收入为63.24万亿元，有少数几家上市公司营业收入为负，平均每家上市公司营业收入为135.02亿元。营业收入10亿元以下的上市公司数量为1 487家，所占比例为31.75%；营业收入在10亿～100亿元的上市公司数量为2 447家，所占比例为52.24%；营业收入在100亿～1 000亿元的上市公司数量为640家，所占比例为13.66%；营业收入在1 000亿～10 000亿元的上市公司数量为104家，所占比例为2.22%；营业收入在10 000亿元以上的上市公司数量为6家，所占比例为0.13%。

表3-5 2021年中国A股上市公司营业收入分布

营业收入	数　量	百分比
10亿元以下	1 487	31.75
10亿～100亿元	2 447	52.24
100亿～1 000亿元	640	13.66
1 000亿～10 000亿元	104	2.22
10 000亿元以上	6	0.13
合　计	4 684	100.00

① 2021年4月6日，深圳证券交易所将中小板并入深圳主板，从此不在发行中小板上市公司，也没有中小板的说法了，但是为了更好地反映中国A股上市公司的发展历程，这里依然将中小板上市公司作为一个板块。

2021 年，营业收入超过 10 000 亿元的 6 家上市公司分别是中国石化（600028）、中国石油（601857）、中国建筑（601668）、中国平安（601318）、中国中铁（601390）、中国铁建（601186），其营业收入分别为 25 547.17 亿元、23 880.07亿元、18 759.65 亿元、12 058.74 亿元、10 528.00 亿元、10 217.92 亿元。6 家营业收入超 10 000 亿元的上市公司除了中国平安（601318）位于深圳市外，其余 5 家上市公司均位于北京；同样除了中国平安（601318）外，其余 5 家上市公司均为央企。

六、中国 A 股上市公司员工人数

2021 年，上市公司员工总数为 639 万多人，平均每家上市公司员工人数为 1 365 人。其中员工人数 100 人及以下的上市公司数量 51 家，所占比例为 1.09%；员工人数 101～500 人的上市公司数量 601 家，所占比例为12.83%；员工人数 501～1 000 人的上市公司数量 911 家，所占比例为 19.45%；员工人数 1 001～5 000 人的上市公司数量 2 134 家，所占比例为 45.56%；员工人数 5 001～10 000 人的上市公司数量 492 家，所占比例为 10.50%；员工人数 10 000 人以上的上市公司数量 495 家，所占比例为 10.57%。

表 3－6　2021 年中国 A 股上市公司员工人数分布

人　　数	数量（家）	百分比
100 人及以下	51	1.09
101～500 人	601	12.83
501～1 000 人	911	19.45
1 001～5 000 人	2 134	45.56
5 001～10 000 人	492	10.50
10 000 人以上	495	10.57
合　计	4 684	100.00

2021 年，上市公司员工数量最少的只有 9 人，为＊ST 中新（603996）；

员工人数在200人以下的上市公司，几乎均为ST公司或＊ST。员工人数超过10万人的上市公司有34家，这些上市公司主要分布在北京，员工人数排名前5位的上市公司是农业银行(601288)、工商银行(601398)、中国石油(601857)、中国石化(600028)、中国建筑(601668)，员工人数合计206万多人，占所有上市公司员工人数的32.23%，人数最多的农业银行(601288)员工人数超过45万多人。排名前10位的上市公司员工人数合计超过365万多人，占所有上市公司员工人数的57.19%。

第三节　主板上市公司

主板上市公司是A股中发行最早的板块，在2004年，中小板推出前，10多年中发行的为主板上市公司。主板是目前为止上市公司数量最多的板块，差不多占有全部上市公司数量的一半。截至2021年年底，主板上市公司分布在上海证券交易所和深圳证券交易所，其中上海证券交易所主板上市公司数量为1 655家，深圳证券交易所主板上市公司数量为519家。①

一、主板上市公司省份分布

主板上市公司数量前6个省份，分别是浙江、江苏、上海、广东、北京、山东，拥有的主板上市公司数量分别为290、228、224、196、189、121，占主板上市公司总数的13.34%、10.49%、10.30%、9.02%、8.69%，合计占比57.41%，6个省份的主板上市公司数量超过主板上市公司数量的一半。主板上市公司数量最少的3个省份是宁夏、西藏、青海，所拥有的主板上市公司数量分别为13家、11家、10家。长三角区域成为主板上市公司的主要力量，这与上海证券交易所在上海有一定的关系，浙江、江苏和上海的上市公司到上海证券交易所上市，具有得天独厚的优势。

---

① 2021年4月6日，深圳证券交易所将中小板并入深圳主板，从此不再发行中小板上市公司，也没有中小板的说法了。但是为了更好地反映中国A股上市公司的发展历程，这里统计的深圳主板上市公司不包括中小板上市公司。

表 3－7　2021 年主板上市公司按省份分布状况

省　份	数　量	百分比	排　名
浙　江	290	13.34	1
江　苏	228	10.49	2
上　海	224	10.30	3
广　东	196	9.02	4
北　京	189	8.69	5
山　东	121	5.57	6
福　建	76	3.50	7
安　徽	70	3.22	8
湖　北	69	3.17	9
四　川	69	3.17	10
湖　南	54	2.48	11
辽　宁	46	2.12	12
重　庆	46	2.12	13
河　南	41	1.89	14
河　北	39	1.79	15
天　津	38	1.75	16
新　疆	38	1.75	17
陕　西	36	1.66	18
吉　林	32	1.47	19
江　西	32	1.47	20
山　西	32	1.47	21
黑龙江	30	1.38	22

续 表

省 份	数 量	百分比	排 名
广 西	28	1.29	23
海 南	26	1.20	24
云 南	25	1.15	25
甘 肃	23	1.06	26
贵 州	21	0.97	27
内蒙古	21	0.97	28
宁 夏	13	0.60	29
西 藏	11	0.51	30
青 海	10	0.46	31
合 计	2 174	100.00	

二、主板上市公司细分行业分布

主板上市公司包含的细分行业有112个，其中前60个细分行业上市公司数量为1 823家，占所有主板上市公司数量的83.85%；前30个细分行业上市公司数量为1 276家，占所有主板上市公司数量的58.69%。排名前10位的行业是汽车配件、化工原料、电气设备、建筑工程、元器件、区域地产、化学制药、专用机械、软件服务、食品，所占比例分别为4.60%、4.09%、3.86%、2.67%、2.67%、2.44%、2.35%、2.30%、2.21%、2.12%，合计占比为29.31%。

表3-8 2021年主板上市公司细分行业分布

细分行业	数量	百分比	排名	细分行业	数量	百分比	排名
汽车配件	100	4.60	1	建筑工程	58	2.67	4
化工原料	89	4.09	2	元器件	58	2.67	5
电气设备	84	3.86	3	区域地产	53	2.44	6

续　表

细分行业	数量	百分比	排名	细分行业	数量	百分比	排名
化学制药	51	2.35	7	小金属	25	1.15	30
专用机械	50	2.30	8	影视音像	25	1.15	31
软件服务	48	2.21	9	互联网	23	1.06	32
食品	46	2.12	10	普钢	23	1.06	33
环境保护	41	1.89	11	综合类	23	1.06	34
通信设备	41	1.89	12	出版业	22	1.01	35
证券	40	1.84	13	汽车整车	22	1.01	36
中成药	40	1.84	14	医药商业	22	1.01	37
百货	36	1.66	15	路桥	21	0.97	38
家用电器	36	1.66	16	商贸代理	21	0.97	39
银行	34	1.56	17	水泥	21	0.97	40
供气供热	33	1.52	18	造纸	21	0.97	41
家居用品	33	1.52	19	半导体	20	0.92	42
仓储物流	31	1.43	20	水力发电	19	0.87	43
全国地产	31	1.43	21	白酒	18	0.83	44
火力发电	30	1.38	22	农业综合	18	0.83	45
多元金融	28	1.29	23	港口	17	0.78	46
机械基件	28	1.29	24	广告包装	17	0.78	47
纺织	27	1.24	25	铝	17	0.78	48
服饰	27	1.24	26	运输设备	17	0.78	49
医疗保健	27	1.24	27	航空	16	0.74	50
农药化肥	26	1.20	28	文教休闲	16	0.74	51
煤炭开采	25	1.15	29	新型电力	16	0.74	52

续 表

细分行业	数量	百分比	排名	细分行业	数量	百分比	排名
园区开发	16	0.74	53	化纤	14	0.64	57
工程机械	15	0.69	54	生物制药	14	0.64	58
塑料	15	0.69	55	铅锌	12	0.55	59
玻璃	14	0.64	56	水务	12	0.55	60

第四节　中小板上市公司

一、中小板酝酿准备阶段

2003年10月14日，中共十六届三中全会通过《中共中央关于完善社会主义市场经济体制若干问题的决定》，明确提出“建立多层次资本市场体系，推进风险投资和创业板市场建设”。同年10月31日，深圳证券交易所举办“学习‘三个代表’重要思想、贯彻十六届三中全会决定、推进创业板市场建设研讨会”。

2004年1月31日，国务院发布《关于推进资本市场改革开放和稳定发展的若干意见》，将发展资本市场提升到国家战略，提出九个方面的纲领性意见。特别针对创业板市场建设，提出“分步推进创业板市场建设，完善风险投资机制，拓展中小企业融资渠道”。

在创业板推出的条件尚不成熟的历史时期，深圳证券交易所考虑到先行推出中小板，等今后证券市场更趋于成熟、相关条件成熟后，再推出创业板。

二、中小板正式推出

2004年5月17日，经国务院同意，中国证监会批复同意在深圳证券交易所设立中小企业板块。5月27日，中小企业板启动。6月25日，中小企业板首批 8 家公司上市。中小企业板规范发展，成为全球范围内最为成功的中小企业市场之一，中小企业板的成功实践为创业板推出开辟了道路。先建立中小板，在中小板推出运行一段时间后，再正式推出创业板。站在现在的视角来看，中小板就是创业板没有办法推出前的一个过渡产品。2004 年推出中小板之后，大企业基本到上海证券交易所上市，小企业基本到深圳证券交易所上市，这可能是中小板推出后最大的改变。中小板首批上市公司 8 家，分别是新和成（002001）、江苏琼花（002002）、伟星股份（002003）、华邦制药（002004）、德豪润达（002005）、精功科技（002006）、华兰生物（002007）和大族激光（002008）。如今，8 家公司中有 2 家改名，江苏琼花几度易名，现更名为鸿达兴业，华邦制药更名为华邦健康，股票代码不变；德豪润达则被 ST，更名为 ST 德豪。

随后，在中小板推出 5 年后，原来发行创业板的时机和条件逐渐成熟，深圳证券交易所于 2009 年 10 月正式推出创业板。此后中小板与创业板同步在深圳证券交易所发行近 12 年。

到 2020 年 9 月 25 日，最后一家中小板公司优彩资源（002998）上市后，深圳证券交易所就再也没有上市过中小板，从 2004 年 6 月 25 日第一批 8 家中小板公司上市，到 2020 年 9 月 25 日最后一家中小板公司优彩资源（002998）上市，中小板公司发行时间共计历时 16 年 3 个月。到 2021 年年底，深圳证券交易所共有 961 家中小板上市公司，从 002001 到 002999，共计 999 个编号，而目前只有 961 家中小板公司，其中部分中小板公司由于退市而消失在了中国证券市场发展的历史长河中，而其股票代码则给予了一些基金作为交易代码。

三、中小板上市公司省份分布

2021 年年底，961 家中小板上市公司所在区域遍布全国 31 个省份，集中度非常高，排名前 5 位的分别是广东（其中深圳 122 家，几乎占广东省中小板上市公司的 50％）、浙江、江苏、山东、北京 5 个省份，所占比例分别为 25.70％、14.88％、10.61％、7.08％、5.72％，合计占比高达 64.00％；其中排名第一的广东占比超过 25％。数据表明，中小板上市公司主要分布在珠三角、长三角、环渤海湾等沿海城市。而中西部地区的中小板上市公司则非常少,特别是宁夏和青海均只有1家中小板上市公司。

表3-9　2021年中小板上市公司省份分布状况

省　份	数　量	百分比	排　名
广　东	247	25.70	1
浙　江	143	14.88	2
江　苏	102	10.61	3
山　东	68	7.08	4
北　京	55	5.72	5
福　建	40	4.16	6
四　川	33	3.43	7
湖　南	32	3.33	8
上　海	31	3.23	9
安　徽	30	3.12	10
河　南	27	2.81	11
湖　北	17	1.77	12
江　西	13	1.35	13
辽　宁	13	1.35	14
新　疆	13	1.35	15
河　北	11	1.14	16
云　南	10	1.04	17
贵　州	9	0.94	18
天　津	9	0.94	19
重　庆	9	0.94	20
广　西	8	0.83	21

续　表

省　份	数　量	百分比	排　名
甘　肃	7	0.73	22
陕　西	7	0.73	23
吉　林	6	0.62	24
西　藏	5	0.52	25
海　南	4	0.42	26
黑龙江	4	0.42	27
山　西	4	0.42	28
内　蒙	2	0.21	29
宁　夏	1	0.10	30
青　海	1	0.10	31
合　计	961	100.00	

四、中小板上市公司行业分布

从细分行业看，961 家中小板上市公司分布在 101 个细分行业，其中前 60 个细分行业共有 898 家，合计占比 93.44，意味着后 41 个细分行业的中小板上市公司占比只有 6.56%。排在前 15 位的细分行业分别是元器件（6.76%）、电器设备（6.45%）、化工原料（5.62%）、汽车配件（4.79%）、软件服务（4.27%）、化学制药（3.12%）、通信设备（3.02%）、家用电器（2.91%）、服饰（2.81%）、专用机械（2.71%）、互联网（2.39%）、食品（2.39%）、建筑工程（2.29%）、中成药（2.19%）、广告包装（2.08%），合计占比为 53.80%，超过所有中小板上市公司的一半。除此以外，还有电器仪表、医疗保健、环境保护、IT 设备、工程机械、航空、生物制药、影视音像、半导体、证券等具有较大发展前景和发展空间的行业，其中小板上市公司数量均在 8 家以上。

表 3-10　2021 年中小板上市公司细分行业分布状况

细分行业	数量	百分比	排名	细分行业	数量	百分比	排名
元器件	65	6.76	1	文教休闲	13	1.35	25
电气设备	62	6.45	2	仓储物流	12	1.25	26
化工原料	54	5.62	3	IT 设备	11	1.14	27
汽车配件	46	4.79	4	纺织	11	1.14	28
软件服务	41	4.27	5	铝	11	1.14	29
化学制药	30	3.12	6	家居用品	10	1.04	30
通信设备	29	3.02	7	工程机械	9	0.94	31
家用电器	28	2.91	8	航空	9	0.94	32
服饰	27	2.81	9	农业综合	9	0.94	33
专用机械	26	2.71	10	生物制药	9	0.94	34
互联网	23	2.39	11	影视音像	9	0.94	35
食品	23	2.39	12	半导体	8	0.83	36
建筑工程	22	2.29	13	化纤	8	0.83	37
中成药	21	2.19	14	饲料	8	0.83	38
广告包装	20	2.08	15	造纸	8	0.83	39
机械基件	19	1.98	16	证券	8	0.83	40
电器仪表	17	1.77	17	钢加工	7	0.73	41
装修装饰	17	1.77	18	乳制品	7	0.73	42
其他建材	16	1.66	19	银行	7	0.73	43
农药化肥	15	1.56	20	化工机械	6	0.62	44
塑料	15	1.56	21	区域地产	6	0.62	45
小金属	14	1.46	22	供气供热	5	0.52	46
医疗保健	14	1.46	23	机床制造	5	0.52	47
环境保护	13	1.35	24	百货	4	0.42	48

续　表

细分行业	数量	百分比	排名	细分行业	数量	百分比	排名
超市连锁	4	0.42	49	多元金融	3	0.31	55
轻工机械	4	0.42	50	房产服务	3	0.31	56
石油开采	4	0.42	51	纺织机械	3	0.31	57
医药商业	4	0.42	52	其他商业	3	0.31	58
运输设备	4	0.42	53	日用化工	3	0.31	59
玻璃	3	0.31	54	商贸代理	3	0.31	60

五、中小板的退出

中小板是一个过渡时代的产物。深圳证券交易所原本的计划是直接推出创业板,并为此准备多年。2000 年深圳主板 IPO 暂停,探索创业板制度,但这一探索就是好几年,相当尴尬,深圳证券交易所迟迟不发新股,也迟迟没有推出创业板。2003 年 2 月,国务院出台《关于推进资本市场改革开放和稳定发展的若干意见》,提出要分步推进创业板市场建设。于 2004 年 6 月 25 日正式推出中小板上市公司,随后在 2009 年 10 月 23 日正式推出创业板。此后,中小板的存在就没有了辨识度,其实全世界的主要交易所都是分主板和创业板,没有必要再多出一个和创业板没有很大差别的中小板,取消中小板是历史必然。随着时间的推移和证券市场环境的变化,中小板在圆满完成当初定位的历史使命和任务后,于 2021 年 4 月 6 日,深圳证券交易所的主板与中小板正式合并。从此以后,深圳证券交易所再也没有“中小板”的称谓了,意味着中小板时代的结束。

第五节　创业板上市公司

一、创业板正式推出

中小板上市公司的推出是为了缓解创业板上市公司推出条件不够成熟

阶段的中小企业的上市融资，随着条件的成熟，创业板上市公司迎来发展契机，在中小板上市推出5年多后，深圳证券交易所正式推出创业板上市公司。

2005年4月29日，中国证监会正式启动股权分置改革。2006年年底，深圳证券交易所上市公司股权分置改革率先基本完成。股权分置改革、证券公司规范治理和上市公司综合治理解决了长期困扰资本市场发展的主要障碍，也为推出创业板进一步创造了条件。

2008年，严重的国际金融危机波及全球经济。为实现中国经济持续健康发展，各界呼吁尽快推出创业板。2008年3月21日，中国证监会就《首次公开发行股票并在创业板上市管理办法》向社会公开征求意见。2008年12月8日，国务院办公厅发布《关于当前金融促进经济发展的若干意见》，明确将"适时推出创业板"。2009年10月23日，创业板正式启动。2009年10月30日，首批28家创业板上市公司集中上市。到2021年年底，深圳证券交易所共有1 090家创业板上市公司。

创业板上市公司是指所发行的股票经过批准在创业板市场上交易的股份有限公司，接受创业板市场制度的评价和约束。在创业板上市的公司需要具有一定的规模和盈利能力，主营业务突出。创业板上市公司的标准远远低于主板上市公司，所以创业板是为暂时无法在主板上市的有潜质的中小型企业和高科技高成长性的新兴公司提供筹资渠道和成长空间的证券市场，是对主板市场的有效补给，是资本市场的重要组成部分。

二、创业板注册制改革

创业板注册制改革是中国资本市场改革的方向，改革的制度设计充分考虑了中国证券市场的环境和条件。2020年4月27日，中国资本市场深刻变革的征程再次迎来关键节点，备受市场期待的创业板注册制改革方案"出炉"。2020年6月12日，证监会发布了《创业板首次公开发行股票注册管理办法（试行）》、《创业板上市公司证券发行注册管理办法（试行）》、《创业板上市公司持续监管办法（试行）》和《证券发行上市保荐业务管理办法》。与此同时，证监会、深圳证券交易所、中国证券登记结算有限责任公司、证券业协会等发布了相关配套规则。2020年8月24日，深圳证券交易所迎来创业板注册制首批企业上市。

创业板注册制改革后的交易规则也发生了相应的一些变化。

（1）新上市企业上市前五日不设涨跌幅，之后涨跌幅限制从目前的10%调整为20%，存量公司日涨跌幅同步扩大至20%。

（2）优化了盘中临时停牌机制，设置30%、60%两档停牌指标，各停牌10分钟。

（3）实施盘后定价交易。收盘后按照时间优先的原则，以当日收盘价对盘后定价买卖申报逐笔连续撮合的交易方式，每个交易日的15:05—15:30为盘后定价交易时间。

（4）增加连续竞价期间“价格笼子”。规定连续竞价阶段限价申报的买入申报价格不得高于买入基准价格的102%，卖出申报价格不得低于卖出基准价格的98%。

（5）允许创业板战略投资者、网下投资者在承诺的持有期限内，出借配售股票，深交所公布配售股票出借信息。明确公募基金、社保基金、保险资金等机构投资者可以作为出借人出借股票。

三、创业板上市公司省份分布

从创业板上市公司所在省份来看，2021年年底，创业板上市公司数量最多的6个省份是广东、江苏、浙江、北京、上海、山东，所占比例分别为22.84%、14.22%、12.57%、10.83%、6.24%、4.95%，合计占比为71.65%。广东、江苏、浙江三省的创业板上市公司数量几乎占有全部创业板上市公司数量的一半，三省创业板上市公司数合计有541家，占比为49.63%。数据表明，经济越发达的省份，其创业板上市公司的数量也越多，这与创业板上市公司规模小，成长性高，以小企业为主，能够代表未来产业发展趋势的特征有一定关系，而广东、浙江、江苏3省经济发达，特别是民营经济活力强劲，为培养创业板上市公司提供了肥沃的土壤。有13个省份的创业板上市公司数量都在10家以下，这13个省份分别是吉林、新疆、西藏、云南、重庆、甘肃、山西、海南、黑龙江、内蒙古、广西、贵州、宁夏。其中创业板上市公司数量最少的是宁夏，其创业板上市公司仅仅只有晓鸣股份(300967)1家，其次是广西和贵州，均只有2家创业板上市公司,广西的2家创业板上市公司分别是华蓝集团(301027)和博世科(300422),贵州的2家创业板上市公司分别是朗玛信息(300288)和中伟股份(300919)。

表3-11 2021年创业板上市公司省份分布

省份	数量	百分比
广东	249	22.84
江苏	155	14.22
浙江	137	12.57
北京	118	10.83
上海	68	6.24
山东	54	4.95
福建	37	3.39
四川	37	3.39
湖南	32	2.94
湖北	31	2.84
安徽	28	2.57
河南	23	2.11
江西	17	1.56
河北	16	1.47
辽宁	14	1.28
陕西	13	1.19
天津	12	1.10
吉林	6	0.55
新疆	6	0.55

续　表

省　份	数　量	百分比
西　藏	5	0.46
云　南	5	0.46
重　庆	5	0.46
甘　肃	4	0.37
山　西	4	0.37
海　南	3	0.28
黑龙江	3	0.28
内蒙古	3	0.28
广　西	2	0.18
贵　州	2	0.18
宁　夏	1	0.09
合　计	1 090	100.00

四、创业板上市公司细分行业分布

1 090 家创业板上市公司共计涉及 78 个细分行业，排在前 10 位的是软件服务、元器件、电气设备、专用机械、化工原料、医疗保健、通信设备、电器仪表、环境保护、汽车配件，所占比例分别为 10.46%、7.16%、6.70%、6.70%、5.14%、5.14%、4.22%、4.04%、3.94%、3.12%，合计占比为 56.61%，具有较高的集中度。除此以外，机械基件、互联网、化学制药、建筑工程、半导体、塑料、IT 设备、文教休闲、生物制药、食品、航空、家用电器、燃料涂料、运输设备、影视音像 15 个细分行业的创业板上市是均在 10 家以上。数据表明，创业板上市公司所处行业还是以一些新兴产业为主，并且具有较为广阔的发展空间，给创业板上市公司带来高成长性的特征。

表 3－12　2021 年创业板上市公司细分行业分布

细分行业	数量	百分比	排名	细分行业	数量	百分比	排名
软件服务	114	10.46	1	染料涂料	11	1.01	23
元器件	78	7.16	2	运输设备	11	1.01	24
电气设备	73	6.70	3	影视音像	10	0.92	25
专用机械	73	6.70	4	家居用品	9	0.83	26
化工原料	56	5.14	5	农业综合	9	0.83	27
医疗保健	56	5.14	6	中成药	9	0.83	28
通信设备	46	4.22	7	服饰	8	0.73	29
电器仪表	44	4.04	8	广告包装	8	0.73	30
环境保护	43	3.94	9	矿物制品	7	0.64	31
汽车配件	34	3.12	10	纺织	6	0.55	32
机械基件	32	2.94	11	铝	6	0.55	33
互联网	31	2.84	12	综合类	6	0.55	34
化学制药	31	2.84	13	玻璃	5	0.46	35
建筑工程	30	2.75	14	出版业	5	0.46	36
半导体	27	2.48	15	船舶	5	0.46	37
塑料	24	2.20	16	化纤	5	0.46	38
IT 设备	16	1.47	17	其他建材	5	0.46	39
文教休闲	15	1.38	18	日用化工	5	0.46	40
生物制药	14	1.28	19	橡胶	5	0.46	41
食品	12	1.10	20	医药商业	5	0.46	42
航空	11	1.01	21	种植业	5	0.46	43
家用电器	11	1.01	22	仓储物流	4	0.37	44

续　表

细分行业	数量	百分比	排名	细分行业	数量	百分比	排名
电信运营	4	0.37	45	汽车服务	2	0.18	62
轻工机械	4	0.37	46	乳制品	2	0.18	63
石油开采	4	0.37	47	造纸	2	0.18	64
小金属	4	0.37	48	多元金融	1	0.09	65
供气供热	3	0.28	49	房产服务	1	0.09	66
机床制造	3	0.28	50	纺织机械	1	0.09	67
农药化肥	3	0.28	51	化工机械	1	0.09	68
其他商业	3	0.28	52	酒店餐饮	1	0.09	69
商贸代理	3	0.28	53	旅游景点	1	0.09	70
水务	3	0.28	54	汽车整车	1	0.09	71
陶瓷	3	0.28	55	软饮料	1	0.09	72
装修装饰	3	0.28	56	石油加工	1	0.09	73
钢加工	2	0.18	57	饲料	1	0.09	74
工程机械	2	0.18	58	铜	1	0.09	75
旅游服务	2	0.18	59	新型电力	1	0.09	76
农用机械	2	0.18	60	渔业	1	0.09	77
批发业	2	0.18	61	证券	1	0.09	78

第六节　科创板上市公司

科创板(The Science and Technology Innovation Board)的设立是为了完善多层次资本市场体系，提升资本市场服务实体经济的能力，促进上海国际金融中心、科技创新中心建设。同时也为上海证券交易所发挥市场功能、弥补制度短板、增强包容性提供了突破口。设立科创板是落实创新驱动和科技强国战略、推动高质量发展、支持上海国际金融中心和科技创新中心建设的重大改革举措，是完善资本市场基础制度、激发市场活力和保护投资者合法权益的重要安排。

一、科创板的酝酿及上市

2018年11月5日，国家主席习近平出席首届中国国际进口博览会开幕式并发表主旨演讲，宣布在上海证券交易所设立科创板并试点注册制。设立科创板并试点注册制，是中国证监会深入贯彻习近平新时代中国特色社会主义思想和党的十九大精神，认真落实习近平总书记关于资本市场的一系列重要指示批示精神，按照党中央、国务院决策部署，进一步落实创新驱动发展战略，增强资本市场对提高我国关键核心技术创新能力的服务水平，支持上海国际金融中心和科技创新中心建设，完善资本市场基础制度，坚持稳中求进工作总基调，贯彻新发展理念，深化供给侧结构性改革的重要举措。

2019年1月23日，习近平总书记主持召开中央全面深化改革委员会第六次会议并发表重要讲话，会议审议通过了《在上海证券交易所设立科创板并试点注册制总体实施方案》和《关于在上海证券交易所设立科创板并试点注册制的实施意见》(以下简称《实施意见》)。中国证监会于2019年1月30日发布了《实施意见》，中国证监会和上海证券交易所按照《实施意见》要求，有序推进设立科创板并试点注册制各项工作。2019年6月13日，在第十一届陆家嘴论坛开幕式上，中国证监会和上海市人民政府联合举办了上海证券交易所科创板开板仪式。根据板块定位和科创企业特点，科创板设置了多元包容的上市条件，允许符合科创板定位、尚未盈利或存在累计未弥补亏损的企业在科创板上市，允许符合相关要求的特殊股权结构企业和红筹企业在科创板上市。

2019年7月22日，科创板正式开市，首批25家公司集中上市，中国资本市场迎来了一个全新板块。首批上市的25家公司是华兴源创(688001)、睿创微纳(688002)、天准科技(688003)、容百科技(688005)、杭可科技

(688006)、光峰科技(688007)、澜起科技(688008)、中国通号(688009)、福光股份(688010)、新光光电(688011)、中微公司(688012)、交控科技(688015)、心脉医疗(688016)、乐鑫科技(699018)、安集科技(688019)、方邦股份(688020)、瀚川智能(688022)、沃尔德(688028)、南微医学(688029)、天宜上佳(688033)、航天宏图(688066)、虹软科技(688088)、西部超导(688122)、铂力特(688333)、嘉元科技(688388)。

二、科创板承担的功能

(一)从市场功能来看,科创板实现了资本市场和科技创新更加深度的融合

科技创新具有投入大、周期长、风险高等特点,间接融资、短期融资在这方面常常会感觉力有不逮,科技创新离不开长期资本的引领和催化。资本市场对于促进科技和资本的融合、加速创新资本的形成和有效循环,具有至关重要的作用。中国资本市场在加大支持科技创新力度上,已经有了很好的探索,但由于种种原因,资本市场与科技创新之间还难以达到完美结合。为了补齐资本市场服务科技创新的短板,让资本市场与科技创新有机融合,科创板从设计开始就肩负着这样的历史使命。

(二)从市场发展来看,科创板已成为资本市场基础制度改革创新的“试验田”

监管部门已明确表示科创板是资本市场的增量改革,可以避免对庞大存量市场的影响,而在一片新天地下“试水”改革举措,有利于快速积累经验,从而推动资本市场的不断完善。科创板以市场最受关注的注册制发行,就是承载着试验的任务。注册制在市场中已经讨论多年,明确在科创板试点注册制,既是呼应市场需求,又有充分法律依据。近年来,依法全面从严监管资本市场和相应的制度建设也为注册制试点创造了相应条件。注册制的试点有严格标准和程序,在受理、审核、注册、发行、交易等各个环节会更加注重信息披露的真实全面、上市公司质量,更加注重激发市场活力、保护投资者权益。在科创板试点注册制,可以说是为改革开辟了一条创新性的路径。

(三) 从市场生态来看,科创板体现出更加包容、更加平衡的理念

通过对盈利状况、股权结构等方面的差异化安排,增强了对科技创新企业的包容性和适应性。与此同时,在投资者权益保护方面,针对科技创新企业的特点,在投资者资产要求、投资经验、风险承受能力等方面加强了对科创板投资者的适当性管理,引导投资者理性参与科创板投资。同时,通过发行、交易、退市、证券公司资本约束等新制度以及引入中长期资金等配套措施,让新增资金与试点进展同步匹配,做到了在科创板实现投融资平衡、一二级市场平衡、公司的新老股东利益之间的平衡。

三、科创板上市公司省份分布

到2021年年底,科创板上市公司总数为377家,分布在中国21个省份,排名前5位的省份是江苏、广东、上海、北京、浙江,所占比分别为18.83%、15.65%、15.65%、13.53%、8.49%。5省份的科创板上市公司数量合计达到272家,所占比例为72.15%,几乎接近科创板上市公司总数的3/4。这5个省份是中国经济最为发达的地方,高校、科研院所云集,城市科技创新能力强、政府对研发的投入多、创新型科技企业层出不穷,为区域经济发展做出了巨大的贡献。排在最后的海南、黑龙江、新疆,其科创板上市公司数量均只有1家,与这些省份的经济发展潜力及城市科技创新能力相对不足有一定的关系。除此以外,还有不少省份到2021年年底,没有任何一家企业在科创板上市。

表3-13　2021年科创板上市公司省份分布

省　份	数　量	百分比	排　名
江　苏	71	18.83	1
广　东	59	15.65	2
上　海	59	15.65	3
北　京	51	13.53	4
浙　江	32	8.49	5

续　表

省　份	数　量	百分比	排　名
山　东	17	4.51	6
安　徽	15	3.98	7
四　川	13	3.45	8
湖　南	12	3.18	9
福　建	8	2.12	10
湖　北	8	2.12	10
陕　西	8	2.12	10
辽　宁	5	1.33	13
河　南	4	1.06	14
江　西	4	1.06	14
天　津	4	1.06	14
贵　州	2	0.53	17
吉　林	2	0.53	17
海　南	1	0.27	19
黑龙江	1	0.27	19
新　疆	1	0.27	19
合　计	377	100.00	

四、科创板上市公司细分行业分布

从科创板上市公司所涉及的细分行业看，377 家科创板上市公司分布在 32 个细分行业。科创板上市公司数量排名前 10 位的细分行业是医疗保健、软件服务、专用机械、半导体、元器件、电气设备、生物制药、化工原料、环境保护、化学制药，所占比例分别为 11.67%、10.88%、9.81%、9.55%、

7.43%、7.16%、5.57%、5.31%、4.51%、4.24%。这10个细分行业的科创板上市公司合计为287家，合计占比为76.13%，具有较高的集中度。

这样的细分行业格局，与科创板设立的宗旨分不开，科创板的设立主要服务于符合国家战略、突破关键核心技术、市场认可度高的科技创新企业。科创板上市的企业，必须符合面向世界科技前沿、面向经济主战场、面向国家重大需求等要求，重点支持新一代信息技术、高端装备、新材料、新能源、节能环保以及生物医药等高新技术产业和战略性新兴产业，着力推动互联网、大数据、云计算、人工智能和制造业深度融合。

表3-14　2021年科创板上市公司细分行业分布

细分行业	数　量	百分比	排　名
医疗保健	44	11.67	1
软件服务	41	10.88	2
专用机械	37	9.81	3
半导体	36	9.55	4
元器件	28	7.43	5
电气设备	27	7.16	6
生物制药	21	5.57	7
化工原料	20	5.31	8
环境保护	17	4.51	9
化学制药	16	4.24	10
电器仪表	13	3.45	11
通信设备	12	3.18	12
机械基件	7	1.86	13
汽车配件	7	1.86	13
运输设备	7	1.86	13

续 表

细分行业	数 量	百分比	排 名
航空	5	1.33	16
矿物制品	5	1.33	16
塑料	5	1.33	16
机床制造	4	1.06	19
小金属	4	1.06	19
互联网	3	0.80	21
染料涂料	3	0.80	21
IT 设备	2	0.53	23
化纤	2	0.53	23
家用电器	2	0.53	23
农业综合	2	0.53	23
铜	2	0.53	23
家居用品	1	0.27	28
摩托车	1	0.27	28
食品	1	0.27	28
水务	1	0.27	28
特种钢	1	0.27	28
合计	377	100.00	

第七节 北 证 板 块

到 2021 年年底，北证板上市公司数量为 82 家。北证板上市公司主要来自以前的新三板，采取注册制，连续竞价交易，新股上市首日不设涨跌幅，以后每日的涨跌幅为30%，新增公司来源于新三板创新层挂牌满12个月的公司。同时北证板上市公司具有“转板”功能，满足条件的北证板上市公司可以申请转板到上海证券交易所或深圳证券交易所上市。因此，北京证券交易所需要平衡与上海证券交易所、深圳证券交易所、区域性股权市场之间的关系。既要错位发展，坚持自己的特色，又要互联互通，发挥好自己的“转板上市”功能。另外，北京证券交易所还需要平衡与新三板基础层、创新层之间的关系。北证板上市公司替代了新三板的精选层，因此需要承担原来新三板精选层的功能，需要考虑与新三板基础层、创新层之间统筹协调和制度联动。

一、北证板上市公司省份分布

到2021年年底，北证板上市公司数量为82家，中国23个省份具有北证板上市公司，北证板上市公司数量排名前6位的省份是江苏、北京、广东、山东、安徽、四川，所占比例分别为15.85%、14.63%、12.20%、8.54%、6.10%、4.88%。这6个省份的北证板上市公司总数为51家，所占比为62.20%。河北、湖北、上海、浙江4个省份的北证板上市公司数量均为3家，所占比例均为3.66%；河南、湖南、吉林、辽宁、陕西、重庆6个省份的北证板上市公司数量均为2家，所占比例均为2.44%；福建、广西、江西、内蒙古、宁夏、山西、云南7个省份的北证板上市公司数量均为1家，所占比例均为1.22%。

表3－15　2021年北证板上市公司省份分布

省　份	数　量	百分比	排　名
江　苏	13	15.85	1
北　京	12	14.63	2
广　东	10	12.20	3
山　东	7	8.54	4
安　徽	5	6.10	5

续　表

省　份	数　量	百分比	排　名
四　川	4	4.88	6
河　北	3	3.66	7
湖　北	3	3.66	7
上　海	3	3.66	7
浙　江	3	3.66	7
河　南	2	2.44	11
湖　南	2	2.44	11
吉　林	2	2.44	11
辽　宁	2	2.44	11
陕　西	2	2.44	11
重　庆	2	2.44	11
福　建	1	1.22	17
广　西	1	1.22	17
江　西	1	1.22	17
内蒙古	1	1.22	17
宁　夏	1	1.22	17
山　西	1	1.22	17
云　南	1	1.22	17
合　计	82	100.00	

二、北证板上市公司细分行业分布

到 2021 年年底，北证板上市公司所在的细分行业共有 23 个。排名前 5 名的细分行业是机械制造、电子设备和元件、化学制品、信息技术服务、制药，分别占比为13.41%、12.20%、9.76%、8.54%、7.32%，合计占比为51.23%，5个细分行业的北证板上市公司数量超过北证板上市公司总数的一半，北证板上市公司细分行业具有较高的集中度。汽车零配件、商业服务与用品2个细分行业的北证板上市公司数量均为5家，所占比例均为6.10%；航空航天与国防、软件、食品、专业服务4个细分行业的北证板上市公司数量均为3家，所占比例均为3.66%；家庭耐用消费品、技术与采矿、生物科技、通信设备及服务、新能源设备、医疗保健设备用品6个细分行业的北证板上市公司数量均为2家，所占比例均为2.44%；电气设备、互联网软件与服务、建筑产品、燃气公用事业、新材料、专营零售6个细分行业的北证板上市公司数量均为1家，所占比例均为1.22%。

表3-16 2021年北证板上市公司细分行业分布

细分行业	数 量	百分比	排 名
机械制造	11	13.41	1
电子设备和元件	10	12.20	2
化学制品	8	9.76	3
信息技术服务	7	8.54	4
制药	6	7.32	5
汽车零配件	5	6.10	6
商业服务与用品	5	6.10	7
航空航天与国防	3	3.66	8
软件	3	3.66	9
食品	3	3.66	10
专业服务	3	3.66	11
家庭耐用消费品	2	2.44	12
金属与采矿	2	2.44	13
生物科技	2	2.44	14

续　表

细分行业	数　量	百分比	排　名
通信设备及服务	2	2.44	15
新能源设备	2	2.44	16
医疗保健设备用品	2	2.44	17
电气设备	1	1.22	18
互联网软件与服务	1	1.22	19
建筑产品	1	1.22	20
燃气公用事业	1	1.22	21
新材料	1	1.22	22
专营零售	1	1.22	23
合计	82	100.00	

第八节　全国股转系统

在北京证券交易所还未成立之前，中国大陆除了上海证券交易所和深圳证券交易所之外，还有一个全国中小企业股份转让系统，简称全国股转系统，是继上海证券交易所与深证证券交易所之外的第三家全国性质的证券交易场所，也是全国第一家以公司制运营的证券交易场所，除了少量由于历史遗留问题造成的两网股票，以及从A股市场由于种种原因退市的股票(退市一段时间后可以在三板股转系统继续交易)外，其主要是为创新型、创业型、成长型中小企业发展服务，符合条件的股份公司均可通过主办券商申请挂牌，公开转让股份，进行股权融资、债权融资、资产重组等。

一、老三板

全国股转系统的上市公司不属于A股范畴，也不属于真正意义上的上市公司。这里之所以进行介绍,是由于全国股转系统与中国A股有着千丝万缕的联系。一方面是全国股转系统里的新三板公司的精选层,目前由新成立的北京证券交易所承接;另一方面,全国股转系统里还有属于两网——STAQ系统(全国证券交易自动报价系统)和NET系统(中国证券交易系统有限公司开发设计)——的上市公司,俗称老三板,这两个系统分别在1992年7月和1993年4月投入运营,在1999年关闭。但是其中还有少量的历史遗留问题公司继续在全国股转系统交易,以及后来从上海证券交易所和深圳证券交易所退市的部分上市公司,退市一段时间后,可以继续在全国股转系统里交易。

二、新三板

新三板公司按照一定的衡量标准初步分为3个层级:分别是精选层、创新层、基础层。每个层级对应有不同的投资者准入标准,公司的发展程度也不尽相同,其中精选层是在这三个层级当中公司质量较好的一个,所以对应的是第三类投资者,其参与的资金门槛是三者当中较低的一个,在北京证券交易所未开市交易之前其参与资产门槛是要求100万元,且交易权限限于精选层;与此相对应是基础层,划分成为第一类投资者,参与门槛是200万元,其交易权限是三者都包含的全市场;中间是创新层,对应第二类投资者,其参与门槛此次降为100万元(在北京证券交易所未出现之前是150万元),其交易权限是创新层和精选层。由于要深化新三板的改革,为中小企业专门打造一个证券交易的场所,作为服务创新型中小企业的主阵地,于是北京证券交易所就应运而生了。

北京证券交易所是为将之前的新三板当中的精选层重新变更和设计为单独交易的证券交易所,有单独的一套证券交易制度和体系。可以理解为单独成立一家证券交易所,然后将新三板当中的精选层在北京证券交易所上市,从而原本新三板当中的精选层公司是未上市的公众公司,现在平移到北京证券交易所之后,华丽转身变为了在北京证券交易所上市的公众公司。另外,北京证券交易所是第一家采用公司制设立的证券交易所,其仍然隶属于股转系统公司,为股转公司旗下的全资子公司。所以自北京证券交易所诞生以后,新三板就可以理解为即由基础层、创新层、北京证券交易所(原精选层)组成大类广义上的新三板,小类狭义上的新三板由于将精选层平移到了北京证券交易所,所以就变为了由基础层、创新层组成。

由于北京证券交易所是由原来的新三板的精选层重新更名设计而组建的新的证券交易所,是不包含新三板的基础层和创新层的,这样一来原来新三板的精选层的市场地位和功能被提上了一个新的台阶,另外北京证券交易所的设立是深化新三板市场改革,专门为创新型中小企业量身打造的证券交易市场,北京证券交易所只接受符合条件的新三板的创新层的公司在北京证券交易所上市,这样一来新三板的基础层、创新层和北京证券交易所就形成了层层递进的市场结构,从而可以为处在不同成长阶段的企业提供融资服务。

总之,可以理解为将新三板精选层变更设立为北京证券交易所,是将"小而美"的中小企业选出来专门放在北京证券交易所上市交易,从而发挥北京证券交易所服务中小企业的市场功能,当将来有一天在北京证券交易所上市的公司发展壮大成为能够达到在上海证券交易所或深圳证券交易所上市条件的时候,可以直接转板到上海证券交易所或深圳证券交易所上市交易。

在北京证券交易所上市交易开市之前,新三板的基础层、创新层、精选层,对投资者资产的要求分别是 200 万元、150 万元、100 万元,分别对应第一类投资者、第二类投资者、第三类投资者,且都需要 2 年的交易经验,第一类投资者交易权限包括基础层、创新层、精选层,第二类投资者交易权限包括创新层、精选层,第三类投资者交易权限为精选层。在北京证券交易所开市后,参与北京证券交易所交易精选层的上市公司股票需要满足申请开通权限前 20 个交易日日均资产 50 万元条件(可见准入标准从原来的 100 万元下降至 50 万元),且需要 2 年的证券交易经验。而参与新三板的基础层、创新层对应的投资者资产要求是,申请权限开通前 10 个交易日账户资产分别是 200 万元、100 万元,且都需要 2 年证券交易经验。

全国股转系统里的新三板,是目前全国股转系统里的主流公司。到 2021 年年底,新三板基础层有 5 487 家公司,新三板创新层有 1 238 家公司。除此以外,全国股转系统中还有两类公司,一是少量的以前历史遗留下来的两网上市公司,俗称老三板公司;二是由上海证券交易所和深圳证券交易所退市的公司,有部分可以继续在全国股转系统进行交易,到 2021 年年底,这两类公司共计有 86 家。

第四章
中国 A 股上市公司景气度变化

利用第三章所构建的上市公司景气指数计算方法，对中国 A 股上市公司（以下简称上市公司）景气指数进行实证计算，以检验景气指数方法的科学性和可行性。计算范围从 2001—2021 年，分别计算历年上市公司景气指数、分类景气指数、板块景气指数、部分区域以及部分行业的上市公司历年景气指数，以展示不同类别上市公司发展过程中的景气状况变化。本章主要内容涉及上市公司历年景气指数及其发展变化，同时也对沪深两市全部上市公司历年的分类景气指数进行了描述，分别反映了上市公司历年的生产经营等指标的变化情况。

第一节　上市公司历年景气指数

通过上市公司景气指数计算方法，选取了上市公司 1999—2021 年的上市公司年报数据以及公开数据，[①]对历年上市公司景气指数进行了计算，按照年份对上市公司景气指数进行分别描述。全部上市公司的景气则是呈现出以下几个方面的特征。

一、上市公司景气指数呈现缓缓上行的趋势

2001—2021 年，上市公司景气指数分别为 100.16、108.19、112.45、110.53、107.16、114.18、118.41、107.80、111.62、120.14、116.76、113.17、

① 上市公司年报数据均来自 Wind 数据库。

113.93、113.89、111.32、115.85、117.11、11.69、107.25、104.36 和 112.66。21 年中有 5 年的景气指数位于"微景气"区间，[①]分别是 2001 年、2002 年、2008 年、2019 年和 2020 年；2010 年的景气指数为 120.14，位于"较为景气"区间；其余 15 年的景气指数均位于"相对景气"区间。景气指数最低的一年是 2001 年，指数值为 100.16，最高的是 2010 年，指数值为 120.14。

表 4-1　中国A股上市公司历年景气指数及增长率(2001—2021)

年份	景气指数	景气状况	增长率
2001	100.16	微景气	
2002	108.19	微景气	8.02
2003	112.45	相对景气	3.94
2004	110.53	相对景气	−1.71
2005	107.16	相对景气	−3.05
2006	114.18	相对景气	6.55
2007	118.41	相对景气	3.70
2008	107.80	微景气	−8.96
2009	111.62	相对景气	3.55
2010	120.14	较为景气	7.63
2011	116.76	相对景气	−2.81
2012	113.17	相对景气	−3.07
2013	113.93	相对景气	0.67
2014	113.88	相对景气	−0.04

① 上市公司景气指数范围：0—200，具体划分标准为：[200,180)为"非常景气"区间，[180,150)为"较强景气"区间，[150,120)为"较为景气"区间，[120,110)为"相对景气"区间，[110,100)为"微景气"区间，100 为景气临界点，(100,90]为"微弱不景气"区间，(90,80]为"相对不景气"区间，(80,50]为"较为不景气"区间，(50,20]为"较强不景气"区间，(20,0]为"非常不景气"区间。

续 表

年份	景气指数	景气状况	增长率
2015	111.32	相对景气	−2.25
2016	115.85	相对景气	4.07
2017	117.11	相对景气	1.09
2018	111.69	相对景气	−4.62
2019	107.25	微景气	−3.97
2020	104.36	微景气	−2.70
2021	112.66	相对景气	7.96

由图4-1看出总体走势，呈现缓缓上行的趋势，其中出现4个阶段性的高点，分别是2003年、2007年、2010年和2017年，相对应的景气指数分别为112.45、118.41、120.14和117.11。从2010年创下21年中的最高点后，逐年下行，2015年创下近期新低，指数值为111.32，2016年再次呈现上升趋势，2017年达到近期高点，然后从2018年开始下行，到2020年创下2006年以来的最低，指数为104.36。上市公司的景气指数基本上反映了上市公司生产经营状况的好坏，总体来看，2008年发生了全球金融危机，虽然对中国经济造成了一定的影响，但是中国上市公司依然以较平稳的方式发展，成为中国经济增长的重要力量。2020年受到蔓延全球的新冠肺炎疫情的影响，在物流受阻、外部需求下降的情况下，上市公司的生产经营同样受到了巨大的影响，当年景气指数为2006年以来的最低。另外，经济下行趋势依然困扰着全球经济的运行，10多年来，全球经济依然处于艰难的探底阶段，地缘政治冲突、世界贸易保护主义抬头，贸易战依然充斥在世界各国角落，给中国经济增长带来较大的负面影响。加之，中国经济面临着重大转型发展，产业结构调整进入深化阶段，碳达标、碳中和目标的提出，保护生态环境实现可持续发展的重大政策转变，让中国的经济增长速度从以前的2位数下降至1位数，中速增长的经济新常态将持续很长一段时间，从某种程度上也对上市公司的发展带来一定的制约作用。

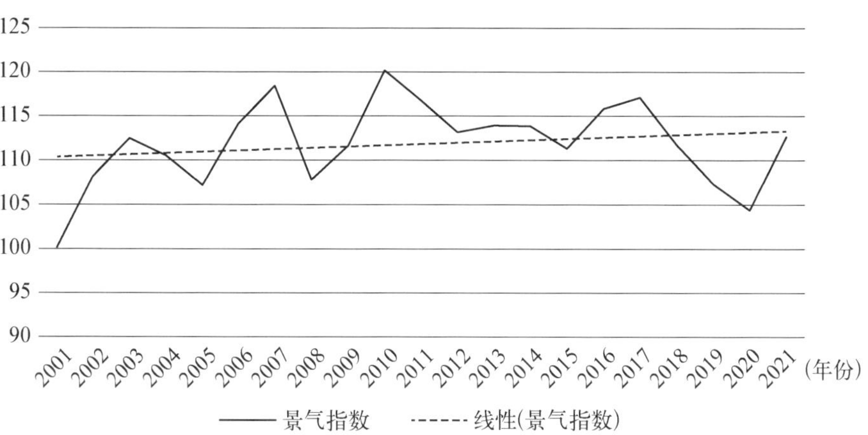

图4-1　中国A股上市公司历年景气指数(2001—2021)

二、上市公司景气指数增长率变化

20年中有10年上市公司景气指数增长率为正,分别是2002年、2003年、2006年、2007年、2009年、2010年、2013年、2016年、2017年和2021年。有4年的增长率在5%以上,增长率最高的是2002年,增长率为8.02%;其次是2021年,增长率为7.96%;再次是2010年,增长率为7.63%;第4位是2006年,增长率为6.55%。增长率最低的是2013年,增长率仅仅只有0.67%。

同样,20年中有10年上市公司景气指数增长率为负,上市公司景气指数增长年度与下降年度刚好各占一半。也就是有10年的上市公司的景气指数是低于上年的,分别是2004年、2005年、2008年、2011年、2012年、2014年、2015年、2018年、2019年和2020年。增长率最低的是2008年,增长率为-8.96%;其次是2018年,增长率为-4.62%;再次是2019年,增长率为-3.97%。2008年,百年一遇的金融危机肆虐全球,亦对中国经济发展产生了深远的影响,2008年中国经济下行压力逐步加大,企业经营环境进一步恶化,上市公司同样面临着较为恶劣的经营环境,导致了2008年上市公司的景气指数出现下行,成为2001年以来的20年中增长率最低的一年。

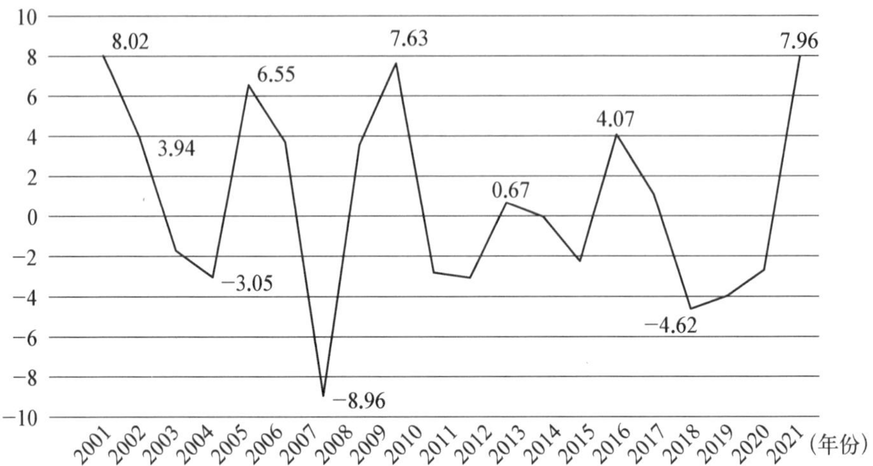

图 4－2　上市公司景气指数增长率(2001—2021)

三、上市公司景气指数与金融危机之间的关系

进入21世纪以来,随着美元霸权的进一步衰落,美国经济发展出现了较大的问题:

1. 互联网泡沫问题没有解决,成为长期制约经济发展的主要障碍。

2. 虚拟经济同实体经济严重脱节,虚拟经济(其主要代表是金融业)严重脱离实体经济而过度膨胀,成为导致美国金融危机爆发的根源之一。

3. 美国实行赤字财政政策、高消费政策和出口管制政策,成为金融危机爆发的根本原因。上述因素共同导致2007年美国发生了次贷危机,并且逐步演变为全球性的金融危机,在2008年达到危机的高潮,对中国经济产生了巨大的负面影响。

随着国际金融危机对中国实体经济的影响逐步加深,市场需求出现萎缩,市场销售不畅导致外贸出口较为困难,停产、半停产的企业逐渐增多,亏损企业和亏损额明显扩大,形势比较严峻。一些产业出现的困难,固然有国际金融危机不可抗拒的影响的外因,也有中国工业发展方式粗放等一些长期积累的深层次矛盾在市场形势突变的刺激下集中暴露的内因。这些产业虽然各具特点,但大多数的产品都处于国际产业分工体系的低端,大而不强是其共性问题。主要表现为:产能过剩矛盾突出、规模化和集中程度低、创新能力薄弱、企业管理需要加强。即使没有国际金融危机，这种粗放型发展方式也是难以为继的。

为了降低全球金融危机给中国带来的影响，应对国际金融危机，国家出台了保增长、扩内需、调结构的重要措施。在国务院部署下，由国家发展和改革委员会、工业和信息化部会同国务院有关部门，自2009年1月14日开始，到2010年2月25日，陆续发布了钢铁、汽车、船舶、石化、纺织、轻工、有色金属、装备制造业、电子信息和物流业10个重点产业调整和振兴规划，以及国家4万亿元计划的推出，对2009年的经济发展产生了重要的提升作用。2008年上市公司景气指数为15年中下降幅度最大的一年，下降幅度为8.96％。但是随着2009年十大产业振兴计划和4万亿元计划的推出，中国经济总体出现了好转，上市公司景气指数在2009年出现了回升，上升幅度为3.55％。

四、上市公司景气指数变化与GDP变化之间的关系

上市公司作为中国经济发展的重要力量，其生产经营状况的好坏与中国经济发展紧密相关，其发展状况对中国经济有着非常重要的影响。同时上市公司的发展也紧紧依赖中国宏观经济环境，甚至离不开全球经济环境的影响。上市公司与经济发展的影响体现在以下5个方面。

（一）上市公司对国民经济发展的影响力日益显著

上市公司一般都是盈利能力强、发展前景较好的企业，其中不乏行业的领导者，作为行业龙头企业，其对整个行业的发展具有重要的影响。特别是在完成国有企业改革的任务后，上市公司更是以产业发展前景明朗，产品市场需求巨大的企业为主。大部分上市公司来自战略性新兴产业，近年来，更多的上市公司来自“专精特新”小巨人企业。在科创板上市后，大量的上市公司的科技创新含量得到大幅提高，成为推动整个国家科技创新的重要力量。

（二）上市公司是国民经济增长的重要源泉

上市公司盈利能力强，涉及行业几乎涵盖国民经济的所有行业，在经济发展中具有举足轻重的地位。一些大型上市公司，能够带动整个产业链的发展，为上下游企业提供巨大的市场。上市公司为解决发展创造大量的产

品和提供优质的服务,成为解决发展不可缺少的重要力量。上市公司为政府提供大量的税收,成为政府财政收入的重要来源之一。

（三）上市公司是科技创新的重要源泉之一

上市公司作为行业的佼佼者,不但盈利能力强,更是重视研发投入,通过研发提升产品的吸引力,扩大市场占有率;同时通过研发,降低企业生产成本,进一步提升企业的盈利能力。上市公司能够吸引大量的高科技人才的加入,有利于提升企业的科技创新能力,成为推动科技创新的重要力量。

（四）上市公司是引导消费的主要推动力量

上市公司研发能力强,资金实力雄厚,能够在产品开发和产品创新上投入大量的人力、物力和财力,有承担产品开发失败的底气,因此大量的上市公司都热衷于开发新的产品,以及对原有产品进行创新,通过开发新的产品,替代原有产品,来提升公司产品的市场占有率,通过产品创新引导消费者。大量的上市公司不断地进行产品创新,为全社会提供了丰富的物质产品,满足市场各式各样的需求,提升了人民生活的幸福感。

（五）上市公司成为广大投资者间接参与实体经济的主要渠道之一

中国证券市场投资者数量不断增长,成为资本市场投资的重要力量,2016年1月,A股投资者数量突破1亿人,2019年3月突破1.5亿人。据中国证券登记结算有限责任公司2021年披露的数据显示,A股市场在2021年新增投资者1 963.36万人,同比增加8.9%。其中,2021年除了10月份新增投资者数未达百万人外,其他月份则均超130万人。截至2021年12月末,投资者数量共19 740.85万人,到2022年2月25日已达20 000.87万人,仅仅6年时间,中国A股投资者数量就从1亿人增长至2亿人,可见A股市场对广大投资者的吸引力。上市公司成为广大投资者在A股市场的投资对象和标的,大量上市公司成为广大投资者间接参与实体经济发展的主要途径之一,其发展的好坏直接影响到广大投资者的收益。

上市公司景气指数增长率与GDP增长率[①]之间的关系可以从图4-3中看出,中国GDP增速在2007年创下新高,为14.2%,此后,开始步入下行

① 2001—2019年的GDP增速数据来自《中国统计年鉴(2021)》,2020年和2021年的GDP增速来自《中华人民共和国2021年国民经济和社会发展统计公报》,GDP增速按照不变价格进行计算,其中2020年的增速为国家统计局调整后的数据。

的趋势中，除了 2010 年增速比上年有所回升，其他年份增速均低于上年增速。由于受到肆虐全球的新冠肺炎疫情的影响，2020 年 GDP 增速创下 2.2% 的新低，为近 20 年来最低增速，此后 2021 年开始出现较大幅度的上升。由于受到 2008 年全球金融危机的影响，上市公司景气指数在 2008 年创下 20 年来的最低增速，为 −8.96。在 2018 年、2019 年和 2020 年 3 年中上市公司景气指数均为负增长，基本上处于历史低位。虽然上市公司景气指数增长率的波动较为显著，而 GDP 增长率波动则较为平缓，特别是从 2007 年开始，GDP 的增长率一直出现下行趋势。但从上市公司景气指数增长率与 GDP 增长率的线性趋势线来看，两者的变化趋势则相当明显，基本上是逐渐下行的两条平行线，表明了上市公司景气指数与 GDP 两者之间的走势在一定程度上具有一致性。

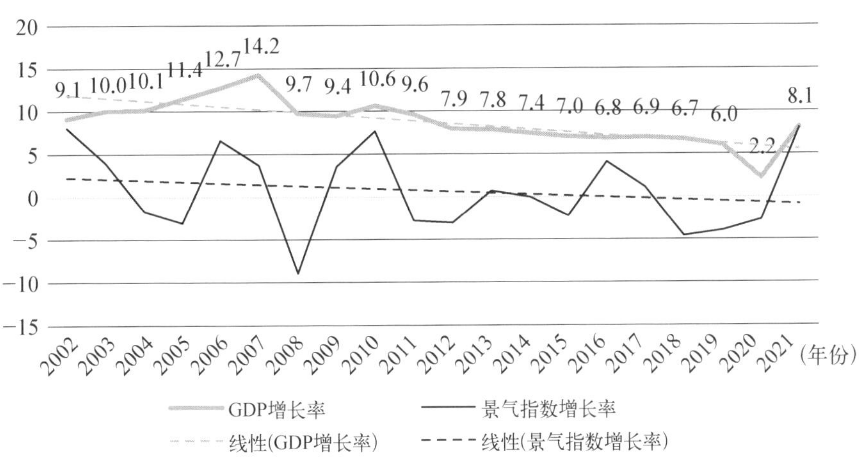

图 4－3　上市公司景气指数增长率与 GDP 增长率(2002—2021)

五、上市公司景气指数好于全国中小企业发展指数

中小企业发展指数(SMEDI)[①]是反映中国中小企业(不含个体工商户)经济运行状况的综合指数。通过对国民经济八大行业的中小企业进行调

① 中国中小企业发展指数所有数据来自中国中小企业协会，其中 2021 年 4 个季度数据采用了中国中小企业协会根据中国国民经济行业比重变化情况，对权重进行了调整和优化后的调整数据。

查，利用中小企业对本行业运行和企业生产经营状况的判断和预期数据编制而成，是反映中国中小企业（不含个体工商户）经济运行状况的综合指数。由于全球经济下行的压力以及中国经济增长进入中速增长的新常态，人工成本、商务成本不断上升，银行等金融机构更愿意向国有大企业放款，导致中小企业融资难融资贵，一系列的不利因素影响，导致了中国中小企业在2011—2021年的发展进入艰难时期，中小企业季度发展指数逐年下行。

表4-2　中国中小企业季度发展指数(2011—2021)

时间(季度)	指　数	排　序
2011(一)	104.1	2
2011(二)	110.2	1
2011(三)	97.2	3
2011(四)	93.5	8
2012(一)	92.6	25
2012(二)	90.3	35
2012(三)	87.5	40
2012(四)	90.8	34
2013(一)	95.2	6
2013(二)	93.1	11
2013(三)	93.3	9
2013(四)	95.7	5
2014(一)	95.9	4
2014(二)	94.1	7
2014(三)	93.1	12
2014(四)	92.8	19
2015(一)	92.3	27

续　表

时间(季度)	指　数	排　序
2015(二)	91.9	31
2015(三)	91.9	32
2015(四)	91.8	33
2016(一)	92.2	29
2016(二)	92.0	30
2016(三)	92.3	28
2016(四)	92.5	26
2017(一)	92.8	20
2017(二)	92.7	23
2017(三)	92.9	18
2017(四)	93.1	13
2018(一)	93.2	10
2018(二)	93.1	14
2018(三)	93.0	16
2018(四)	93.0	17
2019(一)	93.1	15
2019(二)	92.8	21
2019(三)	92.8	22
2019(四)	92.7	24
2020(一)	82.0	44
2020(二)	85.5	43
2020(三)	86.8	42
2020(四)	87.0	41

续 表

时间(季度)	指 数	排 序
2021(一)	90.0	36
2021(二)	89.8	37
2021(三)	89.3	38
2021(四)	89.1	39

上市公司历年景气指数均在临界值100之上,其生产经营活动呈现出较为活跃的趋势;相反,从图4-4中可以看出,中国中小企业发展指数在2011—2021年,除了2011年第一季度(指数值104.1)和2011年二季度(指数值110.2)处于临界值100以上,其余所有季度均位于临界值100以下,并且呈现逐步下行的趋势,于2020年第一季度(指数值82.0)创下近10多年来的新低。由于2020年新冠肺炎疫情肆虐全球,2020年第一季度,中国处于疫情暴发的高峰期,物流停滞、大量企业采购不到生产所需要的原材料,以及生产的产品也难以进入市场销售,也难以出口到国外市场销售,大量企业被迫进入停工停产状态,导致了中国中小企业在2020年第一季度的发展指数(指数值82.0)与2019年第四季度发展指数(指数值92.7)暴跌10.7个点,成为下跌幅度最大的季度。另外通过同一阶段的上市公司景气指数与

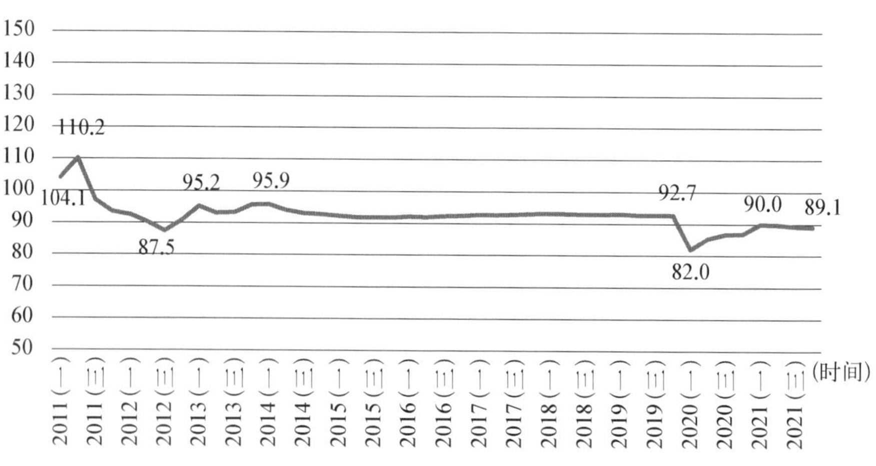

图4-4 中国中小企业季度发展指数(2011—2021)

中小企业发展指数进行对比，可以看出上市公司景气指数远远优于中小企业发展指数，表明了上市公司作为国内最为优质的企业，其表现远远好于全国中小企业的景气状况。

六、上市公司景气指数强于同期长三角小微企业景气指数

长三角作为中国经济增长的重要区域，其小微企业的发展也面临着较为严峻的问题，特别是在实体经济不太景气，资产价格高企的泡沫状况下，其景气指数基本上都处于临界值之下。长三角小微企业景气指数由国家金融信息中心指数研究院、新华社上海分社、浦东发展银行和上海社会科学院共同研发的一个反映长三角小微企业发展的指数，该指数以生产、销售、投资、融资、成本、盈利和雇佣等作为二级分类指标。2015 年和 2016 年以来，除了 2015 年第一季度景气指数为 101.10，其余季度均在临界值之下。2016 年第三季度长三角小微企业景气指数为 98.49，低于景气临界值 1.51，处于“微弱不景气”区间，较第二季度(98.18)上升 0.31。长三角小微企业景气指数从 2015 年第一季度呈现连续下降趋势以来，2016 年第二季度首次出现上升，第三季度继续呈现上升的态势，上升幅度为 0.32%，低于第二季度的上升幅度(1.27%)。

从数据可以看出，上市公司历年景气指数均在临界值 100 以上，可以表明上市公司的生产经营状况明显要好于长三角小微企业的生产经营状况。长三角小微企业季度景气指数的变化趋势则是呈现出上升的趋势，也就是

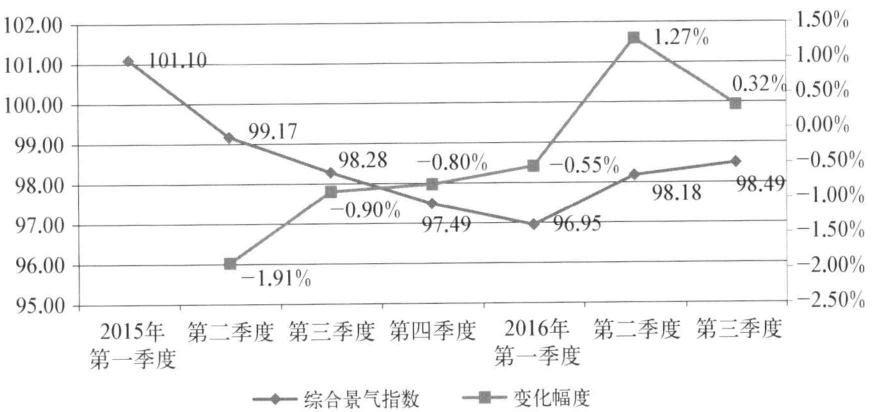

图 4－5　2015—2016 年长三角小微企业季度综合景气指数

说虽然从2015年第一季度开始，连续5个季度下行，但是下行的速度是逐步减缓，终于在2016年第二季度开始企稳回升。同样上市公司的景气指数从2010—2015年，连续5年下降，也是从2016年开始出现回升，这个时间点两者之间是比较吻合的。

第二节　上市公司历年分类景气指数

上市公司景气指数由生产景气指数、销售景气指数、投资景气指数、现金流景气指数、成本景气指数、盈利景气指数和雇佣景气指数7个分类景气指数合成。7个分类景气指数的状况分别反映了上市公司生产经营状况的各个方面。通过对上市公司分类景气指数的计算和分析，可以看出，上市公司在生产经营活动方面的变化，为把握上市公司的发展提供了更加详细的信息。从分类景气指数来看，除了生产景气指数和销售景气指数是呈现出缓缓下行的趋势，其余5个分类景气指数均呈现出缓慢上升的趋势。

表4-3　上市公司分类景气指数(2001—2021)

年份	生产景气	销售景气	投资景气	现金流景气	成本景气	盈利景气	雇佣景气
2001	128.07	100.51	110.45	100.61	81.05	83.40	97.03
2002	137.76	111.40	123.44	102.67	83.88	97.42	100.80
2003	152.76	107.73	128.30	93.73	82.48	114.42	107.76
2004	160.05	103.00	126.81	91.78	74.34	117.77	99.97
2005	147.25	99.33	119.82	99.67	73.62	106.32	104.14
2006	153.40	111.23	101.34	99.85	93.97	128.78	110.71
2007	158.71	106.66	107.55	89.44	99.01	149.90	117.60
2008	142.41	95.83	112.06	94.33	88.46	108.84	112.64
2009	122.83	96.69	112.54	109.20	102.98	121.05	116.05

续　表

年份	生产景气	销售景气	投资景气	现金流景气	成本景气	盈利景气	雇佣景气
2010	159.13	95.83	121.95	83.78	101.48	146.40	132.40
2011	168.35	90.07	132.07	75.25	84.31	130.33	136.92
2012	140.14	92.34	132.25	103.11	84.63	106.89	132.83
2013	139.28	97.52	130.42	101.49	92.98	112.80	123.02
2014	138.32	94.81	125.61	101.24	100.75	119.19	117.27
2015	124.45	94.87	119.34	105.69	101.37	116.23	117.27
2016	137.65	101.42	115.59	103.82	105.98	129.70	116.78
2017	149.31	117.48	111.36	94.93	102.53	128.12	116.03
2018	153.87	100.33	109.70	95.22	86.61	122.98	113.14
2019	137.82	91.89	108.90	110.54	88.54	105.75	107.35
2020	115.54	98.15	102.29	109.55	95.73	103.46	105.82
2021	143.26	115.85	105.17	92.03	96.33	121.44	114.57

一、生产景气指数

从2001—2021年，上市公司生产景气指数均在临界值100之上。其中有7年的生产景气指数均处于“较强景气”区间，分别是2003年的152.76、2004年的160.05、2006年的153.40、2007年的158.71、2010年的159.18、2011年的168.35、2018年的153.87；仅有2020年处于“相对景气”区间，指数为115.54；其余13年年均位于“较为景气”区间。生产景气指数最低的年份是2020年，指数为115.54，倒数第二位的是2009年，指数为122.83，两者之间相差不大。生产景气指数最高的年份是2011年，指数为168.35，第二位的是2004年，指数为160.05。数据表明，上市公司的生产状况或营业收入均不错，获得了较好的发展，大部分上市公司的营业收入都是呈现不断增长的趋势。2020年的生产景气指数最低，这是2020年受到全球新冠肺炎疫情暴发的影响，不少上市公司受到影响，一段时间内生产销售均受到了限制，从而导致了2020年的生产景气指数为2001年以来的最低。其次是2009年的生产景气指数为第2个低点，这与2008年的全球金融危机有一定的关系，虽然2009年国家推出了十大产业振兴计划，以及启动了4万亿元的投资计划，但是其作用在2009年并不明显，只是延缓了下行的趋势，但是在2010年和2011年却得到了明显的体现，2011年上市公司生产景气指数达到了最高点。但是从2012年开始又出现了较大幅度的下行，表明了在强刺激后，经济又开始出现下行的趋势。

表4-4　上市公司生产景气指数(2001—2021)

年份	生产景气	景气状况	增长率(%)
2001	128.07	较为景气	
2002	137.76	较为景气	7.56
2003	152.76	较强景气	10.90
2004	160.05	较强景气	4.77
2005	147.25	较为景气	−8.00
2006	153.40	较强景气	4.17
2007	158.71	较强景气	3.46
2008	142.41	较为景气	−10.27
2009	122.83	较为景气	−13.75
2010	159.13	较强景气	29.55
2011	168.35	较强景气	5.80
2012	140.14	较为景气	−16.76
2013	139.28	较为景气	−0.61
2014	138.32	较为景气	−0.69
2015	124.45	较为景气	−10.02

续　表

年份	生产景气	景气状况	增长率(%)
2016	137.65	较为景气	10.60
2017	149.31	较为景气	8.47
2018	153.87	较强景气	3.05
2019	137.82	较为景气	−10.43
2020	115.54	相对景气	−16.17
2021	143.26	较为景气	23.99

从上市公司生产景气指数历年增长率来看，有 11 年的增长率为正，9 年的增长率为负，正增长的年份略多于负增长的年份。2010 年增长率为 29.55%，为历年中最高，远远高于其他年份的增长率；2021 年增长率为 23.99%，为历年中第二个高点；2012 年增长率为−16.76%，为历年中最低，2020 年增长率为−16.17%，为历年中第二个低点。

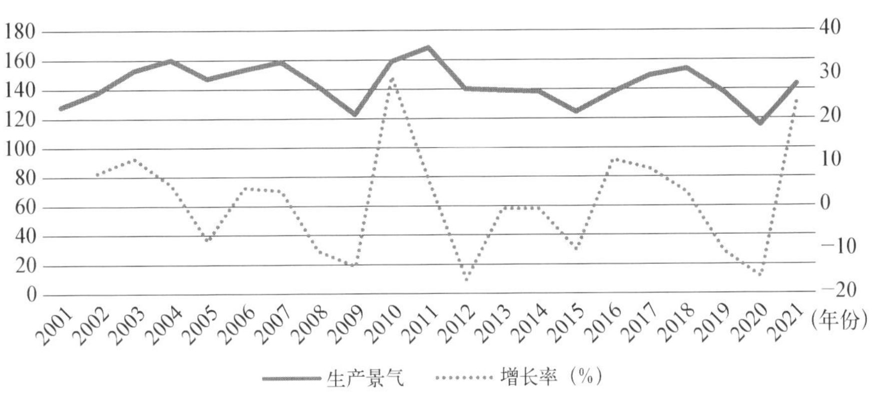

图 4－6　上市公司生产景气指数及增长率(2001—2021)

二、销售景气指数

从 2001 年至 2021 年，上市公司销售景气指数有 10 年位于临界值 100 之上，11 年位于临界值 100 之下。其中有 4 年的销售景气指数位于“相对景气”区间，6年的销售景气指数位于“微景气”区间，11年的销售景气指数位于“微弱不景气”区间。2002年、2006年、2017年和2021年的销售景气指数分别为111.40、111.23、117.48和115.85，均处于“相对景气”区间；2001年、2003年、2004年、2007年、2016年和2018年的销售景气指数分别为100.51、107.73、103.00、106.66、101.42和100.33，均处于“微景气”区间；其余11个年份的销售景气指数均处于“微弱不景气”区间。销售景气指数最高的年份是2017年，指数为117.48，销售景气最低的年份是2011年，指数为90.07。

表4-5　上市公司销售景气指数(2001—2021)

年份	销售景气	景气状况	增长率(%)
2001	100.51	微景气	
2002	111.40	相对景气	10.83
2003	107.73	微景气	−3.29
2004	103.00	微景气	−4.39
2005	99.33	微弱不景气	−3.56
2006	111.23	相对景气	11.97
2007	106.66	微景气	−4.11
2008	95.83	微弱不景气	−10.15
2009	96.69	微弱不景气	0.89
2010	95.83	微弱不景气	−0.89
2011	90.07	微弱不景气	−6.01
2012	92.34	微弱不景气	2.52
2013	97.52	微弱不景气	5.61
2014	94.81	微弱不景气	−2.79
2015	94.87	微弱不景气	0.07

续　表

年份	销售景气	景气状况	增长率(%)
2016	101.42	微景气	6.90
2017	117.48	相对景气	15.83
2018	100.33	微景气	−14.60
2019	91.89	微弱不景气	−8.42
2020	98.15	微弱不景气	6.81
2021	115.85	相对景气	18.03

上市公司销售景气指数从2006年开始，一路逐步下行至2011年创下的16年中最低点；然后又开始上行，到2017年创下21年中的最高点；然后又开始下行，到2019年创下21年中的第二个低点；最后又开始上行，于2021年达到21年中的次高点115.85。2006年后的10来年中，销售景气指数逐步走低，数据表明，在进入21世纪后，特别是2006年后，国内产能过剩严重，商品市场由卖方市场逐步转变为买方市场，商品销售难度逐步增大，企业存货不断增加，上市公司销售景气指数的走势充分反映了这一现象。但是从销售景气指数的线性趋势线来看，2006—2021年，销售景气指数整体平稳，呈现出略微下降的趋势。从图4-7中可以看出，从2006年以来，上市公司景气指数出现3个高点，2个低点，呈现典型的“W”走势。

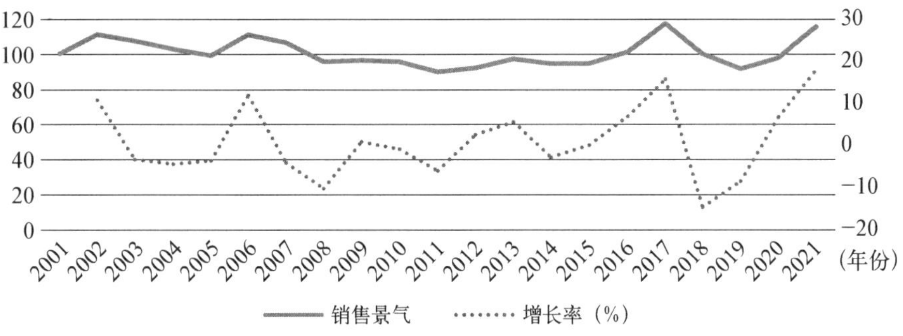

图4-7　上市公司销售景气指数及增长率(2001—2021)

从上市公司销售景气指数历年增长率来看，有11年的增长率为正，10年的增长率为负。2021年增长率为18.03%，为历年中最高，2017年增长率为15.83%，为历年中第二个高点；2018年增长率为−14.60%，为历年中最低；2008年增长率为−10.15%，为历年中第二个低点。

三、投资景气指数

从2001年至2021年，上市公司投资景气指数均位于临界值100之上，其中6年位于“微景气”区间，7年位于“相对景气”区间，8年位于“较为景气”区间。2006年、2007年、2018年、2019年、2020年和2021年的投资景气指数分别为101.34、107.55、109.70、108.90、102.29和105.17，均处于“微景气”区间；2001年、2005年、2008年、2009年、2015年、2016年和2017年的投资景气指数分别为110.45、119.82、112.06、112.54、119.34、115.59和111.36，均处于“相对景气”区间；其余年份的投资景气指数均处于“较为景气”区间。上市公司投资景气指数最高的是2012年，指数为132.25，上市公司投资景气指最低的是2006年，指数为101.34。

表4-6　上市公司投资景气指数(2001—2021)

年份	投资景气	景气状况	增长率(%)
2001	110.45	相对景气	
2002	123.44	较为景气	11.76
2003	128.30	较为景气	3.94
2004	126.81	较为景气	−1.16
2005	119.82	相对景气	−5.52
2006	101.34	微景气	−15.42
2007	107.55	微景气	6.12
2008	112.06	相对景气	4.20

续　表

年份	投资景气	景气状况	增长率(%)
2009	112.54	相对景气	0.43
2010	121.95	较为景气	8.35
2011	132.07	较为景气	8.30
2012	132.25	较为景气	0.14
2013	130.42	较为景气	−1.39
2014	125.61	较为景气	−3.69
2015	119.34	相对景气	−4.99
2016	115.59	相对景气	−3.15
2017	111.36	相对景气	−3.65
2018	109.70	微景气	−1.50
2019	108.90	微景气	−0.73
2020	102.29	微景气	−6.07
2021	105.17	微景气	2.82

上市公司投资景气指数曲线为一个倒写的“W”形状，形成两个明显的阶段性高点，一个是2003年为第一个高点，然后是2012年为第二个高点，并且第二个高点比第一个高点高出3.95。较为显著的是从2012年形成第二个高点后，逐年下行，最低是2020年，指数为102.29。数据表明，近10年来上市公司投资有逐步放缓的趋势，这也与实体经济不太景气，虚拟经济盛行有着一定的关系。

从上市公司投资景气指数历年增长率来看，有9年的增长率为正，11年的增长率为负。上市公司投资景气指数增长率最高的是2002年，增长率为11.76%，第二个高点是2010年，增长率为8.35%。上市公司投资景气指数增长率最低的是2006年，为−15.42%；第二个低点是2020年，为−6.07%。从增长率来看，上市公司投资景气指数2013年以来的增速均为

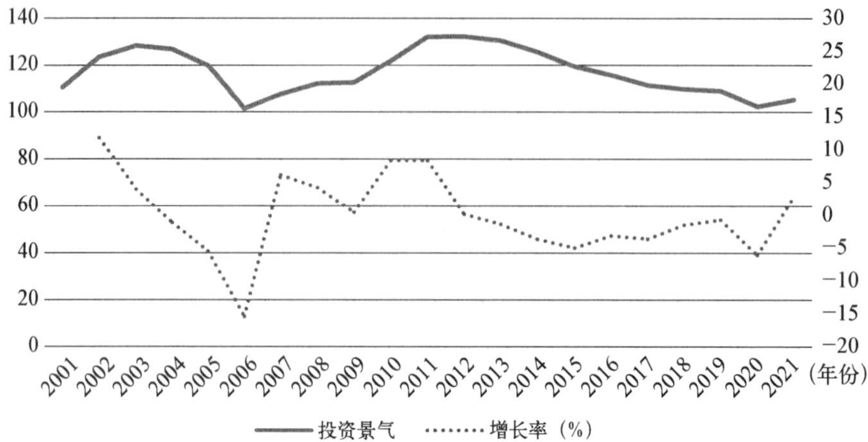

图4-8　上市公司投资景气指数及增长率(2001—2021)

负，表明了从2013年以来，上市公司投资景气指数一致处于下行通道，直到2021年才开始走出下行通道，比2020年增长2.82%。

四、现金流景气指数

2001—2021年，上市公司现金流景气指数有10年位于临界值100之上，11年位于临界值100之下，其中2019年的现金流景气指数位于"相对景气"区间；有9年的现金流景气指数位于"微景气"区间；有8年位于"微弱不景气"区间；有2年位于"相对不景气"区间；2011年位于"较为不景气"区间。2001年、2002年、2009年、2012年、2013年、2014年、2015年、2016、2020年的上市公司现金流景气指数分别为100.61、102.67、109.20、103.11、101.49、101.24、105.69、103.82、109.55，均位于"微景气"区间。2003年、2004年、2005年、2006年、2008年、2017年、2018年、2021年的上市公司现金流景气指数分别为93.73、91.78、99.67、99.85、94.33、94.93、95.22、92.03，均位于"微弱不景气"区间。2007年和2010年的上市公司现金流景气指数分别为89.44和83.78，均位于"相对不景气"区间。2011年的上市公司现金流景气指数为75.25，位于"较为不景气"区间，为历年中最低的一年。上市公司现金流景气指数最高的一年是2019年，指数为110.54。

表4-7　上市公司现金流景气指数(2001—2021)

年份	现金流景气	景气状况	增长率(%)
2001	100.61	微景气	
2002	102.67	微景气	2.04
2003	93.73	微弱不景气	−8.71
2004	91.78	微弱不景气	−2.09
2005	99.67	微弱不景气	8.60
2006	99.85	微弱不景气	0.18
2007	89.44	相对不景气	−10.43
2008	94.33	微弱不景气	5.46
2009	109.20	微景气	15.77
2010	83.78	相对不景气	−23.28
2011	75.25	较为不景气	−10.18
2012	103.11	微景气	37.02
2013	101.49	微景气	−1.57
2014	101.24	微景气	−0.25
2015	105.69	微景气	4.39
2016	103.82	微景气	−1.77
2017	94.93	微弱不景气	−8.56
2018	95.22	微弱不景气	0.31
2019	110.54	相对景气	16.08
2020	109.55	微景气	−0.89
2021	92.03	微弱不景气	−15.99

现金流作为上市公司非常重要的一个财务指标,对上市公司的正常运行有着举足轻重的作用,数据表明了上市公司的现金流并不宽裕,对上市公

司的正常运行有一定的掣肘，如何完善现金流管理，确保上市公司在生产经营中有充足的现金流，是上市公司必须要正视的问题。

从上市公司现金流景气指数历年增长率来看，有9年的增长率为正，11年的增长率为负。上市公司现金流景气指数增长率最高的是2012年，增长率为37.02%；第二个高点的是2019年，增长率为16.08%；第三个高点的是2009年，增长率为15.77%。上市公司现金流景气指数增长率最低的是2010年，增长率为－23.28%；第二个低点的是2021年，增长率为－15.99%；第三个低点的是2007年，增长率为－10.43%。从图4－9可以看出，上市公司现金流景气指数的走势与增长率走势呈现出步调一致的趋势。

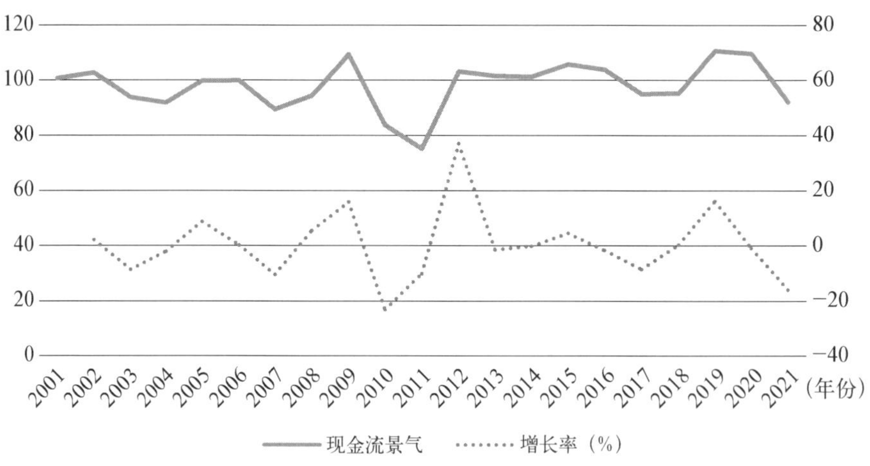

图4－9　上市公司现金流景气指数及增长率(2001—2021)

五、成本景气指数

2001—2021年，上市公司成本景气指数有6年位于临界值100之上，15年位于临界值100之下。2009年、2010年、2014年、2015年、2016年、2017年的上市公司成本景气指数分别为102.98、101.48、100.75、101.37、105.98、102.53，均处于“微景气”区间。2001年、2002年、2003年、2008年、2011年、2012年、2013年、2018年、2019年的上市公司成本景气指数分别为81.05、83.88、82.48、88.46、84.31、84.63、86.61、88.54，均处于“相对不景气”区间。2004年、2005年的上市公司成本景气指数分别为74.34和73.62，均处于

"较为不景气"区间。2006年、2007年、2013年、2020年、2021年的上市公司成本景气指数分别为93.97、99.01、92.98、95.73、96.33,均处于"微弱不景气"区间。上市公司成本景气指数最高的是2016年,指数为105.98;上市公司成本景气指数最低的是2005年,指数为73.62。

表4-8 上市公司成本景气指数(2001—2021)

年份	成本景气	景气状况	增长率(%)
2001	81.05	相对不景气	
2002	83.88	相对不景气	3.50
2003	82.48	相对不景气	−1.67
2004	74.34	较为不景气	−9.87
2005	73.62	较为不景气	−0.96
2006	93.97	微弱不景气	27.63
2007	99.01	微弱不景气	5.37
2008	88.46	相对不景气	−10.65
2009	102.98	微景气	16.42
2010	101.48	微景气	−1.46
2011	84.31	相对不景气	−16.92
2012	84.63	相对不景气	0.38
2013	92.98	微弱不景气	9.86
2014	100.75	微景气	8.36
2015	101.37	微景气	0.62
2016	105.98	微景气	4.55
2017	102.53	微景气	−3.26
2018	86.61	相对不景气	−15.52

续 表

年份	成本景气	景气状况	增长率(%)
2019	88.54	相对不景气	2.23
2020	95.73	微弱不景气	8.12
2021	96.33	微弱不景气	0.62

从上市公司成本景气指数走势来看,其趋势线缓缓上行,表明了上市公司成本景气指数呈现出螺旋式的上升趋势,反映出了上市公司在成本管理上具有较为明显的改善,特别是在2015年中央经济工作会议提出去产能、去库存、去杠杆、降成本、补短板五大任务以来,上市公司的成本管理出现较大幅度的改善,上市公司成本景气指数出现较大上升,2016年更是创下了历年的新高。

从上市公司成本景气指数历年增长率来看,有12年的增长率为正,8年的增长率为负。上市公司成本景气指数增长幅度最大的是2006年,增长率为27.63%;其次是2009年,增长率为16.42%。上市公司成本景气指数增长率最低的是2011年,增长率为−16.92%;其次是2018年,增长率为−15.52%。上市公司由于规模优势,管理制度规范,在节约成本上相比其他企业具有一定的优势,因此上市公司成本景气指数好于其他企业。如何进一步完善上市公司管理制度,改善上市公司成本管理制度,为上市公司节约成本,提升上市公司利润是上市公司所面临的一大重要任务。

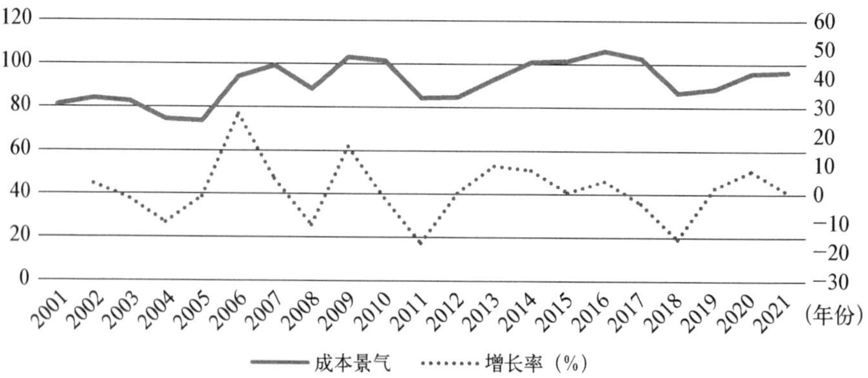

图4-10 上市公司成本景气指数及增长率(2001—2021)

六、盈利景气指数

2001—2021年，上市公司盈利景气指数仅有2年位于临界值100之下，其余年份均位于临界值100之上。2001年上市公司盈利景气指数为83.40，位于“相对不景气”区间，2002年上市公司盈利景气指数为97.42，位于“微弱不景气”区间。2005年、2008年、2012年、2019年、2020年上市公司盈利景气指数分别为106.32、108.84、106.89、105.75、103.46，均位于“微景气”区间。2003年、2004年、2013年、2014年、2015年上市公司盈利景气指数分别为114.42、117.77、112.80、119.19、116.23，均位于“相对景气”区间。2006年、2007年、2009年、2010年、2011年、2016年、2017年、2018年、2021年上市公司盈利景气指数分别为128.78、149.90、121.05、146.40、130.33、129.70、128.12、122.98、121.44，均位于“较为景气”区间。上市公司盈利景气指数最高的是2007年(指数为149.90)，其次是2010年(指数为146.40)，最低的是2001年(指数为83.40)。

表4-9 上市公司盈利景气指数(2001—2021)

年份	盈利景气	景气状况	增长率(%)
2001	83.40	相对不景气	
2002	97.42	微弱不景气	16.81
2003	114.42	相对景气	17.45
2004	117.77	相对景气	2.92
2005	106.32	微景气	−9.72
2006	128.78	较为景气	21.12
2007	149.90	较为景气	16.40
2008	108.84	微景气	−27.39
2009	121.05	较为景气	11.22
2010	146.40	较为景气	20.94

续 表

年份	盈利景气	景气状况	增长率(%)
2011	130.33	较为景气	−10.97
2012	106.89	微景气	−17.99
2013	112.80	相对景气	5.53
2014	119.19	相对景气	5.67
2015	116.23	相对景气	−2.49
2016	129.70	较为景气	11.59
2017	128.12	较为景气	−1.21
2018	122.98	较为景气	−4.01
2019	105.75	微景气	−14.01
2020	103.46	微景气	−2.17
2021	121.44	较为景气	17.38

盈利景气指数的变化表明了从2001年以来,上市公司的盈利能力是获得了不断的提升,其中有2007年(指数为149.90)和2010年(指数为146.40)两个阶段高点。从2012年开始逐年上升,到2016年达到近期新高,然后又逐年下行,直到2020年(指数为103.46)创下2003年以来的最低。2020年,全球暴发新冠肺炎疫情,对全球经济造成了不可估量的负面影响,亦对中国经济造成了较大的影响,2020年中国GDP的增速仅仅为2.2%,为改革开放以来的最低增长速度。因此,上市公司的生产经营状况受到较大影响,导致亏损的上市公司较往年增多。

从上市公司盈利景气指数历年增长率来看,有11年的增长率为正,10年的增长率为负。上市公司盈利景气指数增长率最高的是2006年,增长率为21.12%;其次是2010年,增长率为20.94%。上市公司盈利景气指数增长率最低的是2008年,增长率为−27.39%,2008年的全球金融危机对上市公司的盈利带来较大的不利影响;其次是2012年,增长率为−17.99%。

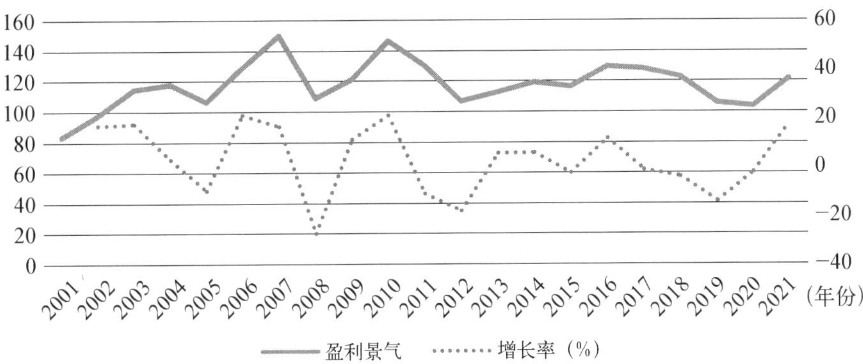

图 4-11 上市公司盈利景气指数及增长率(2001—2021)

七、雇佣景气指数

2001—2021 年,上市公司雇佣景气指数仅有 2 年位于临界值 100 之下,其余年份均位于临界值 100 之上。2001 年和 2004 年上市公司雇佣景气指数分别为 97.03 和 99.97,均处于"微弱不景气"区间。2002 年、2003 年、2005 年、2019 年、2020 年分别为 100.80、107.76、104.14、107.35、105.82,均位于"微景气"区间。2006 年、2007 年、2008 年、2009 年、2014 年、2015 年、2016 年、2017 年、2018 年、2021 年上市公司雇佣景气指数分别为 110.71、117.60、112.64、116.05、117.27、117.27、116.78、116.03、113.14、114.57,均位于"相对景气"区间。2010 年、2011 年、2012 年、2013 年上市公司雇佣景气指数分别为 132.40、136.92、132.83、123.02,均位于"较为景气"区间。上市公司雇佣景气指数最高的是 2011 年(指数为 136.92),最低的是 2001 年(指数为 97.03)。

表 4-10 上市公司雇佣景气指数(2001—2021)

年份	雇佣景气	景气状况	增长率(%)
2001	97.03	微弱不景气	
2002	100.80	微景气	3.89
2003	107.76	微景气	6.90

续 表

年份	雇佣景气	景气状况	增长率(%)
2004	99.97	微弱不景气	−7.23
2005	104.14	微景气	4.17
2006	110.71	相对景气	6.31
2007	117.60	相对景气	6.22
2008	112.64	相对景气	−4.22
2009	116.05	相对景气	3.03
2010	132.40	较为景气	14.09
2011	136.92	较为景气	3.41
2012	132.83	较为景气	−2.99
2013	123.02	较为景气	−7.38
2014	117.27	相对景气	−4.67
2015	117.27	相对景气	0.00
2016	116.78	相对景气	−0.42
2017	116.03	相对景气	−0.65
2018	113.14	相对景气	−2.49
2019	107.35	微景气	−5.12
2020	105.82	微景气	−1.43
2021	114.57	相对景气	8.28

从2001年以来，上市公司雇佣景气指数新高迭起，出现3个阶段性的高点，分别是2003年、2007年和2011年，3个阶段性高点一个比一个高。从2011年开始，上市公司雇佣景气指数开始逐步下行，到2020年，下行的趋势基本上稳住，2020年全球蔓延的新冠肺炎疫情对上市公司的雇佣也造成了不少的影响，不少上市公司为了节约成本，提升利润，在市场规模缩小

的情况下，减少了人员的招聘，甚至还进行了裁员，导致2020年上市公司的雇佣景气指数成为近20年来最低的一年。但是从上市公司雇佣景气指数的变化来看，上市公司雇佣景气指数是缓缓上行的。总体来说，上市公司对就业的贡献率呈现出稳步上升的趋势，大部分上市公司的员工数量是逐年增加的，为稳定就业做出了一定的贡献。

从上市公司雇佣景气指数历年增长率来看，有10年的增长率为正，10年的增长率为负，正好各占一半。上市公司雇佣景气指数增长率最高的是2010年，增长率为14.09%；其次是2021年，增长率为8.28%；再次是2003年，增长率为6.90%。上市公司雇佣景气指数增长率最低的是2013年，增长率为−7.38%；其次是2004年，增长率为−7.23%。

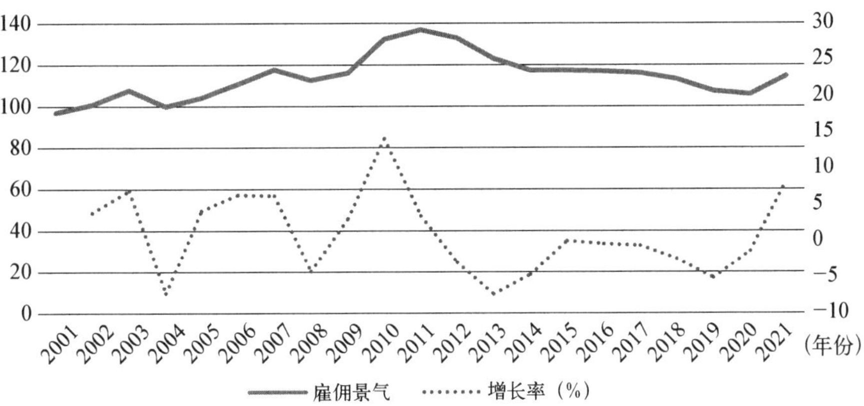

图4-12　上市公司雇佣景气指数及增长率(2001—2021)

第五章
不同板块上市公司景气指数

为了建立多层次的资本市场，在推出主板市场15年后，中国2004年推出了中小板市场，2004年6月25日，新和成(002001)、鸿达兴业(002002)、伟星股份(002003)、华邦健康(002004)、德豪润达(002005)、精功科技(002006)、华兰生物(002007)和大族激光(002008)8家中小板公司在深圳交易所上市交易，拉开了中国证券市场中小板块上市的序幕，到2021年12月底，中小板上市公司数量达到961家，占全部A股上市公司总数的20.52%。实际上，到2020年9月25日，最后一家中小板公司优彩资源(002998)上市后，深圳证券交易所就再也没有上市过中小板，中小板公司发行时间共计历时16年3个月。此后，深圳证券交易所的中小板于2021年4月6日，正式并入深圳证券交易所主板，从此证券市场不再有中小板的说法，但是为了反映中国证券市场的发展历史轨迹，这里将中小板单独列出，并对其10多年的景气度进行描述与分析。

2009年10月30日，中国推出了创业板市场，深圳证券交易所上市了特锐德(300001)、神州泰岳(300002)、乐普医疗(300003)、南风股份(300004)、探路者(300005)等28家创业板公司，声势浩大地推出了中国证券市场的创业板，到2021年12月底，创业板上市公司数量达到1 090家。创业板上市公司也全部在深圳证券交易所上市交易。本章从主板、中小板、创业板3个类别来描述、分析上市公司的景气指数的变化，分别计算3个不同板块的景气指数，描述3个不同板块历年的景气指数以及分类景气指数的基本特征。

第一节　主板上市公司景气指数

主板市场也称为一板市场，指传统意义上的证券市场（通常指股票市场），是一个国家或地区证券发行、上市及交易的主要场所。主板市场对发行人的营业期限、股本大小、盈利水平、最低市值等方面的要求标准较高，上市企业多为大型成熟企业，具有较大的资本规模以及稳定的盈利能力。中国主板市场的公司在上交所和深交所两个市场上市。主板市场是资本市场中最重要的组成部分，很大程度上能够反映经济发展状况，有"国民经济晴雨表"之称。

上海证券交易所和深圳证券交易所均有主板股票，主板上市公司以传统产业为主，主要是传统服务业和传统制造业占有较大的分量。主板上市公司以国有企业居多，当时开设证券市场也是为了国有企业改革服务的。同时主板上市公司中有大量的巨无霸企业，很多都是央企，其中银行、证券、保险、地产、电力、钢铁等股票体量较大。主板上市公司以北上广深和江苏、浙江等地居多，这几个区域的主板上市公司占比基本上达到全国主板上市公司的一半。细分行业则集中在区域地产、电气设备、化工原料、汽车配件、建筑施工、百货等行业。

一、主板上市公司景气指数

2001—2021 年，主板上市公司景气指数均位于临界值 100 之上，2001 年主板上市公司景气指数为 100.16，处于"微景气"区间，为历年中最低的一年。分别在 2003 年、2007 年、2010 年、2017 年出现 4 个阶段性的高点，指数值分别为 112.45、116.91、115.34、112.99，均位于"相对景气"区间。主板上市公司景气指数在 2007 年创下的高点 116.91，为 21 年中的最高点，然后开始缓慢下行，于 2020 年达到近 10 多年来的最低点，指数为 101.06，为历年中的第二个低点。总体来看，主板上市公司有 12 年的景气指数位于"微景气"区间，9 年的上市公司景气指数位于"相对景气"区间。

表 5-1 主板上市公司景气指数(2001—2021)

年份	景气指数	景气状况	增长率(%)
2001	100.16	微景气	
2002	108.19	微景气	8.02
2003	112.45	相对景气	3.94
2004	110.35	相对景气	—1.87
2005	106.25	微景气	—3.71
2006	112.83	相对景气	6.20
2007	116.91	相对景气	3.62
2008	105.20	微景气	—10.02
2009	107.56	微景气	2.24
2010	115.34	相对景气	7.23
2011	110.83	相对景气	—3.91
2012	108.24	微景气	—2.33
2013	109.59	微景气	1.24
2014	107.78	微景气	—1.64
2015	104.66	微景气	—2.90
2016	109.81	微景气	4.92
2017	112.99	相对景气	2.90
2018	110.51	相对景气	—2.19
2019	105.09	微景气	—4.91
2020	101.06	微景气	—3.83
2021	111.72	相对景气	10.55

从主板上市公司景气指数的变化来看，基本上是走平的，表明了主板上市公司景气指数走势较为平缓，主板上市公司一般规模大，大多为传统行业，由于上市以前就具有了一定的规模，成长性相对较差，有些已经步入成熟期，导致主板上市公司的增长潜力不如中小板上市公司和创业板上市公司，因此，主板上市公司景气指数较为平缓，波动幅度不大。从主板上市公司景气指数历年增长率来看，有 10 年的增长率为正，10 年的增长率为负，正好各占一半。2021 年增长率为 10.55%，为历年中最高；2008 年增长率为−10.02%，为历年中最低。

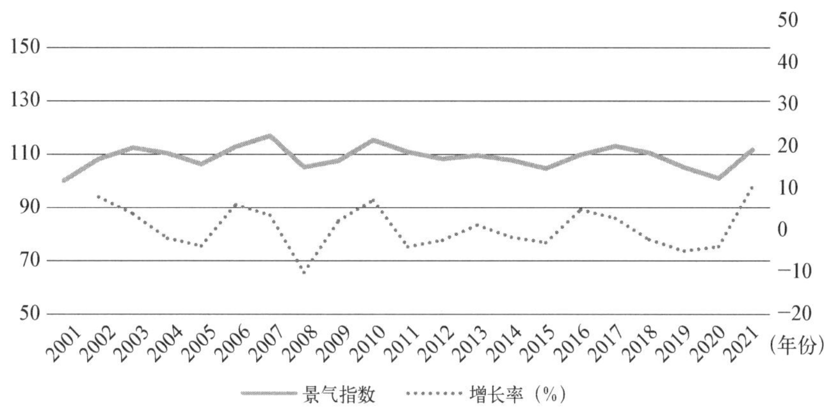

图 5－1 主板上市公司景气指数及增长率(2001—2021)

二、主板上市公司分类景气指数

(一) 主板上市公司生产景气指数

在主板上市公司 7 个分类景气指数中，以生产景气指数的状况最好，这与全部上市公司的生产景气指数最好的状况相一致。主板上市公司生产景气指数有 3 年位于“相对景气”区间，有 12 年位于“较为景气”区间，有 6 年位于“较强景气”区间。2009 年、2015 年、2020 年，生产景气指数分别为 116.99、111.16、110.33，均位于“相对景气”区间。2003 年、2004 年、2006 年、2007 年、2010 年、2011 年的生产景气指数分别为 152.76、159.16、151.11、155.40、151.92、159.56，均位于“较强景气”区间。主板上市公司生产景气指数最高的是 2011 年(指数为 159.56)，最低的是 2020 年(指数为 110.33)。

2020年的新冠肺炎疫情对主板上市公司的生产经营状况产生了较大的负面影响，导致2020年的主板上市公司的生产景气指数为历年中最低。

表5-2　主板上市公司生产景气指数(2001—2021)

年份	生产景气	景气状况	增长率(%)
2001	128.07	较为景气	
2002	137.76	较为景气	7.56
2003	152.76	较强景气	10.90
2004	159.16	较强景气	4.19
2005	145.80	较为景气	−8.39
2006	151.11	较强景气	3.64
2007	155.40	较强景气	2.84
2008	137.07	较为景气	−11.80
2009	116.99	相对景气	−14.65
2010	151.92	较强景气	29.85
2011	159.56	较强景气	5.03
2012	133.09	较为景气	−16.59
2013	129.84	较为景气	−2.44
2014	124.58	较为景气	−4.04
2015	111.16	相对景气	−10.78
2016	125.81	较为景气	13.18
2017	138.51	较为景气	10.09
2018	147.95	较为景气	6.82
2019	129.48	较为景气	−12.49
2020	110.33	相对景气	−14.79
2021	142.14	较为景气	28.83

从主板上市公司景气指数变化来看，总体上呈现出下行的趋势，前10年的景气指数要强于后10年的景气指数。从主板上市公司生产景气指数历年增长率来看，有11年的增长率为正，9年的增长率为负。2010年增长率为29.85%，为历年中最高；2012年增长率为－16.59%，为历年中最低。

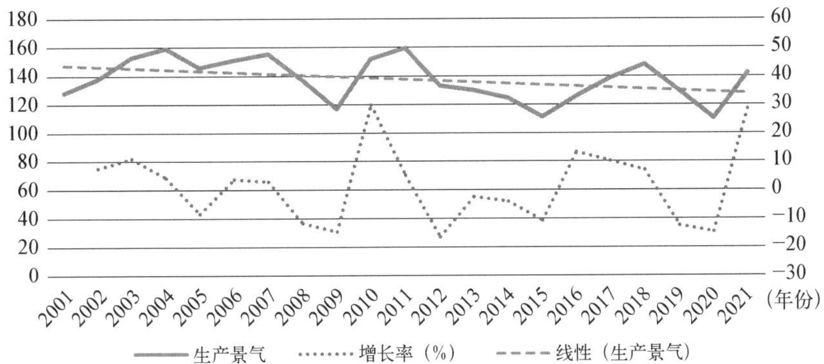

图5－2　主板上市公司生产景气指数及增长率(2001—2021)

(二) 主板上市公司销售景气指数

从2001—2021年，主板上市公司销售景气指数有9年位于“微弱不景气”区间，8年位于“微景气”区间，4年位于“相对景气”区间。主板上市公司销售景气指数排在前4位的是2017年、2021年、2006年、2002年，指数分别为119.25、118.44、112.79、111.40。主板上市公司2001年、2003年、2004年、2007年、2010年、2013年、2016年、2018年的销售景气指数分别为100.51、107.73、104.15、109.90、101.08、100.83、100.14、101.79，均位于“微景气”区间。主板上市公司2005年、2008年、2009年、2011年、2012年、2014年、2015年、2019年、2020年的销售景气指数分别为99.78、97.11、97.52、97.20、98.21、92.93、94.19、95.93、99.16，均位于“微弱不景气”区间。

表5－3　主板上市公司销售景气指数(2001—2021)

年份	销售景气	景气状况	增长率(%)
2001	100.51	微景气	
2002	111.40	相对景气	10.83

续 表

年份	销售景气	景气状况	增长率(%)
2003	107.73	微景气	−3.29
2004	104.15	微景气	−3.33
2005	99.78	微弱不景气	−4.19
2006	112.79	相对景气	13.04
2007	109.90	微景气	−2.57
2008	97.11	微弱不景气	−11.64
2009	97.52	微弱不景气	0.43
2010	101.08	微景气	3.65
2011	97.20	微弱不景气	−3.84
2012	98.21	微弱不景气	1.04
2013	100.83	微景气	2.67
2014	92.93	微弱不景气	−7.83
2015	94.19	微弱不景气	1.36
2016	100.14	微景气	6.31
2017	119.25	相对景气	19.09
2018	101.79	微景气	−14.64
2019	95.93	微弱不景气	−5.76
2020	99.16	微弱不景气	3.37
2021	118.44	相对景气	19.44

从主板上市公司销售景气指数历年变化来看，总体上较为平稳，其中2017年和2020年的销售景气指数分别为119.25和118.44，位列前2位。主板上市公司销售景气指数最低的是2014年，指数为92.93。从主板上市

公司销售景气指数历年增长率来看，有 11 年的增长率为正，9 年的增长率为负。2021 年增长率为 19.44%，为历年中最高；2018 年增长率为 −14.64%，为历年中最低。

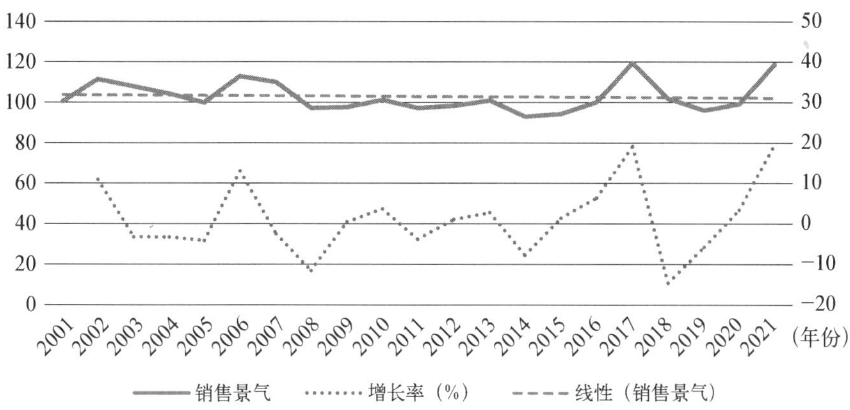

图 5－3　主板上市公司销售景气指数及增长率(2001—2021)

(三) 主板上市公司投资景气指数

主板上市公司投资景气指数有 2 年位于“微弱不景气”区间，10 年位于“微景气”区间，6 年位于“相对景气”区间，3 年位于“较为景气”区间。主板上市公司 2006 年、2007 年的投资景气指数分别为 97.46、99.33，位于“微弱不景气”区间，其中 2006 年的主板上市公司投资景气指数为历年最低。主板上市公司 2001 年、2005 年、2011 年、2012 年、2013 年、2014 年的投资景气指数分别为 110.45、117.41、110.06、112.16、113.38、112.33，均位于“相对景气”区间。主板上市公司 2002 年、2003 年、2004 年的投资景气指数分别为 123.44、128.30、125.37，均位于“较为景气”区间。

表 5－4　主板上市公司投资景气指数(2001—2021)

年份	投资景气	景气状况	增长率(%)
2001	110.45	相对景气	
2002	123.44	较为景气	11.76
2003	128.30	较为景气	3.94

续 表

年份	投资景气	景气状况	增长率(%)
2004	125.37	较为景气	−2.28
2005	117.41	相对景气	−6.35
2006	97.46	微弱不景气	−17.00
2007	99.33	微弱不景气	1.93
2008	102.02	微景气	2.70
2009	102.67	微景气	0.64
2010	105.66	微景气	2.91
2011	110.06	相对景气	4.16
2012	112.16	相对景气	1.91
2013	113.38	相对景气	1.09
2014	112.33	相对景气	−0.93
2015	108.29	微景气	−3.59
2016	108.01	微景气	−0.26
2017	102.72	微景气	−4.90
2018	103.37	微景气	0.63
2019	104.32	微景气	0.93
2020	100.31	微景气	−3.85
2021	101.84	微景气	1.53

从主板上市公司投资景气指数的变化来看，呈现出下行的趋势，在2003年创下历年高点128.30后，便一路下行，于2006年创下历年的最低点97.46，从2007年开始，再次进入上行通道，于2013年达到113.38，为近10年来的高点，随后一路下行，于2020年创下近10年来的低点，指数为100.31，也是历年中第三个低点。从主板上市公司投资景气指数历年

增长率来看，有 12 年的增长率为正，8 年的增长率为负。2002 年增长率为11.76%，为历年中最高；2006 年增长率为－17.00%，为历年中最低。2002—2006 年的增长率出现了较大幅度下降，其余年份的增长率相对较为平稳，变化不大。主板上市公司投资景气指数的变化反映出了主板上市公司发展相对较为平稳，但是随着新兴产业的不断发展，中小板上市公司、创业板上市以及科创板上市公司的大量上市，主板上市公司的投资速度逐步放缓，同时与主板上市公司经过多年发展，进入成熟期有一定的关系。

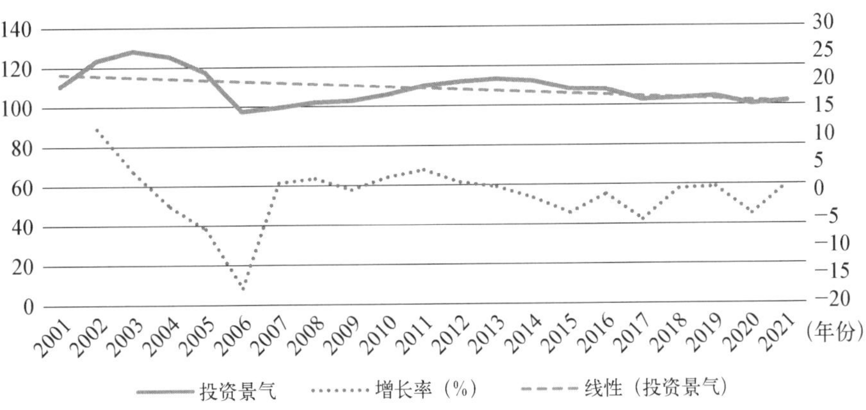

图 5－4　主板上市公司投资景气指数及增长率(2001—2021)

(四) 主板上市公司现金流景气指数

主板上市公司现金流景气指数有 1 年位于“较为不景气”区间，1 年位于“相对不景气”区间，9 年位于“微弱不景气”区间，10 年位于“微景气”区间。主板上市公司 2011 年的现金流景气指数为 79.66，位于“较为不景气”区间；2010 年的现金流景气指数为 89.42，位于“相对不景气”区间。主板上市公司 2003 年、2004 年、2005 年、2006 年、2007 年、2008 年、2017 年、2018 年、2021 年的现金流景气指数分别为 93.73、92.29、99.80、99.95、92.04、94.52、94.93、96.98、94.85，均位于“微弱不景气”区间。主板上市公司 2001 年、2002 年、2009 年、2012 年、2013 年、2014 年、2015 年、2016 年、2019 年、2020 年的现金流景气指数分别为 100.61、102.67、107.26、102.14、100.77、101.76、107.67、104.73、105.22、103.83，均位于“微景气”区间。

表5-5 主板上市公司现金流景气指数(2001—2021)

年份	现金流景气	景气状况	增长率(%)
2001	100.61	微景气	
2002	102.67	微景气	2.04
2003	93.73	微弱不景气	−8.71
2004	92.29	微弱不景气	−1.54
2005	99.80	微弱不景气	8.14
2006	99.95	微弱不景气	0.15
2007	92.04	微弱不景气	−7.91
2008	94.52	微弱不景气	2.69
2009	107.26	微景气	13.48
2010	89.42	相对不景气	−16.64
2011	79.66	较为不景气	−10.90
2012	102.14	微景气	28.21
2013	100.77	微景气	−1.34
2014	101.76	微景气	0.98
2015	107.67	微景气	5.81
2016	104.73	微景气	−2.73
2017	94.93	微弱不景气	−9.36
2018	96.98	微弱不景气	2.17
2019	105.22	微景气	8.49
2020	103.83	微景气	−1.32
2021	94.85	微弱不景气	−8.65

从主板上市公司现金流景气指数变化来看，变化趋势较为平稳，波动幅度不大，其最高的年份是 2015 年，指数为 107.67；其次是 2009 年，指数为 107.26；最低的是 2011 年，指数为 79.66。从主板上市公司现金流景气指数历年增长率来看，有 10 年的增长率为正，10 年的增长率为负，正好各占一半。2012 年增长率为 28.21％，为历年中最高；2010 年增长率为－16.64％，为历年中最低。主板现金流景气指数能够反映出主板上市公司在经营过程中，对于货款资金的回收能力较为一般，有待于进一步提升对现金流的管理，提升货款的回收速度，进一步提升主板上市公司的现金流，从而提升主板上市公司的经营的安全性。

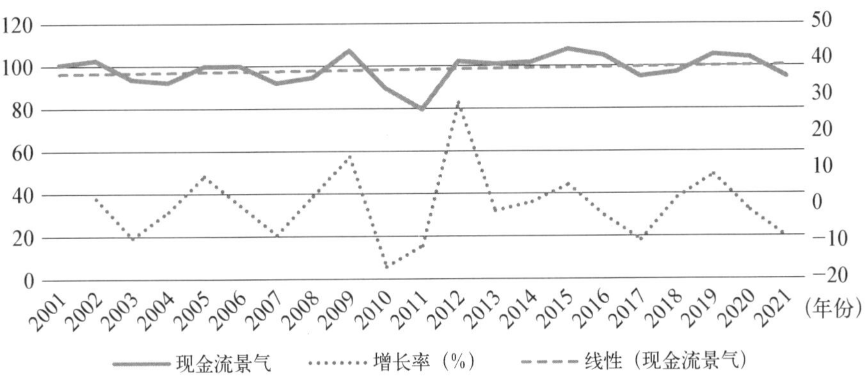

图 5－5　主板上市公司现金流景气指数及增长率(2001—2021)

(五) 主板上市公司成本景气指数

主板上市公司成本景气指数有 2 年位于“较为不景气”区间，有 5 年位于“相对不景气”区间，有 7 年位于“微弱不景气”区间，有 6 年位于“微景气”区间，1 年位于“相对景气”区间。主板上市公司 2004 年、2005 年的成本景气指数分别为 74.98、74.07，均位于“较为不景气”区间。主板上市公司 2001 年、2002 年、2003 年、2011 年、2012 年的成本景气指数分别为 81.05、83.88、82.48、88.52、89.66，均位于“相对不景气”区间。主板上市公司 2006 年、2008 年、2013 年、2018 年、2019 年、2020 年、2021 年的成本景气指数分别为 94.63、91.59、97.49、96.11、93.41、94.71、96.65，均位于“微弱不景气”区间。主板上市公司 2007 年、2009 年、2010 年、2014 年、2015 年、2016 年的成本景气指数分别为 101.38、102.23、102.08、103.61、100.43、106.23，均位于“微景气”区间。主板上市公司2017年的成本景气指数为110.54,位于“相对景气”区间。

表5-6 主板上市公司成本景气指数(2001—2021)

年份	成本景气	景气状况	增长率(%)
2001	81.05	相对不景气	
2002	83.88	相对不景气	3.50
2003	82.48	相对不景气	−1.67
2004	74.98	较为不景气	−9.09
2005	74.07	较为不景气	−1.21
2006	94.63	微弱不景气	27.76
2007	101.38	微景气	7.13
2008	91.59	微弱不景气	−9.65
2009	102.23	微景气	11.62
2010	102.08	微景气	−0.15
2011	88.52	相对不景气	−13.28
2012	89.66	相对不景气	1.28
2013	97.49	微弱不景气	8.74
2014	103.61	微景气	6.27
2015	100.43	微景气	−3.07
2016	106.23	微景气	5.77
2017	110.54	相对景气	4.06
2018	96.11	微弱不景气	−13.05
2019	93.41	微弱不景气	−2.81
2020	94.71	微弱不景气	1.39
2021	96.65	微弱不景气	2.04

从主板上市公司成本景气指数变化情况来看，成本景气指数呈现出上行的趋势，2005 年的成本景气指数 74.07，为历年中的最低点，此后，成本景气指数一路上行，于 2017 年创下历年中的最高点 110.54。反映主板上市公司在节约成本、完善成本管理上得到了较大的改善，单位产出的成本不断下降，体现了主板上市公司在成本精细化管理的模式下，取得了较好的成效。从主板上市公司成本景气指数历年增长率来看，有 11 年的增长率为正，9 年的增长率为负。2006 年增长率为 27.76%，为历年中最高；2011 年增长率为－13.28%，为历年中最低。

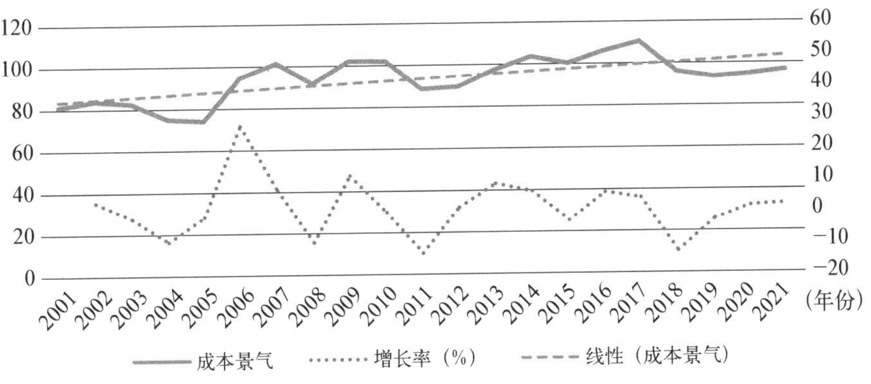

图 5－6　主板上市公司成本景气指数及增长率(2001—2021)

(六) 主板上市公司盈利景气指数

主板上市公司盈利景气指数是仅弱于生产景气指数的分类景气指数，主板上市公司盈利景气指数只有 2 年位于临界值 100 之下，其余 19 年均位于临界值 100 之上，表明了主板上市公司由于稳健的财务制度和处于企业成熟期，盈利能力相对稳定，因此主板上市公司的盈利景气指数相对较好。主板上市公司盈利景气指数有 1 年位于“相对不景气”区间，有 1 年位于“微景气”区间，有 6 年位于“微景气”区间，有 5 年位于“相对景气”区间，有 8 年位于“较为景气”区间。主板上市公司 2001 年的盈利景气指数为 83.40，位于“相对不景气”区间，是历年中最低的一年。主板上市公司 2002 年的盈利景气指数为 97.42，位于“微弱不景气”区间，为历年中的第二个低点。主板上市公司 2005 年、2008 年、2012 年、2015 年、2019 年、2020 年的盈利景气指数分别为 105.06、106.02、103.16、109.26、107.16、101.26，均位于“微景气”

区间。主板上市公司2003年、2004年、2009年、2013年、2014年的盈利景气指数分别为114.42、116.51、115.50、115.55、114.91，均位于“相对景气”区间。主板上市公司2006年、2007年、2010年、2011年、2016年、2017年、2018年、2021年的盈利景气指数分别为127.28、148.28、138.53、121.02、122.93、124.21、124.10、122.94，均位于“较为景气”区间。

表5-7 主板上市公司盈利景气指数(2001—2021)

年份	盈利景气	景气状况	增长率(%)
2001	83.40	相对不景气	
2002	97.42	微弱不景气	16.81
2003	114.42	相对景气	17.45
2004	116.51	相对景气	1.83
2005	105.06	微景气	−9.83
2006	127.28	较为景气	21.15
2007	148.28	较为景气	16.50
2008	106.02	微景气	−28.50
2009	115.50	相对景气	8.94
2010	138.53	较为景气	19.94
2011	121.02	较为景气	−12.64
2012	103.16	微景气	−14.76
2013	115.55	相对景气	12.01
2014	114.91	相对景气	−0.56
2015	109.26	微景气	−4.92
2016	122.93	较为景气	12.51
2017	124.21	较为景气	1.04
2018	124.10	较为景气	−0.09

续 表

年份	盈利景气	景气状况	增长率(%)
2019	107.16	微景气	−13.65
2020	101.26	微景气	−5.50
2021	122.94	较为景气	21.40

从主板上市公司盈利景气指数变化来看，总体上呈现出缓慢上行的趋势，从 2001 年开始上行，于 2007 年创下历年中的最高，指数为 148.28，成为盈利能力最好的一年，第二个高点为 2010 年，指数为 138.53；从 2011 年开始，主板上市公司盈利景气指数开始进入下行，由于受到全球新冠肺炎疫情的影响，于 2020 年创下近 10 多年中的最低，指数为 101.26。从主板上市公司盈利景气指数历年增长率来看，有 11 年的增长率为正，9 年的增长率为负。2021 年的增长率为 21.40%，为历年中最高；2008 年增长率为 −28.50%，为历年中最低。

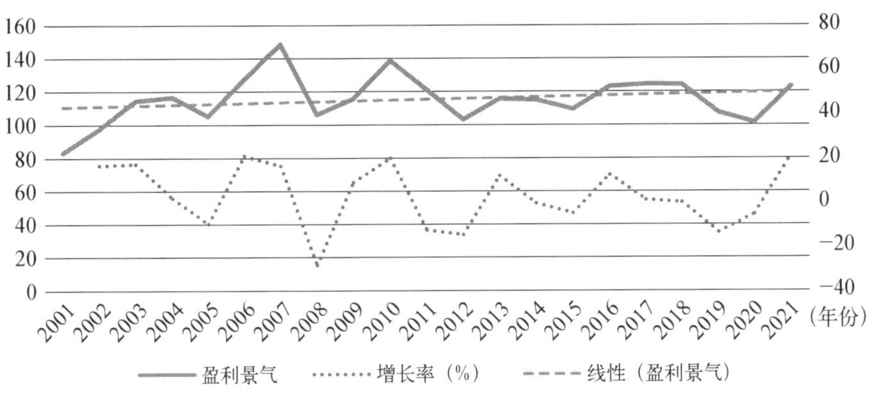

图 5－7　主板上市公司盈利景气指数及增长率(2001—2021)

(七) 主板上市公司雇佣景气指数

主板上市公司雇佣景气指数有 3 年位于临界值 100 之下，其余 18 年均位于临界值之上。主板上市公司雇佣景气指数有 3 年位于“微弱不景气”区间，有 13 年位于“微景气”区间，有 5 年位于“相对景气”区间。主板上市公司 2001 年、2004 年、2020 年的雇佣景气指数分别为 97.03、99.97、97.85，均位于“微弱不景气”区间。主板上市公司2002年、2003年、2005年、2006年、2008年、2013年、2014年、2015年、2016年、2017年、2018年、2019年、2021年的雇佣景气指数分别为100.80、107.76、101.83、106.61、108.10、109.24、104.38、101.59、100.79、100.77、103.29、100.12、105.20，均位于“微景气”区间。主板上市公司2007年、2009年、2010年、2011年、2012年的雇佣景气指数分别为112.07、110.77、118.69、119.75、119.26，均位于“相对景气”区间。

表5-8　主板上市公司雇佣景气指数(2001—2021)

年份	雇佣景气	景气状况	增长率(%)
2001	97.03	微弱不景气	
2002	100.80	微景气	3.89
2003	107.76	微景气	6.90
2004	99.97	微弱不景气	−7.23
2005	101.83	微景气	1.86
2006	106.61	微景气	4.70
2007	112.07	相对景气	5.12
2008	108.10	微景气	−3.55
2009	110.77	相对景气	2.47
2010	118.69	相对景气	7.15
2011	119.75	相对景气	0.90
2012	119.26	相对景气	−0.41
2013	109.24	微景气	−8.41
2014	104.38	微景气	−4.45
2015	101.59	微景气	−2.67
2016	100.79	微景气	−0.79

续　表

年份	雇佣景气	景气状况	增长率(%)
2017	100.77	微景气	−0.02
2018	103.29	微景气	2.51
2019	100.12	微景气	−3.07
2020	97.85	微弱不景气	−2.27
2021	105.20	微景气	7.52

从主板上市公司雇佣景气指数的变化情况来看，总体上较为平稳。雇佣景气指数最低的年份是2001年，指数为97.03，此后主板上市公司雇佣景气指数一路上行，于2011年达到历年中的最高，指数为119.75，此后又步入下行通道，2020年达到近10年逐年的最低，指数为97.85。2010年、2011年、2012年3年中，主板上市公司雇佣景气指数处于高位横行的3年，指数分别为118.69、119.75、119.26，这3年成为主板上市公司对就业贡献最大的年份。从主板上市公司雇佣景气指数历年增长率来看，有9年的增长率为正，11年的增长率为负。2021年增长率为7.52%，为历年中最高；2013年增长率为−8.41%，为历年中最低。

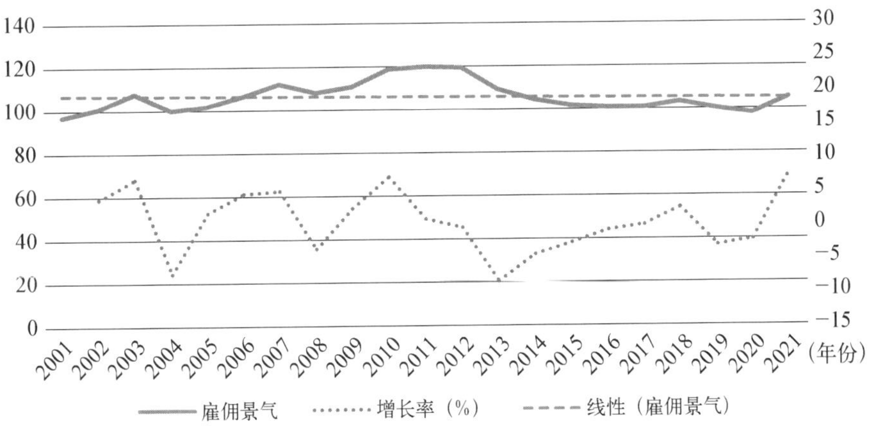

图5-8　主板上市公司雇佣景气指数及增长率(2001—2021)

第二节 中小板上市公司景气指数

中小板块即中小企业板，是相对于主板市场而言的，有些企业的条件达不到主板市场的要求，只能在中小板市场上市。中小板上市公司具有高成长性，一般都是代表未来产业发展方向，以战略性新兴产业和现代服务业为主的小企业。2004年5月，经国务院批准，中国证监会批复同意深圳证券交易所在主板市场内设立中小企业板块。中小板股票全部在深圳证券交易所上市，其股票代码是以002开头。中小板上市公司细分行业以化工原料、电器设备、元器件、汽车配件、软件服务、服饰、专用机械、通信设备等为主。

一、中小板上市公司景气指数

2004—2021年中小板上市公司景气指数均位于临界值100之上，其中有2年位于“微景气”区间，6年位于“相对景气”区间，10年位于“较为景气”区间。中小板上市公司2019年、2020年的景气指数分别为105.49、104.86，均位于“微景气”区间；中小板上市公司2012年、2013年、2014年、2015年、2018年、2021年的景气指数分别为119.52、119.50、119.73和116.68、113.68、112.25，均位于“相对景气”区间；2004年、2005年、2006年、2007年、2008年、2009年、2010年、2011年、2016年、2017年中小板上市公司景气指数分别为122.89、130.06、130.92、127.97、120.14、123.63、127.42、125.17、121.11、121.84，均位于“较为景气”区间。中小板上市公司景气之上最高的是2006年，指数为130.92，处于“较为景气”区间；其次是2005年，指数为130.06，处于“较为景气”区间。最低的是2020年，指数为104.86，位于“微景气”区间，第二个低点是2019年，指数为105.49，处于“微景气”区间。

表5-9 中小板上市公司景气指数(2004—2021)

年份	景气指数	景气状况	增长率(%)
2004	122.89	较为景气	
2005	130.06	较为景气	5.83

续　表

年份	景气指数	景气状况	增长率(%)
2006	130.92	较为景气	0.67
2007	127.97	较为景气	−2.26
2008	120.14	较为景气	−6.12
2009	123.63	较为景气	2.91
2010	127.42	较为景气	3.07
2011	125.17	较为景气	−1.77
2012	119.52	相对景气	−4.51
2013	119.50	相对景气	−0.02
2014	119.73	相对景气	0.19
2015	116.68	相对景气	−2.54
2016	121.11	较为景气	3.79
2017	121.84	较为景气	0.61
2018	113.68	相对景气	−6.70
2019	105.49	微景气	−7.20
2020	104.86	微景气	−0.60
2021	112.25	相对景气	7.05

中小板上市公司景气指数的变化是从左到右呈现明显下行的态势，表明了中小板上市公司的景气度逐步下降，到2020年创下新低，欣慰的是2021年，中小板上市公司一改以往的下行趋势，转头上行，增长率为7.05%，在历年增长率中位列第一。增长率第二个高点是2005年，增长率为5.83%。增长率最低的是2019年，增长率为−7.20%；其次是2018年，增长率为−6.70%。中小板上市公司景气指数逐年下行，这与中小板上市公司的特征有一定的关系。中小板上市公司处于成长期，自主创新

能力强，按照企业生命周期理论，经过快速成长期后，企业增长将进入成熟期，增长速度将会逐步放缓，到后来，上市多年的中小板公司，逐步壮大，其规模与那些发展速度较慢的主板公司规模差不多，甚至远远超过某些主板公司，反映在中小板上市公司景气指数上，是指数逐步下行，并且主板上市公司的历年的景气指数明显低于对应年份的中小板上市公司的景气指数。

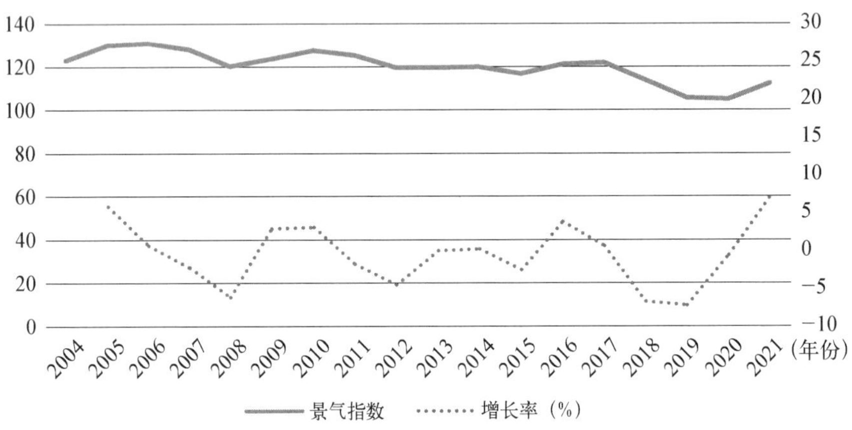

图 5-9　中小板上市公司景气指数及增长率(2004—2021)

二、中小板上市公司分类景气指数

(一) 中小板上市公司生产景气指数

中小板上市公司生产景气指数均位于临界值 100 之上，其中 1 年位于“相对景气”区间，8 年位于“较为景气”区间，5 年位于“较强景气”区间，4 年位于“非常景气”区间，生产景气指数是七个分类景气指数中最强的一个。中小板上市公司 2020 年的生产景气指数为 111.98，位于“相对景气”区间；2009 年、2012 年、2013 年、2014 年、2015 年、2016 年、2019 年、2021 年的生产景气指数分别为 138.72、146.02、149.19、148.83、130.54、143.94、129.19、141.83，均位于“较为景气”区间；2007 年、2008 年、2010 年、2011 年、2017 年、2018 年的生产景气指数分别为 179.90、167.84、170.43、159.53、162.29，均位于“较强景气”区间；2004 年、2005 年、2006 年、2011 年的生产景气指数分别为 189.47、183.60、181.76、181.21，均位于“非常景气”区间。

表 5-10　中小板上市公司生产景气指数(2004—2021)

年份	生产景气	景气状况	增长率
2004	189.47	非常景气	
2005	183.60	非常景气	—3.10
2006	181.76	非常景气	—1.00
2007	179.90	较强景气	—1.03
2008	167.84	较强景气	—6.70
2009	138.72	较为景气	—17.35
2010	170.43	较强景气	22.87
2011	181.21	非常景气	6.32
2012	146.02	较为景气	—19.42
2013	149.19	较为景气	2.17
2014	148.83	较为景气	—0.24
2015	130.54	较为景气	—12.29
2016	143.94	较为景气	10.27
2017	159.53	较强景气	10.83
2018	162.29	较强景气	1.73
2019	129.19	较为景气	—20.40
2020	111.98	相对景气	—13.33
2021	141.87	较为景气	26.70

从中小板上市公司生产景气指数变化情况来看，总体上呈现出逐渐下行的趋势，这一点可以从中小板上市公司生产景气指数的趋势线的走势上可以看出。中小板上市公司生产景气指数作为最强的分类景气指数，有 4 年的生产景气指数均在 180 以上，最高的是 2004 年，中小板

上市公司生产景气指数为189.47；中小板上市公司生产景气指数最低的是2020年，指数为111.98，与2004年相差巨大，这也是2020年的全球新冠肺炎疫情对国内中小企业的生产经营造成了较大的负面影响，中小板上市公司同样受到了波及。从中小板上市公司生产景气指数历年增长率来看，有7年的增长率为正，10年的增长率为负。2021年增长率为26.70%，为历年中最高；2019年增长率为－20.40%，为历年中最低。

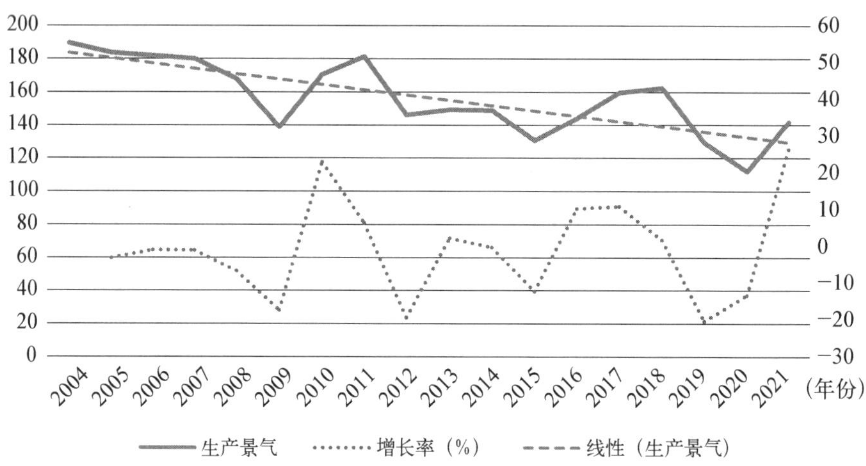

图5－10　中小板上市公司生产景气指数及增长率(2004—2021)

(二) 中小板上市公司销售景气指数

中小板上市公司销售景气指数仅有4年位于临界值100以上，其余14年位于临界值100以下，数据表明，中小板上市公司销售景气指数不容乐观。中小板上市公司2004年的销售景气指数为65.26，位于“较为不景气”区间，为历年中最低的一年；2005年、2007年、2008年、2009年、2010年、2011年、2012年的销售景气指数分别为88.00、85.89、89.78、89.82、85.80、81.84、87.29，均位于“相对不景气”区间；2006年、2013年、2014年、2015年、2019年、2020年的销售景气指数分别为91.76、96.03、99.66、94.83、92.71、97.85，均位于“微弱不景气”区间；2016年和2018年的销售景气指数分别为102.59和102.37，均位于“微景气”区间；2017年和2021年的销售景气指数为119.75和115.66，均位于“相对景气”区间。

表 5 - 11　中小板上市公司销售景气指数(2004—2021)

年份	销售景气	景气状况	增长率
2004	65.26	较为不景气	
2005	88.00	相对不景气	34.84
2006	91.76	微弱不景气	4.28
2007	85.89	相对不景气	−6.40
2008	89.78	相对不景气	4.53
2009	89.82	相对不景气	0.04
2010	84.80	相对不景气	−5.58
2011	81.84	相对不景气	−3.49
2012	87.29	相对不景气	6.66
2013	96.03	微弱不景气	10.02
2014	99.66	微弱不景气	3.77
2015	94.83	微弱不景气	−4.84
2016	102.59	微景气	8.18
2017	119.75	相对景气	16.73
2018	102.37	微景气	−14.51
2019	92.71	微弱不景气	−9.44
2020	97.85	微弱不景气	5.55
2021	115.66	相对景气	18.19

从中小板上市公司销售景气指数的变化来看，总体上处于上升通道，中小板上市公司 2004 年的销售景气指数为历年中最低，此后一路缓缓上行，到 2017 年创下历年中最高。从中小板上市公司销售景气指数历年增长率来看，有 11 年的增长率为正，6 年的增长率为负。2005 年增长率为 34.84%，为历年中最高；2018 年增长率为−14.51%，为历年中最低。

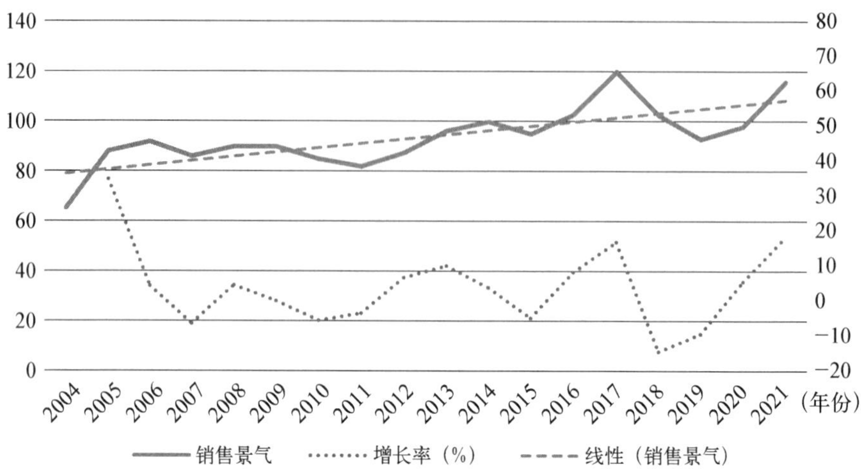

图 5－11　中小板上市公司销售景气指数及增长率(2004—2021)

(三) 中小板上市公司投资景气指数

中小板上市公司投资景气指数均位于临界值 100 之上，是 7 个分类景气指数中较强的一个。中小板上市公司 2019 年、2020 年、2021 年的投资景气指数分别为 108.59、101.50、103.21，均位于“微景气”区间；2016 年、2017 年、2018 年的投资景气指数分别为 119.03、118.23、115.67，均位于“相对景气”区间；2006 年、2009 年、2010 年、2013 年、2014 年、2015 年的投资景气指数分别为 149.61、146.48、148.32、149.02、139.15、128.20，均位于“较为景气”区间；2004 年、2005 年、2007 年、2008 年、2011 年、2012 年的投资景气指数分别为 174.21、180.00、160.10、159.85、159.38、154.81，均位于“较强景气”区间。

表 5－12　中小板上市公司投资景气指数(2004—2021)

年份	投资景气	景气状况	增长率(%)
2004	174.21	较强景气	
2005	180.00	较强景气	3.32
2006	149.61	较为景气	−16.88
2007	160.10	较强景气	7.01

续　表

年份	投资景气	景气状况	增长率(%)
2008	159.85	较强景气	−0.15
2009	146.48	较为景气	−8.36
2010	148.32	较为景气	1.26
2011	159.38	较强景气	7.45
2012	154.81	较强景气	−2.87
2013	149.02	较为景气	−3.74
2014	139.15	较为景气	−6.62
2015	128.20	较为景气	−7.87
2016	119.03	相对景气	−7.15
2017	118.23	相对景气	−0.67
2018	115.67	相对景气	−2.17
2019	108.59	微景气	−6.13
2020	101.50	微景气	−6.52
2021	103.21	微景气	1.68

从中小板上市公司投资景气指数的变化来看,总体上呈现出较大幅度的下行趋势,前高后低的现象特别明显,2005 年为历年中的最高,指数为 180.00。此后,一路下行,虽然中间有过反弹,但是均没有创出新高,2020 年的投资景气指数为 101.50,是历年中最低的一年。表明了中小板上市公司在经历过上市后一段时期的快速投资后,投资出现下降,特别是在近 5 年,中小板上市公司进入了投资收缩阶段,中小板上市公司投资景气指数出现较大幅度的下降。从中小板上市公司投资景气指数历年增长率来看,有 5 年的增长率为正,12 年的增长率为负。2011 年增长率为 7.45%,为历年中最高;2006 年增长率为−16.88%,为历年中最低。

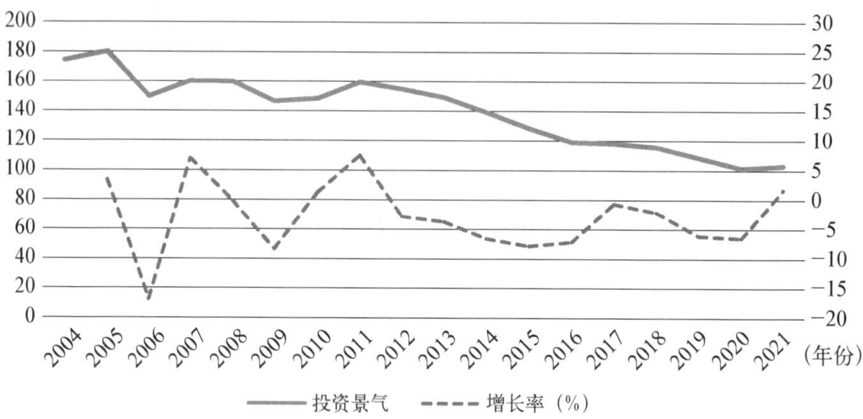

图5-12　中小板上市公司投资景气指数及增长率(2004—2021)

(四) 中小板上市公司现金流景气指数

中小板上市公司现金流景气指数有7年位于临界值100之上，11年位于临界值100之下，数据表明，中小板上市公司的现金流管理还需要进一步改善，才能为上市公司生产经营活动提供充裕的现金流。中小板上市公司2004年、2007年、2010年、2011年的现金流景气指数分别为75.00、72.77、73.07、74.80，均位于“较为不景气”区间；2021年的现金流景气指数为89.60，位于“相对不景气”区间；2005年、2006年、2008年、2014年、2017年、2018年的现金流景气指数分别为96.40、98.63、93.41、99.95、93.43、91.87，均位于“微弱不景气”区间；2013年、2015年、2016年的现金流景气指数分别为102.31、107.14、107.62，均位于“微景气”区间；2009年、2012年、2019年、2020年的现金流景气指数分别为117.74、110.44、112.63、111.85，均位于“相对景气”区间。

表5-13　中小板上市公司现金流景气指数(2004—2021)

年份	现金流景气	景气状况	增长率(%)
2004	75.00	较为不景气	
2005	96.40	微弱不景气	28.53
2006	98.63	微弱不景气	2.31

续 表

年份	现金流景气	景气状况	增长率(%)
2007	72.77	较为不景气	−26.21
2008	93.41	微弱不景气	28.35
2009	117.74	相对景气	26.05
2010	73.07	较为不景气	−37.94
2011	74.80	较为不景气	2.37
2012	110.44	相对景气	47.65
2013	102.31	微景气	−7.36
2014	99.95	微弱不景气	−2.31
2015	107.14	微景气	7.20
2016	107.62	微景气	0.44
2017	93.43	微弱不景气	−13.18
2018	91.87	微弱不景气	−1.66
2019	112.63	相对景气	22.60
2020	111.85	相对景气	−0.70
2021	89.60	相对不景气	−19.89

从中小板上市公司现金流景气指数变化来看，现金流景气指数呈现出缓慢上行的趋势，表明了中小板上市公司在现金流管理上逐步好转。中小板上市公司现金流景气指数最高的是 2009 年，指数为 117.74；现金流景气指数最低的是 2010 年，指数为 73.07。从中小板上市公司现金流景气指数历年增长率来看，有 9 年的增长率为正，8 年的增长率为负。2012 年增长率为 47.65%，为历年中最高；2010 年增长率为−37.94%，为历年中最低。

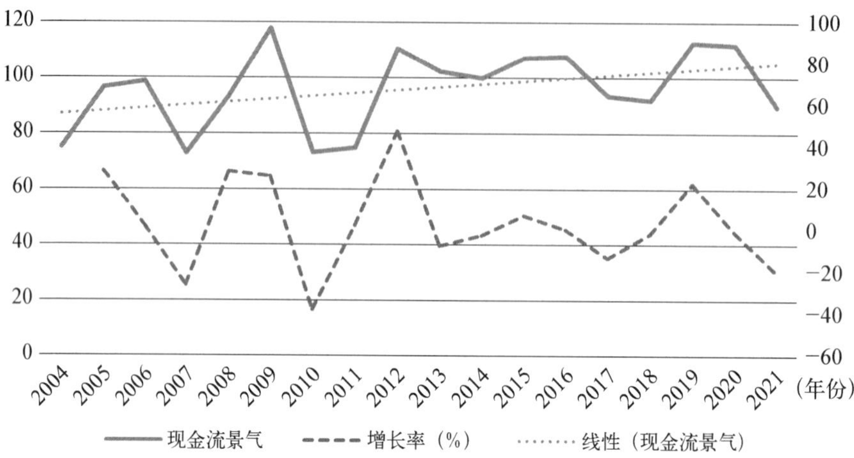

图5-13　中小板上市公司现金流景气指数及增长率(2004—2021)

(五) 中小板上市公司成本景气指数

中小板上市公司成本景气指数仅有5年位于临界值100之上，其余13年均位于临界值100之下，数据表明，中小板上市公司的成本景气指数总体较弱，中小板上市公司在成本管理上还需要进一步努力。中小板上市公司2004年、2005年、2008年、2011年、2018年的成本景气指数分别为53.16、62.40、73.55、79.44、79.75，均位于“较为不景气”区间；2006年、2007年、2012年、2019年的成本景气指数分别为85.69、83.86、85.79、88.21，均位于“相对不景气”区间；2013年、2017年、2020年、2021年的成本景气指数分别为94.98、97.67、99.93、97.18，均位于“微弱不景气”区间；2009年、2010年、2014年、2015年的成本景气指数分别为102.94、100.04、103.03、107.37，均位于“微景气”区间；2016年的成本景气指数为112.12，位于“相对景气”区间。

表5-14　中小板上市公司成本景气指数(2004—2021)

年份	成本景气	景气状况	增长率(%)
2004	53.16	较为不景气	
2005	62.40	较为不景气	17.39

续　表

年份	成本景气	景气状况	增长率(%)
2006	85.69	相对不景气	37.32
2007	83.86	相对不景气	−2.13
2008	73.55	较为不景气	−12.29
2009	102.94	微景气	39.95
2010	100.04	微景气	−2.82
2011	79.44	较为不景气	−20.59
2012	85.79	相对不景气	7.99
2013	94.98	微弱不景气	10.71
2014	103.03	微景气	8.48
2015	107.37	微景气	4.21
2016	112.12	相对景气	4.42
2017	97.67	微弱不景气	−12.89
2018	79.75	较为不景气	−18.35
2019	88.21	相对不景气	10.62
2020	99.93	微弱不景气	13.28
2021	97.18	微弱不景气	−2.76

从中小板上市公司成本景气指数变化来看，呈现出上升趋势，但是总体上处于较弱的状态。中小板上市公司 2004 年的现金流为 53.16，为历年中最低的一年，此后开始进入上升、下降、上升的反复循环，于 2016 年创下历年中的最高，指数为 112.12，可以看出，有明显的 4 个高点和 4 个低点，但是低点逐步上移。从中小板上市公司成本景气指数历年增长率来看，有 10 年的增长率为正，7 年的增长率为负。2009 年增长率为 39.95%，为历年中最高；2011 年增长率为−20.59%，为历年中最低。

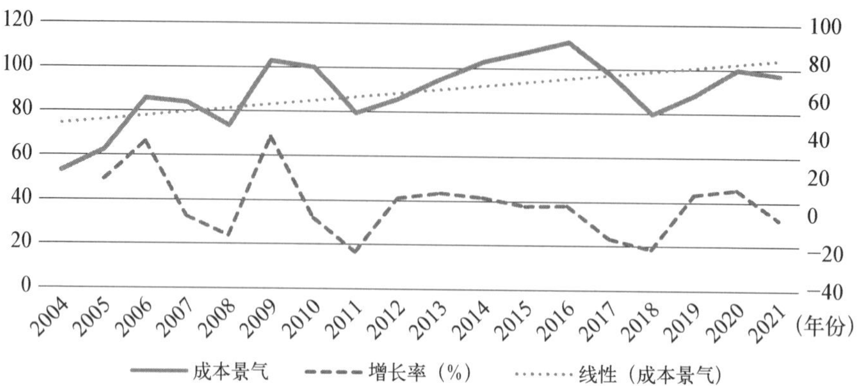

图 5-14　中小板上市公司成本景气指数及增长率(2004—2021)

(六) 中小板上市公司盈利景气指数

中小板上市公司盈利景气指数均位于临界值 100 之上,数据表明中小板上市公司的盈利能力较强。中小板上市公司 2012 年、2013 年、2019 年、2020 年的盈利景气指数分别为 108.59、108.87、101.10、105.08,均位于“微景气”区间;2005 年、2006 年、2008 年、2009 年、2011 年、2014 年、2015 年、2016 年、2017 年、2018 年、2021 年的盈利景气指数分别为 138.00、147.45、122.27、135.11、141.89、120.63、121.34、134.94、133.06、122.01、121.84,均位于“较为景气”区间;2004 年、2007 年、2010 年的盈利景气指数分别为 158.95、160.30、158.64,均位于“较强景气”区间。

表 5-15　中小板上市公司盈利景气指数(2004—2021)

年份	盈利景气	景气状况	增长率(%)
2004	158.95	较强景气	
2005	138.00	较为景气	−13.18
2006	147.45	较为景气	6.85
2007	160.30	较强景气	8.71
2008	122.27	较为景气	−23.72
2009	135.11	较为景气	10.50

续　表

年份	盈利景气	景气状况	增长率(%)
2010	158.64	较强景气	17.42
2011	141.89	较为景气	−10.56
2012	108.59	微景气	−23.47
2013	108.87	微景气	0.26
2014	120.63	较为景气	10.80
2015	121.34	较为景气	0.59
2016	134.94	较为景气	11.21
2017	133.06	较为景气	−1.39
2018	122.01	较为景气	−8.31
2019	101.10	微景气	−17.13
2020	105.08	微景气	3.94
2021	121.84	较为景气	15.95

从中小板上市公司盈利景气指数变化来看，总体上呈现出下行的趋势，并且下行的幅度较大。数据表明，中小板上市公司在前10年的盈利能力较

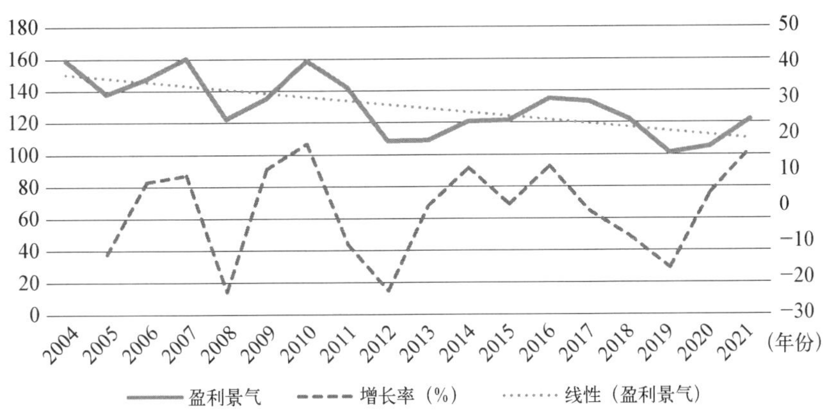

图5－15　中小板上市公司盈利景气指数及增长率(2004—2021)

强,后10年的盈利能力出现较大幅度的下降。中小板上市公司盈利景气指数最高的是2007年,指数为160.30,还有2004年和2010年的盈利景气指数与2007年较为接近,指数分别为158.95、158.64。2019年的盈利景气指数为101.10,是历年中最低的一年。从中小板上市公司盈利景气指数历年增长率来看,有10年的增长率为正,7年的增长率为负。2010年增长率为17.42%,为历年中最高;2012年增长率为−23.47%,为历年中最低。

(七) 中小板上市公司雇佣景气指数

中小板上市公司雇佣景气指数均位于临界值100之上,为7个分类景气指数中较好的一个。中小板上市公司2019年、2020年的雇佣景气指数分别为106.01、105.80,均位于“微景气”区间;2021年的雇佣景气指数为116.36,位于“相对景气”区间;2004年、2008年、2009年、2012年、2013年、2014年、2015年2016年、2017年、2018年的雇佣景气指数分别为144.21、134.25、134.59、143.71、136.09、126.86、127.37、127.54、131.23、121.81,均位于“较为景气”区间;2005年、2006年、2007年、2010年、2011年的雇佣景气指数分别为162.00、161.57、152.97、156.65、157.60,均位于“较强景气”区间。

表5-16　中小板上市公司雇佣景气指数(2004—2021)

年份	雇佣景气	景气状况	增长率(%)
2004	144.21	较为景气	
2005	162.00	较强景气	12.34
2006	161.57	较强景气	−0.27
2007	152.97	较强景气	−5.32
2008	134.25	较为景气	−12.24
2009	134.59	较为景气	0.25
2010	156.65	较强景气	16.39
2011	157.60	较强景气	0.61
2012	143.71	较为景气	−8.81

续　表

年份	雇佣景气	景气状况	增长率(%)
2013	136.09	较为景气	−5.30
2014	126.86	较为景气	−6.78
2015	127.37	较为景气	0.40
2016	127.54	较为景气	0.13
2017	131.23	较为景气	2.89
2018	121.81	较为景气	−7.18
2019	106.01	微景气	−12.97
2020	105.80	微景气	−0.19
2021	116.36	相对景气	9.98

从中小板上市公司雇佣景气指数变化来看，总体上呈现出逐步下行的趋势，表明了中小板上市公司吸纳就业的能力有所下降。中小板上市公司2005年和2006年2年的雇佣景气指数较为接近，分别为162.00和161.57，2005年雇佣景气指数为历年中最高；中小板上市公司雇佣景气指数最低的是2020年，指数为105.80。从中小板上市公司雇佣景气指数增长率来看，有8年的增长率为正，9年的增长率为负。2010年增长率为16.39%，为历年中最高；2019年增长率为−12.97%，为历年中最低。

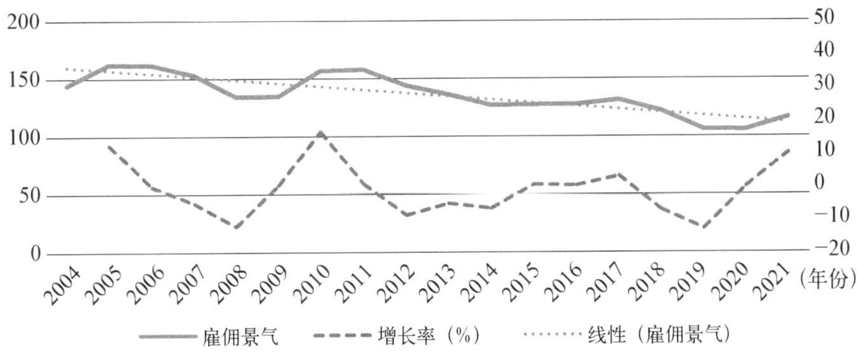

图5-16　中小板上市公司雇佣景气指数及增长率(2004—2021)

第三节　创业板上市公司景气指数

创业板上市公司作为具有高成长性的小企业，其所处行业大部分是能够代表全球产业发展趋势，以战略性新兴产业和现代服务业为主。从细分行业来看，创业板上市公司以软件服务、专业机械、元器件、电气设备、电气仪表、通信设备、医疗保健、化工原料、环境保护、半导体和互联网为主。与主板市场相比，在创业板市场上市的企业标准和上市条件相对较低。

一、创业板上市公司景气指数

2009—2021年，创业板上市公司景气指数均位于临界值100之上，并且明显高于对应年度的中小板上市公司景气指数和主板上市公司景气指数。创业板上市公司2019年、2020年的景气指数分别为108.23、107.62，均位于“微景气”区间；2009年、2010年、2011年、2012年、2013年、2014年、2015年、2016年、2017年的景气指数分别为149.96、136.71、126.47、120.09、120.10、125.09、123.67、125.65、122.42，均处于“较为景气”区间；2018年、2021年的景气指数分别为112.22、113.78，均位于“相对景气”区间。

表5-17　创业板上市公司景气指数(2009—2021)

年份	景气指数	景气状况	增长率(%)
2009	149.96	较为景气	
2010	136.71	较为景气	−8.83
2011	126.47	较为景气	−7.49
2012	120.09	较为景气	−5.05
2013	120.10	较为景气	0.01
2014	125.09	较为景气	4.16
2015	123.67	较为景气	−1.13

续　表

年份	景气指数	景气状况	增长率(%)
2016	125.65	较为景气	1.60
2017	122.42	较为景气	−2.57
2018	112.22	相对景气	−8.33
2019	108.23	微景气	−3.55
2020	107.62	微景气	−0.57
2021	113.78	相对景气	5.73

从创业板上市公司景气指数来看,呈现出从左到右缓缓下行的趋势,这一点与中小板上市公司具有相似性,这也与创业板上市公司的特征有着深度的联系。创业板上市公司处于成长期,自主创新能力强,按照企业生命周期理论,经过快速成长期后,企业增长将进入成熟期,增长速度将会逐步放缓,到后来,上市多年的创业板公司,逐步壮大,其规模与那些发展速度较慢的主板公司规模差不多,甚至远远超过某些主板公司,反映在创业板上市公司景气指数上,是指数逐步下行。创业板上市公司 2009 年的景气指数为 149.96,为历年中最高,随后逐年下行,于 2012 年创下新低,指数为 120.09,2013 年重新开始上升,2016 年创下近年来新高,然后又一路下行到 2020 年,创下历年中的最低,指数为 107.62。

从创业板上市公司景气指数历年的增长率来看,却呈现出从左到右的

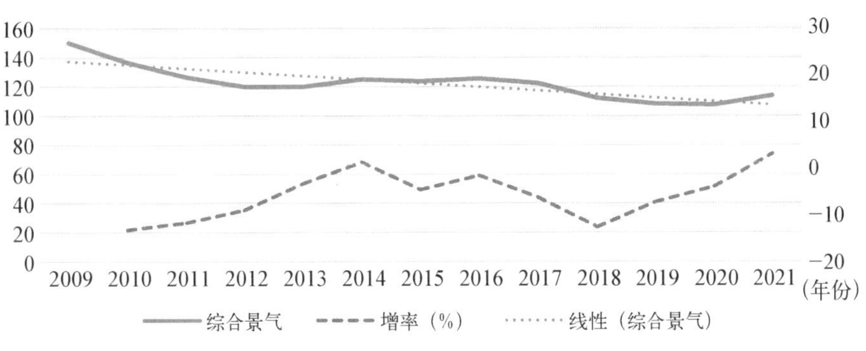

图 5－17　创业板上市公司景气指数及增长率(2009—2021)

上升趋势，表明了创业板上市公司景气指数虽然逐年下行，但是下行的速度却是逐年下降的。从创业板上市公司景气指数增长率来看，最高的是2021年，增长率为5.73%；其次是2014年，增长率为4.16%；2013年的增长率为0.01%，是最平缓的一年，2013年的创业板上市公司景气指数与2012年基本上持平。增长率最低的是2010年，增长率为−8.83%。

二、创业板上市公司分类景气指数

（一）创业板上市公司生产景气指数

创业板上市公司生产景气指数均位于临界值之上，是7个分类景气指数中最强的，表明了创业板上市公司生产经营状况非常好。创业板上市公司2009年、2010年、2011年的生产景气指数分别为190.56、182.75、181.79，均位于"非常景气"区间；2012年、2013年、2014年、2015年、2016年、2017年、2018年的生产景气指数分别为156.38、157.06、168.37、156.42、162.67、166.69、158.70，均位于"较强景气"区间；2019年、2021年的生产景气指数分别为134.57、144.95，均位于"较为景气"区间；2020年的生产景气指数为116.97，位于"相对景气"区间。

表5-18　创业板上市公司生产景气指数(2009—2021)

年份	生产景气	景气状况	增长率(%)
2009	190.56	非常景气	
2010	182.75	非常景气	−4.10
2011	181.79	非常景气	−0.52
2012	156.38	较强景气	−13.97
2013	157.06	较强景气	0.43
2014	168.37	较强景气	7.20
2015	156.42	较强景气	−7.10
2016	162.67	较强景气	4.00

续　表

年份	生产景气	景气状况	增长率(%)
2017	166.69	较强景气	2.47
2018	158.70	较强景气	−4.79
2019	134.57	较为景气	−15.21
2020	116.97	相对景气	−13.08
2021	144.95	较为景气	23.92

从创业板上市公司生产景气指数变化来看,总体上呈现出下行的趋势。创业板上市公司 2009 年的生产景气指数为 190.56,是历年中最高的一年;从 2010 年开始,创业板上市公司生产景气指数开始下降,到 2020 年创下历年中的最低,指数为 116.97,2021 年出现较大幅度的回升,这与 2020 年全球新冠肺炎疫情有较大的关系,由于 2020 年指数较低,因此 2021 年上升的幅度也较大。从创业板上市公司生产景气指数历年增长率来看,2021 年增长率为 23.92%,为历年中最高;2019 年增长率为−15.21%,为历年中最低。

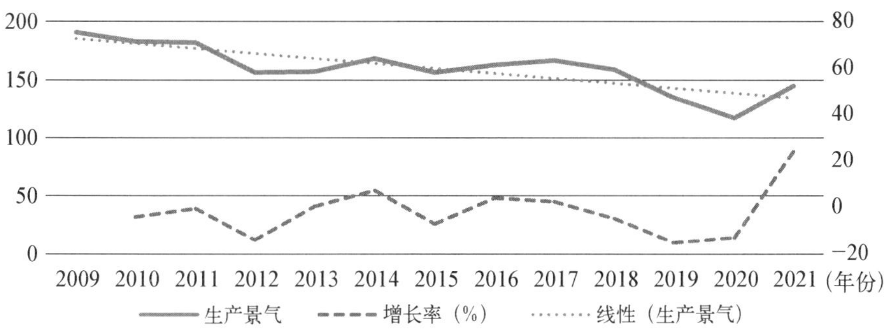

图 5 - 18　创业板上市公司生产景气指数及增长率(2009—2021)

(二) 创业板上市公司销售景气指数

创业板上市公司销售景气指数有 4 年位于临界值 100 之上,9 年位于临界值 100 之下。创业板上市公司 2011 年、2012 年的销售景气指数为 74.14、79.18,位于“较为不景气”区间;2010 年、2013 年、2019 年的销售景气指数分别为 88.37、87.40、88.06,均位于“相对不景气”区间;2014 年、2015 年、2018

年、2020年的销售景气指数分别为92.72、97.07、93.22、97.88，均位于“微弱不景气”区间；2016年、2017年的销售景气指数分别为103.43、108.39，均位于“微景气”区间；2021年的销售景气指数为111.31，位于“相对景气”区间；2009年的销售景气指数为128.89，位于“较为景气”区间。

表5-19　创业板上市公司销售景气指数(2009—2021)

年份	销售景气	景气状况	增长率(%)
2009	128.89	较为景气	
2010	88.37	相对不景气	−31.44
2011	74.14	较为不景气	−16.10
2012	79.18	较为不景气	6.79
2013	87.40	相对不景气	10.38
2014	92.72	微弱不景气	6.09
2015	97.07	微弱不景气	4.69
2016	103.43	微景气	6.55
2017	108.39	微景气	4.80
2018	93.22	微弱不景气	−14.00
2019	88.06	相对不景气	−5.53
2020	97.88	微弱不景气	11.14
2021	111.31	相对景气	13.73

从创业板上市公司销售景气指数变化来看，呈现出先下行，再上行，再下行，再上行的走势，出现3个阶段性高点和2个阶段性低点，呈现出“W”型走势。创业板上市公司2009年的销售景气指数最高，为128.89；2011年的销售景气指数最低，为74.14。从创业板上市公司销售景气指数增长率来看，2021年增长率为13.73%，为历年中最高；2010年增长率为31.44%，为历年中最低。

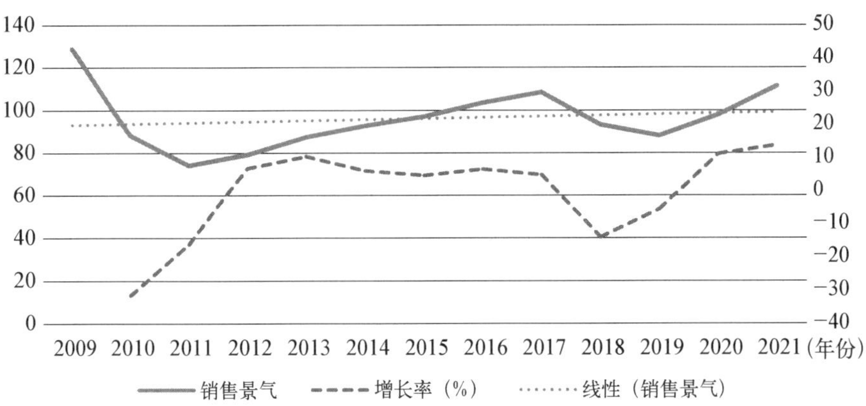

图 5－19　创业板上市公司销售景气指数及增长率(2009—2021)

(三) 创业板上市公司投资景气指数

创业板上市公司投资景气指数均位于临界值 100 之上，是 7 个分类景气指数中较强的一个。创业板上市公司 2009 年、2010 年、2011 年、2012 年、2013 年的投资景气指数分别为 162.78、172.42、177.00、167.01、161.02，均位于"较强景气"区间；2014 年、2015 年、2016 年、2017 年的投资景气指数分别为 148.56、139.92、132.44、127.36，均位于"较为景气"区间；2018 年、2019 年的投资景气指数分别为 119.19、112.71，均位于"相对景气"区间；2020 年、2021 年的投资景气指数分别为 105.93、109.62，均位于"微景气"区间。

表 5－20　创业板上市公司投资景气指数(2009—2021)

年份	投资景气	景气状况	增长率(%)
2009	162.78	较强景气	
2010	172.42	较强景气	5.92
2011	177.00	较强景气	2.66
2012	167.01	较强景气	−5.65
2013	161.02	较强景气	−3.59

续 表

年份	投资景气	景气状况	增长率(%)
2014	148.56	较为景气	−7.73
2015	139.92	较为景气	−5.82
2016	132.44	较为景气	−5.34
2017	127.36	较为景气	−3.84
2018	119.19	相对景气	−6.41
2019	112.71	相对景气	−5.43
2020	105.93	微景气	−6.02
2021	109.62	微景气	3.48

从创业板上市公司投资景气指数变化来看，呈现出先上行后下行的趋势，2011 年达到历年最高点，指数为 177.00，然后一路下行，到 2020 年创下历年最低点，指数为 105.93，2021 年则出现较大幅度的回升。从创业板上市公司投资景气指数历年增长率来看，2010 年增长率为 5.92%，为历年中最高；2014 年增长率为−7.73%，为历年中最低。

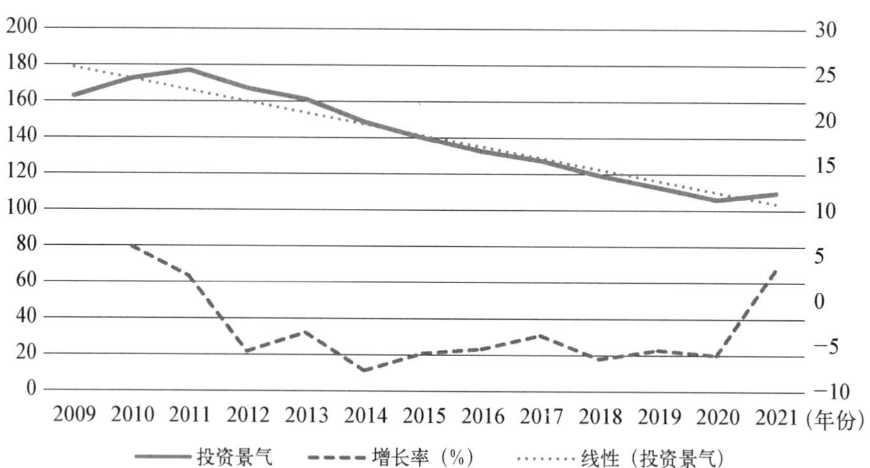

图 5－20　创业板上市公司投资景气指数及增长率(2009—2021)

（四）创业板上市公司现金流景气指数

创业板上市公司现金流景气指数有5年位于临界值100之上，有8年位于临界值100之下。创业板上市公司2010年、2011年的现金流景气指数分别为71.76、54.64，均位于“较为不景气”区间；2021年的现金流景气指数为88.72，位于“相对不景气”区间；2012年、2015年、2016年、2017年、2018年的现金流景气指数分别为92.43、97.19、95.68、97.31、95.02，均位于“微弱不景气”区间；2009年、2013年、2014年的现金流景气指数分别为102.22、102.71、101.73，均位于“微景气”区间；2019年、2020年的现金流景气指数分别为111.68、111.33。

表5-21　创业板上市公司现金流景气指数（2009—2021）

年份	现金流景气	景气状况	增长率（%）
2009	102.22	微景气	
2010	71.76	较为不景气	−29.80
2011	54.64	较为不景气	−23.86
2012	92.43	微弱不景气	69.15
2013	102.71	微景气	11.12
2014	101.73	微景气	−0.95
2015	97.19	微弱不景气	−4.47
2016	95.68	微弱不景气	−1.56
2017	97.31	微弱不景气	1.71
2018	95.02	微弱不景气	−2.36
2019	111.68	相对景气	17.54
2020	111.33	相对景气	−0.31
2021	88.72	相对不景气	−20.31

从创业板上市公司现金流景气指数变化来看，创业板上市公司现金流景气指数开始下行，到2011年创下历年最低点，指数为54.64，然后开始上行，到2019年创下历年最高点，指数为111.68。从创业板上市公司现金流

景气指数历年增长率来看，2012年增长率为69.15%，为历年中最高，主要因为是2011年的现金流景气指数过低，导致上升幅度较大；2010年增长率为-29.80%，为历年中最低。

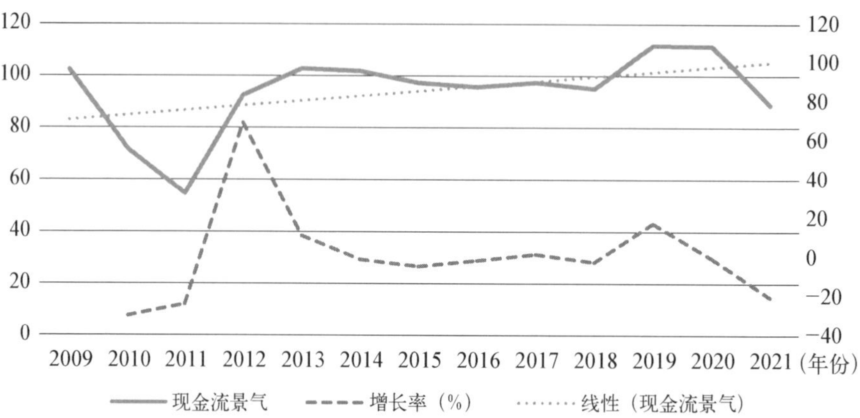

图5-21　创业板上市公司现金流景气指数及增长率(2009—2021)

(五) 创业板上市公司成本景气指数

创业板上市公司成本景气指数仅有2年位于临界值100之上，其余11年均位于临界值100之下，为七个分类景气指数中较弱的一个。创业板上市公司2011年、2012年、2013年、2018年的成本景气指数分别为74.93、62.49、71.13、69.35，均位于“较为不景气”区间；2014年、2017年、2019年的成本景气指数分别为86.39、85.33、87.17，均位于“相对不景气”区间；2015年、2016年、2020年、2021年的成本景气指数分别为94.83、96.41、97.61、96.20，均位于“微弱不景气”区间；2010年的成本景气指数为101.31，位于“微景气”区间；2009年的成本景气指数为130.56，位于“较为景气”区间。

表5-22　创业板上市公司成本景气指数(2009—2021)

年份	成本景气	景气状况	增长率(%)
2009	130.56	较为景气	
2010	101.31	微景气	-22.40
2011	74.93	较为不景气	-26.04

续　表

年份	成本景气	景气状况	增长率(%)
2012	62.49	较为不景气	−16.61
2013	71.13	较为不景气	13.83
2014	86.39	相对不景气	21.45
2015	94.83	微弱不景气	9.77
2016	96.41	微弱不景气	1.67
2017	85.33	相对不景气	−11.50
2018	69.35	较为不景气	−18.73
2019	87.17	相对不景气	25.70
2020	97.61	微弱不景气	11.97
2021	96.20	微弱不景气	−1.44

从创业板上市公司成本景气指数变化来看，成本景气指数波动幅度较大，2009 年的成本景气指数为 130.56，为历年中最高的一年，此后开始步入下行通道，2012 年创下历年中的最低点，指数为 62.49，2013 年开始又进入上行通道，于 2016 年达到 96.41，离 2009 年的高点还有较大的差距。从创业板上市公司成本景气指数的增长率来看，2019 年增长率为 25.70%，为历

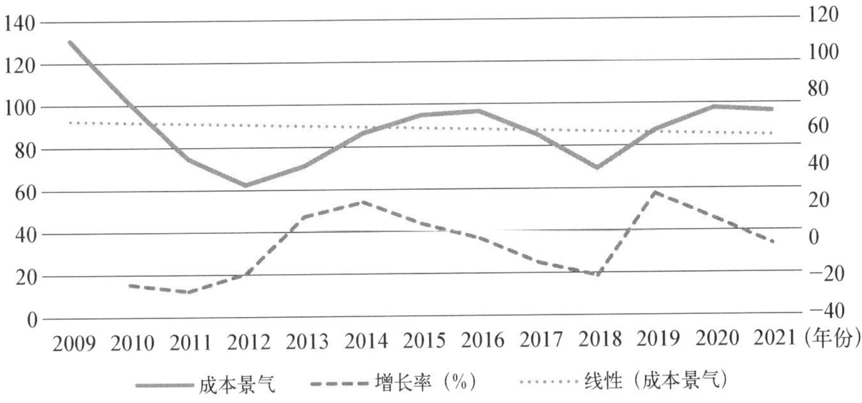

图 5－22　创业板上市公司成本景气指数及增长率(2009—2021)

年中最高；2011年增长率为−26.04%，为历年中最低。

（六）创业板上市公司盈利景气指数

创业板上市公司盈利景气指数均位于临界值100之上，为七个分类景气指数中较强的一个。创业板上市公司2013年、2019年、2020年的盈利景气指数分别为109.66、102.58、103.43，均位于"微景气"区间；2012年、2021年的盈利景气指数分别为118.25、116.63，均位于"相对景气"区间；2011年、2014年、2015年、2016年、2017年、2018年的盈利景气指数分别为149.36、131.88、129.94、141.62、132.48、121.25，均位于"较为景气"区间；2010年的盈利景气指数为172.55，位于"较强景气"区间；2009年的盈利景气指数为195.00，位于"非常景气"区间。

表5-23　创业板上市公司盈利景气指数（2009—2021）

年份	盈利景气	景气状况	增长率(%)
2009	195.00	非常景气	
2010	172.55	较强景气	−11.51
2011	149.36	较为景气	−13.44
2012	118.25	相对景气	−20.83
2013	109.66	微景气	−7.26
2014	131.88	较为景气	20.26
2015	129.94	较为景气	−1.47
2016	141.62	较为景气	8.99
2017	132.48	较为景气	−6.45
2018	121.25	较为景气	−8.47
2019	102.58	微景气	−15.40
2020	103.43	微景气	0.83
2021	116.63	相对景气	12.77

从创业板上市公司盈利景气指数变化来看，创业板上市公司2009年的盈利景气指数为195.00，几乎接近指数的上限200，为历年中最高的一年，此后一路下行，到2013年下降至109.66，出现较大幅度的下降。此后，10来年中，有涨有跌，波动幅度远远小于前几年，于2009年创下历年中的最低，指数为102.58。从创业板上市公司盈利景气指数的增长率来看，2014年增长率为20.26%，为历年中最高；2012年增长率为−20.83%，为历年中最低。

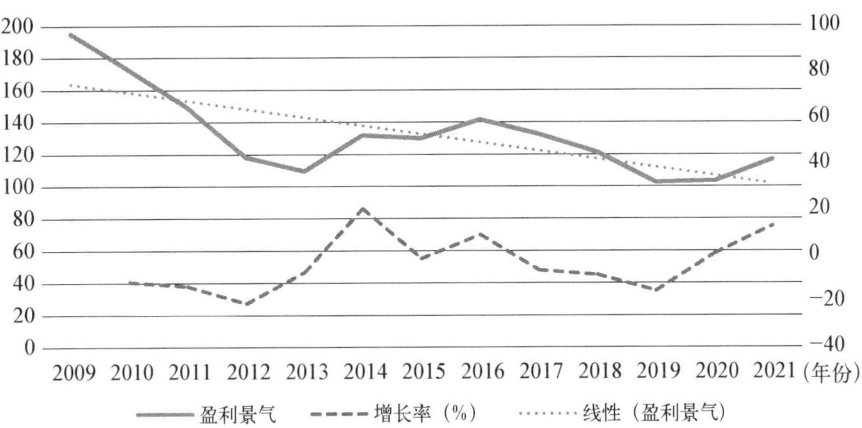

图5-23 创业板上市公司盈利景气指数及增长率(2009—2021)

(七) 创业板上市公司雇佣景气指数

创业板上市公司雇佣景气指数均位于临界值100之上，为七个分类景气指数中较强的一个。创业板上市公司2009年、2014年、2016年、2017年、2018年、2019年、2020年、2021年的雇佣景气指数分别为139.72、145.99、147.31、139.38、128.80、120.82、120.16、129.02，均位于"较为景气"区间；2010年、2011年、2012年、2013年、2015年的雇佣景气指数分别为167.84、173.43、164.89、151.69、150.37，均位于"较强景气"区间。

表5-24 创业板上市公司雇佣景气指数(2009—2021)

年份	雇佣景气	景气状况	增长率(%)
2009	139.72	较为景气	
2010	167.84	较强景气	20.13

续 表

年份	雇佣景气	景气状况	增长率(%)
2011	173.43	较强景气	3.33
2012	164.89	较强景气	−4.93
2013	151.69	较强景气	−8.00
2014	145.99	较为景气	−3.76
2015	150.37	较强景气	3.00
2016	147.31	较为景气	−2.03
2017	139.38	较为景气	−5.38
2018	128.80	较为景气	−7.59
2019	120.82	较为景气	−6.19
2020	120.16	较为景气	−0.55
2021	129.02	较为景气	7.37

从创业板上市公司雇佣景气指数变化来看，雇佣景气指数呈现出先上行，后下行的走势，2011年创下历年中的最高点，指数为173.43；随后步入下行通道，于2020年创下历年中的最低点，指数为120.16，2020年全球新冠肺炎疫情同样对创业板上市公司的雇佣景气指数造成了不利影响。从创

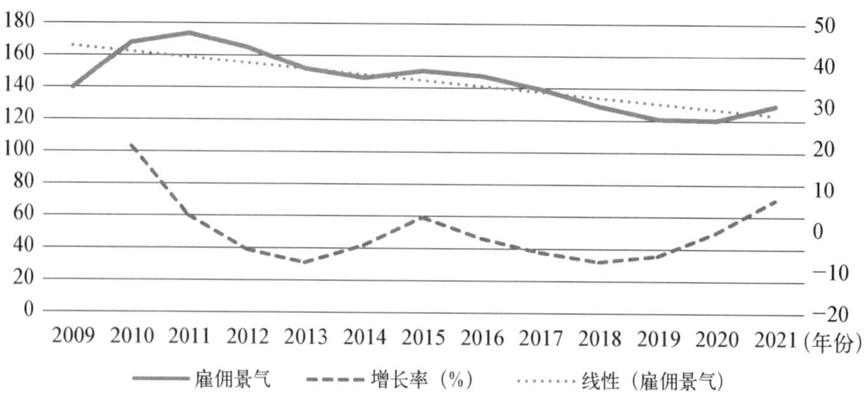

图5-24　创业板上市公司雇佣景气指数及增长率(2009—2021)

业板上市公司雇佣景气指数历年增长率来看，2010 年增长率为 20.13%，为历年中最高；2013 年增长率为 -8.00%，为历年中最低。

第四节　不同板块上市公司景气指数比较

由于不同板块的上市公司所处行业不同，主板上市公司中以传统行业占多数，其盈利能力稳定，企业处于上升期，甚至有些已经进入成熟期，因此主板上市公司稳健性较好，但是成长性略显不足。而中小板和创业板则以战略性新兴产业为主，其中有不少属于"专精特新"小巨人企业、单项冠军企业，具有较大的爆发力，有些能够在较短时间内成长为巨无霸企业，因此，中小板上市公司和创业板上市公司具有高成长性。由于科创板和北证板块上市企业数量少，且上市时间不长，这里就不对这两个板块上市公司的景气指数进行分析和比较，其中科创板上市公司景气指数将在后面章节中进行简要介绍。

一、创业板上市公司景气指数总体强于中小板与主板

从主板、中小板和创业板三类上市公司景气指数来看，呈现出一个非常明显的特征，创业板上市公司景气指数强于中小板上市公司，中小板上市公司景气指数又显著强于主板上市公司。但是随着时间的推移，各板块上市公司最后的景气指数在近 5 年基本上接近，也说明了经过一段时间后，中小板上市公司和创业板上市公司经历过快速的成长期后，公司获得较大的发展，开始进入成熟期，呈现出与主板上市公司相同的特征，表现在景气指数上有趋同的倾向。

表 5-25　三大板块上市公司景气指数比较

年份	主板景气指数	中小板景气指数	创业板景气指数
2001	100.16		
2002	108.19		

续 表

年份	主板景气指数	中小板景气指数	创业板景气指数
2003	112.45		
2004	110.35	122.89	
2005	106.25	130.06	
2006	112.83	130.92	
2007	116.91	127.97	
2008	105.20	120.14	
2009	107.56	123.63	149.96
2010	115.34	127.42	136.71
2011	110.83	125.17	126.47
2012	108.24	119.52	120.09
2013	109.59	119.50	120.10
2014	107.78	119.73	125.09
2015	104.66	116.68	123.67
2016	109.81	121.11	125.65
2017	112.99	121.84	122.42
2018	110.51	113.68	112.22
2019	105.09	105.49	108.23
2020	101.06	104.86	107.62
2021	111.72	112.25	113.78

主板上市公司、中小板上市公司和创业板上市公司景气指数之间的强弱可以从图 5－25 中清楚地看出，创业板上市公司的景气指数要强于中小板上市公司的景气指数，中小板上市公司的景气指数又远远强于主板上市公司的景气指数。有一个显著的特点是，主板上市公司景气指数与中小板上市公司

景气指数的走势具有趋同性，在指数的上行与下行中两者步伐高度一致，两者之间基本上呈现出两条平行行走的曲线。创业板上市公司景气指数与中小板上市公司景气指数之间，除了 2018 年创业板上市公司景气指数略低于中小板上市公司外，其余 12 年中，创业板上市公司均景气指数均高于中小板上市公司景气指数，不过除了 2009 年和 2010 年上市前 2 年明显高于中小板上市公司景气指数外，其余 10 年中，创业板上市公司景气指数只是略高于中小板上市公司景气指数。但是主板上市公司景气指数明显低于中小板上市公司和创业板上市公司景气指数，只是在近 5 年来，这种差距越来越小，甚至在 2007 年，主板上市公司景气指数反而略高于中小板上市公司和创业板上市公司景气指数。这样的特征，与 3 个不同板块上市公司的特点有关，主板上市公司一般较为成熟、业绩等都比较稳定，已经是成熟期企业，因此成长性明显不如中小板和创业板上市公司。而中小板上市公司和创业板上市公司一般为小企业，正处于高速成长期，同时这些企业所处行业又是国家重点扶持的行业，代表国家未来产业发展趋势的战略性新兴产业和现代服务业，因此其景气状况明显好于主板上市公司，表现在景气指数上就是主板上市公司景气指数明显落后于中小板上市公司和创业板上市公司。

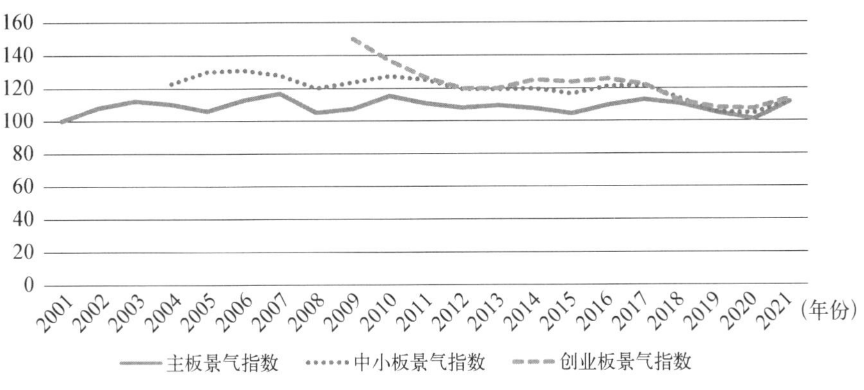

图 5－25　主板、中小板和创业板上市公司景气指数比较(2001—2021)

二、主板销售、现金流和成本景气指数强于中小板与创业板

虽然主板上市公司景气指数要弱于中小板上市公司和创业板上市公

司,但是主板上市公司有3个分类景气指数却强于中小板和创业板上市公司,分别是销售景气指数、现金流景气指数和成本景气指数。

(一) 主板上市公司销售景气指数大多数年份均强于中小板和创业板

从可比较的年份来看,主板上市公司大多数时候强于中小板上市公司,从2004年算起,主板上市公司销售景气指数有13年强于中小板上市公司,只有5年弱于中小板上市公司。从2009年开始,主板上市公司销售景气指数有10年强于创业板上市公司,只有3年弱于创业板上市公司。

表5-26 三大板块上市公司销售景气指数比较(2001—2021)

年份	主板销售景气指数	中小板销售景气指数	创业板销售景气指数
2001	100.51		
2002	111.40		
2003	107.73		
2004	104.15	65.26	
2005	99.78	88.00	
2006	112.79	91.76	
2007	109.90	85.89	
2008	97.11	89.78	
2009	97.52	89.82	128.89
2010	101.08	84.80	88.37
2011	97.20	81.84	74.14
2012	98.21	87.29	79.18
2013	100.83	96.03	87.40
2014	92.93	99.66	92.72
2015	94.19	94.83	97.07

续　表

年份	主板销售景气指数	中小板销售景气指数	创业板销售景气指数
2016	100.14	102.59	103.43
2017	119.25	119.75	108.39
2018	101.79	102.37	93.22
2019	95.93	92.71	88.06
2020	99.16	97.85	97.88
2021	118.44	115.66	111.31

由图 5－26 可以看出，其实从 2009 年开始，3 个板块的销售景气指数相互纠缠，交错运行，互有高低。并且主板上市公司销售景气指数变化相对平稳，波动幅度小于中小板和创业板上市公司销售景气指数。表明了主板上市公司市场作为处于成熟期的公司，具有一定的知名度，在市场获得人们认可的程度较高，市场占有率较稳定。

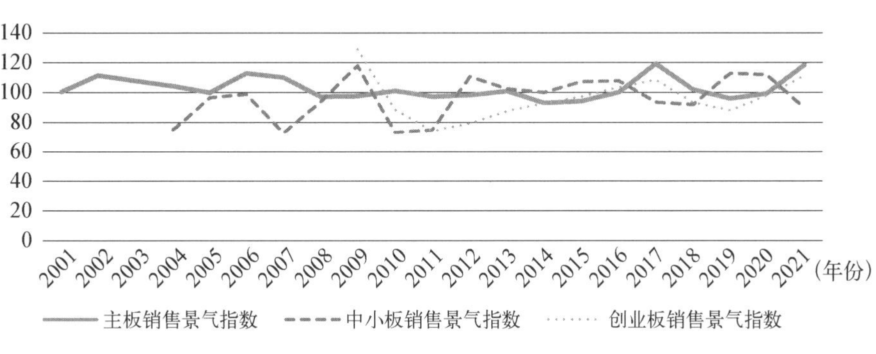

图 5－26　主板、中小板和创业板上市公司销售景气指数比较(2001—2021)

(二) 主板上市公司现金流景气指数大多数年份均强于中小板和创业板

从可比较年份开始，主板上市公司的现金流景气指数大多数年份强于中小板上市公司。从 2009 年开始，主板上市公司现金流景气指数有 14 年都强于中小板上市公司，只有 4 年弱于中小板上市公司。从 2009 年开始，主板上市公司现金流景气指数有8年强于创业板上市公司，只有5年弱于创业板上市公司。总体上来看，主板上市公司的现金流景气指数强于中小板和创业板上市公司。

表5-27 三大板块上市公司现金流景气指数比较(2001—2021)

年份	主板现金流景气指数	中小板现金流景气指数	创业板现金流景气指数
2001	100.61		
2002	102.67		
2003	93.73		
2004	92.29	65.26	
2005	99.80	88.00	
2006	99.95	91.76	
2007	92.04	85.89	
2008	94.52	89.78	
2009	107.26	89.82	102.22
2010	89.42	84.80	71.76
2011	79.66	81.84	54.64
2012	102.14	87.29	92.43
2013	100.77	96.03	102.71
2014	101.76	99.66	101.73
2015	107.67	94.83	97.19
2016	104.73	102.59	95.68
2017	94.93	119.75	97.31
2018	96.98	102.37	95.02
2019	105.22	92.71	111.68

续　表

年份	主板现金流景气指数	中小板现金流景气指数	创业板现金流景气指数
2020	103.83	97.85	111.33
2021	94.85	115.66	88.72

从图 5－27 可以看出，主板上市公司现金流景气指数变化较为平缓，中小板和创业板上市公司现金流景气指数变化幅度较大。从 2009 年开始，三大板块的上市公司现金流景气指数相互纠缠，交错运行。显示出主板上市公司较为稳健的经营策略和较好的现金流管理水平，主板上市公司在货款回收、现金流管理上相对强于中小板和创业板上市公司。中小板和创业板上市公司由于成长性较好，发展速度快，在快速的扩展过程中，对现金流的管理能力略显不足。

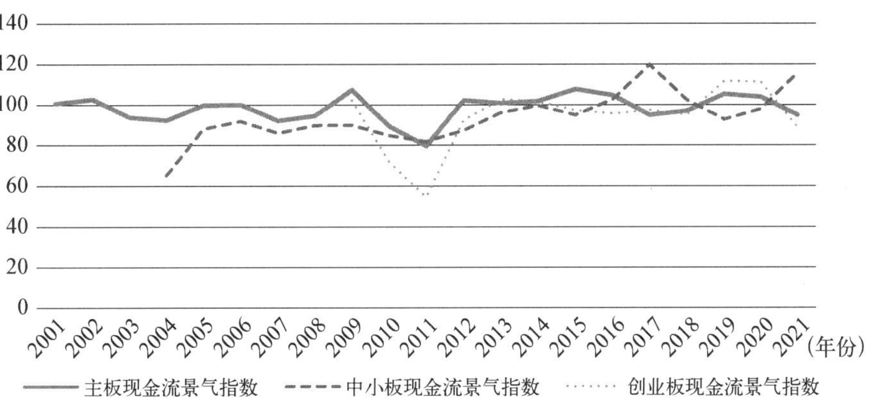

图 5－27　主板、中小板和创业板上市公司现金流景气指数比较(2001—2021)

(三) 主板上市公司成本景气指数大多数年份均强于中小板和创业板

从可比较的年份来看，主板上市公司成本景气指数大多数年份要强于中小板和创业板上市公司。从 2004 年开始，主板上市公司成本景气指数有 13 年强于中小板上市公司，只有 5 年弱于中小板上市公司。从 2009 年开始，主板上市公司成本景气指数有 11 年强于创业板上市公司，只有 2 年弱于创业板上市公司。

表5-28　三大板块上市公司成本景气指数比较(2001—2021)

年份	主板成本景气指数	中小板成本景气指数	创业板成本景气指数
2001	81.05		
2002	83.88		
2003	82.48		
2004	74.98	53.16	
2005	74.07	62.40	
2006	94.63	85.69	
2007	101.38	83.86	
2008	91.59	73.55	
2009	102.23	102.94	130.56
2010	102.08	100.04	101.31
2011	88.52	79.44	74.93
2012	89.66	85.79	62.49
2013	97.49	94.98	71.13
2014	103.61	103.03	86.39
2015	100.43	107.37	94.83
2016	106.23	112.12	96.41
2017	110.54	97.67	85.33
2018	96.11	79.75	69.35
2019	93.41	88.21	87.17
2020	94.71	99.93	97.61
2021	96.65	97.18	96.20

从图5-28可以看出，主板上市公司成本景气指数变化较为平缓，中小

板上市公司和创业板上市公司成本景气指数的变化幅度较大。从 2009 年开始,三大板块上市公司景气指数相互交缠,交错运行。显示主板上市公司在利用规模优势、降低企业生产成本、规范财务流程和制度、节约财务成本等方面具有中小板上市公司和创业板上市公司难以比拟的优势。而中小板上市公司和创业板上市公司由于快速扩张,对人才培养和技术投入等方面投入过大,对上市公司的成本管理容易疏忽,导致中小板和创业板上市公司成本增加,从而其成本管理景气指数反而弱于主板上市公司。

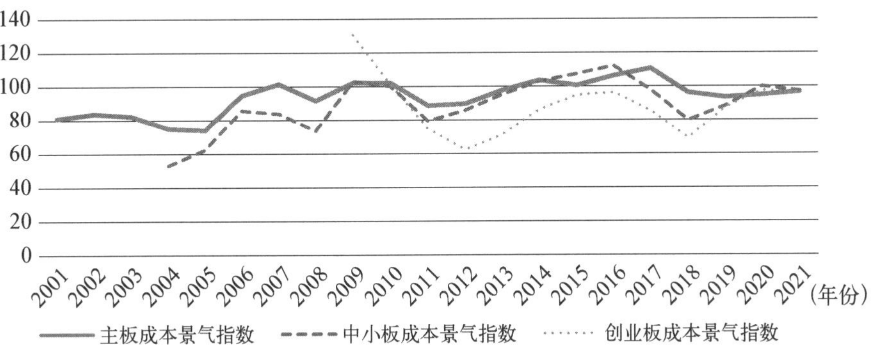

图 5-28 主板、中小板和创业板上市公司成本景气指数比较(2001—2021)

第六章
不同类别上市公司景气指数分析

第一节　不同证券交易所上市公司景气指数比较

目前，中国内地有上海证券交易所、深圳证券交易所和北京证券交易所，由于北京证券交易所刚成立不久，上市公司数量少，因此本章不对北京证券交易所上市公司的景气指数进行研究，仅对上海证券交易所和深圳证券交易所的两个证券市场的上市公司的景气指数进行研究。

一、上海证券交易所上市公司景气指数

上海证券交易所包含A股和B股，选取上海证券交易所上市的所有A股上市公司，对其景气指数进行计算。从2001—2021年的21年中，上海证券交易所上市公司的景气指数均在临界值100之上，其中景气之上最低的是2002年(100.01)，最高的是2007年(117.62)。上海证券交易所上市公司2001年、2002年、2005年、2008年、2009年、2012年、2014年、2015年、2019年、2020年的景气指数分别为102.40、100.01、107.47、108.00、108.31、109.68、109.58、106.21、107.74、103.11，均位于"微景气"区间；2003年、2004年、2006年、2007年、2010年、2011年、2013年、2016年、2017年、2018年、2021年的景气指数分别为114.45、111.96、113.38、117.62、117.32、113.34、111.45、110.49、114.06、112.40、114.08，均位于"相对景气"区间。

表 6-1　上海证券交易所上市公司景气指数(2001—2021)

年份	景气指数	景气状况	增长率(%)
2001	102.40	微景气	
2002	100.01	微景气	−2.33
2003	114.45	相对景气	14.44
2004	111.96	相对景气	−2.18
2005	107.47	微景气	−4.00
2006	113.38	相对景气	5.50
2007	117.62	相对景气	3.74
2008	108.00	微景气	−8.18
2009	108.31	微景气	0.29
2010	117.32	相对景气	8.32
2011	113.34	相对景气	−3.40
2012	109.68	微景气	−3.22
2013	111.45	相对景气	1.61
2014	109.58	微景气	−1.67
2015	106.21	微景气	−3.08
2016	110.49	相对景气	4.03
2017	114.06	相对景气	3.23
2018	112.40	相对景气	−1.46
2019	107.74	微景气	−4.14
2020	103.11	微景气	−4.30
2021	114.08	相对景气	10.64

从上海证券交易所上市公司景气指数变化来看，其趋势线呈现出缓缓

上行的趋势。21年中出现过若干个阶段性的高点，其中最高的是2007年，景气指数为117.62；最低的是2002年，景气指数为100.01。从上海证券交易所上市公司景气指数历年增长率来看，有11年的增长率为正，9年的增长率为负。2003年增长率为14.44%，为历年中最高；2008年增长率为−8.18%，为历年中最低。

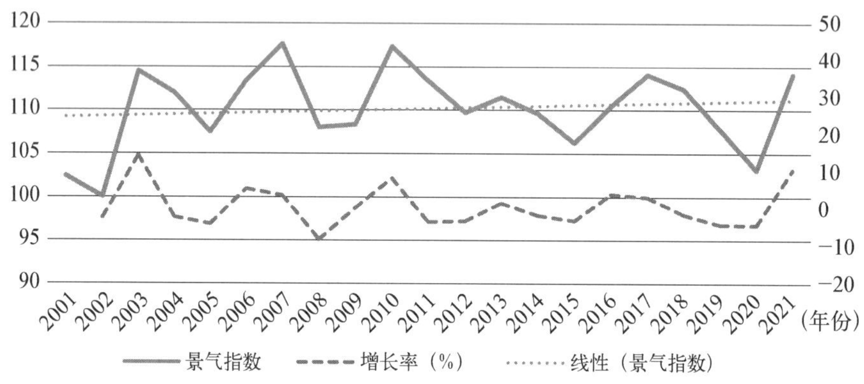

图6-1　上海证券交易所上市公司景气指数及增长率(2001—2021)

二、深圳证券交易所上市公司景气指数

深圳证券交易所同样包含A股和B股，选取深圳证券交易所上市的所有A股上市公司，对其景气指数进行计算。从2001—2021年的21年中，深圳证券交易所上市公司的景气指数除了2001年位于临界值之下，其余20年的景气指数均位于临界值100之上。深圳证券交易所2001年的景气指数为97.63，位于“微弱不景气”区间；2002年、2003年、2004年、2005年、2008年、2019年、2020年的景气指数分别为105.40、109.29、108.98、106.68、107.56、106.93、105.21，均位于“微弱景气”区间；2006年、2007年、2009年、2011年、2012年、2013年、2014年、2015年、2016年、2017年、2018年、2021年的景气指数分别为115.33、119.39、115.01、119.01、115.32、115.46、116.52、114.48、119.24、118.98、111.26、111.66，均位于“相对景气”区间；2010年的景气指数为122.28，位于“较为景气”区间。

表 6-2　深圳证券交易所上市公司景气指数(2001—2021)

年份	景气指数	景气状况	增长率(%)
2001	97.63	微弱不景气	
2002	105.40	微景气	7.96
2003	109.29	微景气	3.68
2004	108.98	微景气	−0.28
2005	106.68	微景气	−2.10
2006	115.33	相对景气	8.10
2007	119.39	相对景气	3.52
2008	107.56	微景气	−9.91
2009	115.01	相对景气	6.93
2010	122.28	较为景气	6.32
2011	119.01	相对景气	−2.68
2012	115.32	相对景气	−3.09
2013	115.46	相对景气	0.12
2014	116.52	相对景气	0.92
2015	114.48	相对景气	−1.75
2016	119.24	相对景气	4.16
2017	118.98	相对景气	−0.21
2018	111.26	相对景气	−6.49
2019	106.93	微景气	−3.89
2020	105.21	微景气	−1.61
2021	111.66	相对景气	6.13

从深圳证券交易所上市公司景气指数变化来看，深圳证券交易所上市公司景气指数趋势线出现缓缓上行的趋势。2001 年为历年中最低，此后一

路上行，于2010年创下历年中最高，指数为122.28；从2011年开始，深圳证券交易所上市公司景气指数开始步入下行趋势，于2020年创下历年中的第二个低点，指数为105.21。从深圳证券交易所上市公司景气指数的增长率来看，有10年的增长率为正，10年的增长率为负。2006年增长率为8.10%，为历年中最高；2008年增长率为－9.91%，为历年中最低。

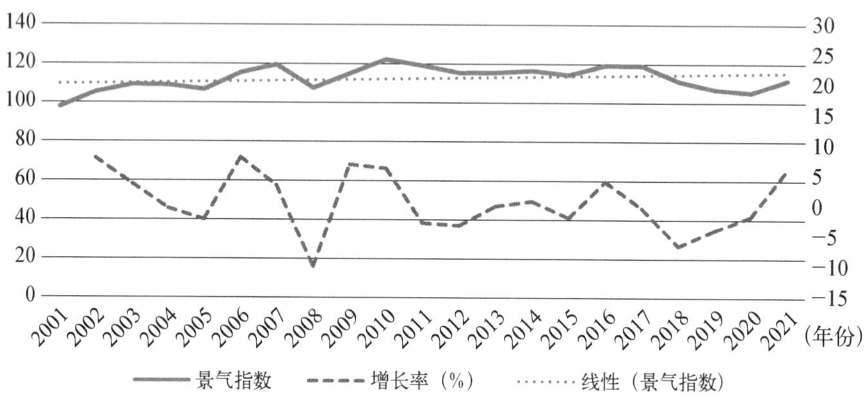

图6－2　深圳证券交易所上市公司景气指数及增长率(2001—2021)

三、深圳证券交易所上市公司景气指数明显强于上海证券交易所

上海证券交易所和深圳证券交易所上市公司景气指数之间存在明显的差异，总体上看，深圳证券交易所上市公司景气指数大多数年份都要强于上海证券交易所上市公司景气指数。在2008年前，上海证券交易所上市公司景气指数与深圳证券交易所上市公司景气指数互有高低，两者是纠缠在一起的两条折线，这个阶段难以看出两个市场上市公司景气指数之间的明显差异。但是从2009年至2017年，两个市场的上市公司景气指数则开始出现明显的分化，深圳证券交易所上市公司景气指数明显高于上海证券交易所上市公司景气指数。从2018年至2021年，上海证券交易所上市公司景气指数反超深圳证券交易所，有3年强于深圳证券交易所上市公司景气指数。

出现上述现象的原因在于，2009年10月30日，在深圳证券交易所正式推出创业板，大量的创业板公司加入交易市场，创业板公司一般都具有高成长性，发展前景广阔，从而拉升了深圳证券交易所上市公司景气指数的总体水平。2004 年在深圳证券交易所推出中小板的时候，还是没有打破沪深两个交易所之间的平衡，自从深圳证券交易所推出创业板后，两个交易所之间的平衡被强制打破，从此出现了深圳证券交易所明显强于上海证券交易所的现象。因为在大力推行中小板和创业板的时候，主板上市公司（分别在上海和深圳两个交易所上市）发行的速度明显下降。根据经验，新上市的公司一般都处于高速成长期，其各类指标明显好于一些上市年限较长的上市公司，有大量新公司上市的深圳证券交易所的景气指数明显会进一步提升，因此反映在上市公司景气指数上，深圳证券交易所上市公司景气指数明显高于上海证券交易所上市公司。2018 年开始上海证券交易所上市的公司明显增多，特别是 2019 年开始，大量的科创板上市公司在上海证券交易所上市，为上海证券交易所注入了新的力量，两个交易所之间的上市公司数量差距也在进一步缩小，因此上海证券交易所上市公司景气指数反而开始强于深圳证券交易所上市公司景气指数。

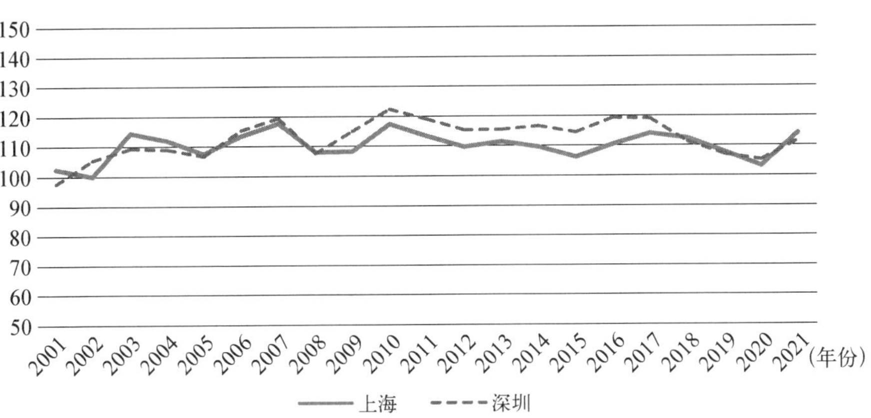

图 6-3　上海证券交易所与深圳证券交易所上市公司景气指数比较(2001—2021)

第二节　三大经济圈上市公司景气指数

本节从长三角、珠三角、京津冀三大经济圈的角度来分析其区域范围内的上市公司景气指数，以及对三大区域内的上市公司景气指数进行比较。

一、长三角上市公司景气指数

长三角作为中国经济增长的重要区域，主要包括上海、浙江、江苏、安徽三省一市，其上市公司数量也是最多的一个区域。其上市公司分别在上海证券交易所和深圳证券交易所上市，21年中，长三角上市公司的景气指数均位于临界值100之上。长三角上市公司2001年、2005年、2009年、2019年、2020年的景气指数分别为102.31、107.10、109.91、108.87、108.55，均位于"微景气"区间；2002年、2003年、2004年、2006年、2007年、2008年、2010年、2011年、2012年、2013年、2014年、2015年、2016年、2017年、2018年、2021年的景气指数分别为111.45、112.83、111.03、111.47、115.32、119.56、117.99、116.05、112.59、114.53、115.76、113.97、118.40、116.15、110.98、115.22，均位于"相对景气"区间。

表6-3 长三角上市公司景气指数(2001—2021)

年份	景气指数	景气状况	增长率(%)
2001	102.31	微景气	
2002	111.45	相对景气	8.94
2003	112.83	相对景气	1.23
2004	111.03	相对景气	−1.60
2005	107.10	微景气	−3.54
2006	111.47	相对景气	4.08
2007	115.32	相对景气	3.45
2008	119.56	微景气	3.68
2009	109.91	微景气	−8.08
2010	117.99	相对景气	7.35
2011	116.05	相对景气	−1.64

续　表

年份	景气指数	景气状况	增长率(%)
2012	112.59	相对景气	−2.98
2013	114.53	相对景气	1.72
2014	115.76	相对景气	1.07
2015	113.97	相对景气	−1.55
2016	118.40	相对景气	3.89
2017	116.15	相对景气	−1.90
2018	110.98	相对景气	−4.45
2019	108.87	微景气	−1.91
2020	108.55	微景气	−0.29
2021	115.22	相对景气	6.14

从长三角上市公司景气指数变化来看，2001 年(102.31)的景气指数最低，次低点出现在 2005 年(107.10)；2008 年(119.56)的景气指数最高，次高点出现在 2016 年(118.40)。景气指数呈现出缓缓上行的趋势，在 2016 年前底部逐步抬高，从 2017 年开始出现较大幅度的下行。数据表明，长三角

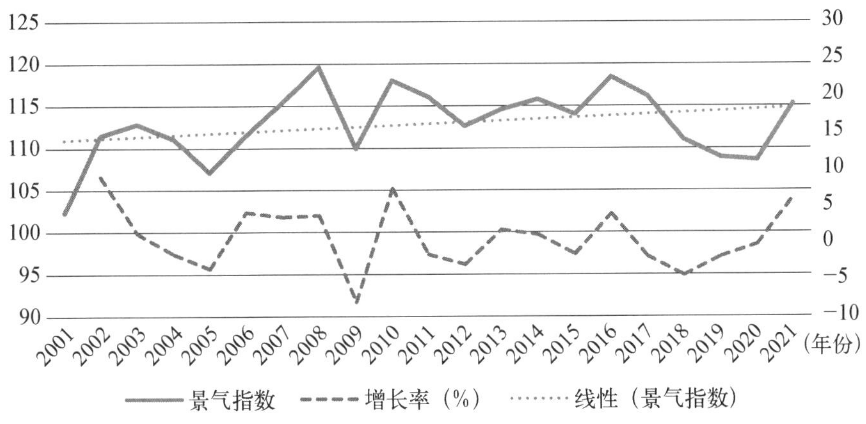

图 6－4　长三角上市公司景气指数及增长率(2001—2021)

作为中国经济最为活跃的区域之一，区域内上市公司发展状况较好，并且呈现出越来越好的趋势，这主要得益于长三角区域经济发达、市场需求大、区域内高校和科研院所云集、人才资源丰富、科技创新能力强。从长三角上市公司景气指数历年增长率来看，有10年的增长率为正，10年的增长率为负。2002年增长率为8.94%，为历年中最高；2009年增长率为－8.08%，为历年中最低。

二、珠三角上市公司景气指数

珠三角上市公司的景气指数均位于临界值100之上。珠三角作为中国经济增长最为活跃的区域之一，上市公司数量众多且景气度高，成为拉动中国经济增长的重要引擎之一。珠三角上市公司2001年、2005年、2019年、2020年的景气指数分别为103.17、109.38、107.59、105.47，均位于"微景气"区间；2002年、2003年、2004年、2006年、2007年、2009年、2011年、2012年、2013年、2014年、2015年、2018年、2021年的景气指数分别为112.24、117.39、111.05、114.69、118.73、114.14、119.96、116.93、118.62、119.68、119.09、113.85、110.72，均位于"相对景气"区间；2008年、2010年、2016年、2017年的景气指数分别为125.19、125.41、122.83、122.42，均位于"较为景气"区间。

表6-4 珠三角上市公司景气指数(2001—2021)

年份	景气指数	景气状况	增长率(%)
2001	103.17	微景气	
2002	112.24	相对景气	8.78
2003	117.39	相对景气	4.59
2004	111.05	相对景气	－5.41
2005	109.38	微景气	－1.50
2006	114.69	相对景气	4.85
2007	118.73	相对景气	3.52
2008	125.19	较为景气	5.44

续　表

年份	景气指数	景气状况	增长率(%)
2009	114.14	相对景气	−8.82
2010	125.41	较为景气	9.87
2011	119.96	相对景气	−4.34
2012	116.93	相对景气	−2.53
2013	118.62	相对景气	1.44
2014	119.68	相对景气	0.90
2015	119.09	相对景气	−0.50
2016	122.83	较为景气	3.14
2017	122.42	较为景气	−0.33
2018	113.85	相对景气	−7.00
2019	107.59	微景气	−5.50
2020	105.47	微景气	−1.97
2021	110.72	相对景气	4.98

从珠三角上市公司景气指数变化来看，其趋势线基本上是水平的。珠三角上市公司景气指数最低的是 2001 年，指数为 103.17，从 2002 年开始缓

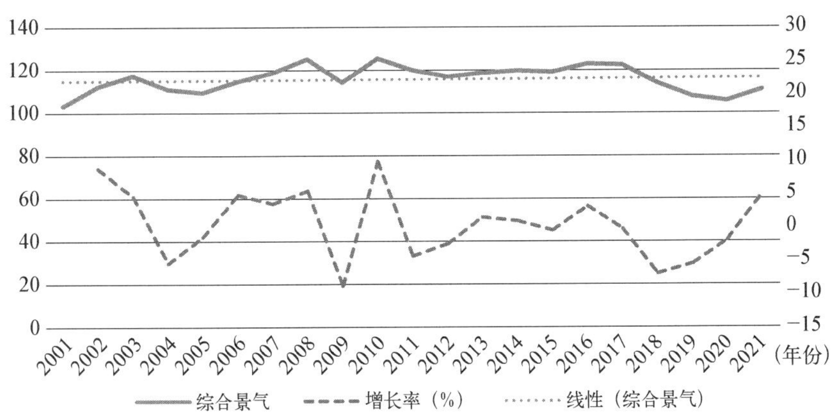

图 6－5　珠三角上市公司景气指数及增长率(2001—2021)

缓上行，于2010年创下历年中最高，景气指数为125.41；然后又开始步入下行通道，于2020年，创下历年中的第二个低点，指数为105.47。从珠三角上市公司景气指数历年增长率来看，有10年的增长率为正，10年的增长率为负。2010年增长率为9.87%，为历年中最高；2009年增长率为－8.82%，为历年中最低。

三、京津冀上市公司景气指数

京津冀上市公司景气指数均位于临界值100之上。京津冀上市公司2001年、2002年、2003年、2004年、2005年、2019年、2020年的景气指数分别为101.41、107.45、109.96、109.40、107.16、108.90、102.04，均位于"微景气"区间；2006年、2007年、2008年、2009年、2013年、2014年、2015年、2016年、2017年、2018年、2021年的景气指数分别为114.53、118.39、111.71、115.73、119.55、118.65、114.60、117.09、115.82、112.89、110.14，均位于"相对景气"区间；2010年、2011年、2012年的景气指数分别为121.79、120.68、120.43，均位于"较为景气"区间。

表6－5　京津冀上市公司景气指数(2001—2021)

年份	景气指数	景气状况	增长率(%)
2001	101.41	微景气	
2002	107.45	微景气	5.95
2003	109.96	微景气	2.33
2004	109.40	微景气	－0.51
2005	107.16	微景气	－2.04
2006	114.53	相对景气	6.87
2007	118.39	相对景气	3.37
2008	111.71	相对景气	－5.64
2009	115.73	相对景气	3.60
2010	121.79	较为景气	5.23

续　表

年份	景气指数	景气状况	增长率(%)
2011	120.68	较为景气	−0.91
2012	120.43	较为景气	−0.21
2013	119.55	相对景气	−0.73
2014	118.65	相对景气	−0.76
2015	114.60	相对景气	−3.41
2016	117.09	相对景气	2.18
2017	115.82	相对景气	−1.09
2018	112.89	相对景气	−2.53
2019	108.90	微景气	−3.54
2020	102.04	微景气	−6.30
2021	110.14	相对景气	7.94

从京津冀上市公司景气指数变化来看,其趋势线几乎是一条水平的直线,表明京津冀上市公司景气指数走势较为平稳。京津冀上市公司 2001 年的景气指数为 101.41,为历年中最低,从 2002 年开始一路上行,于 2010 年

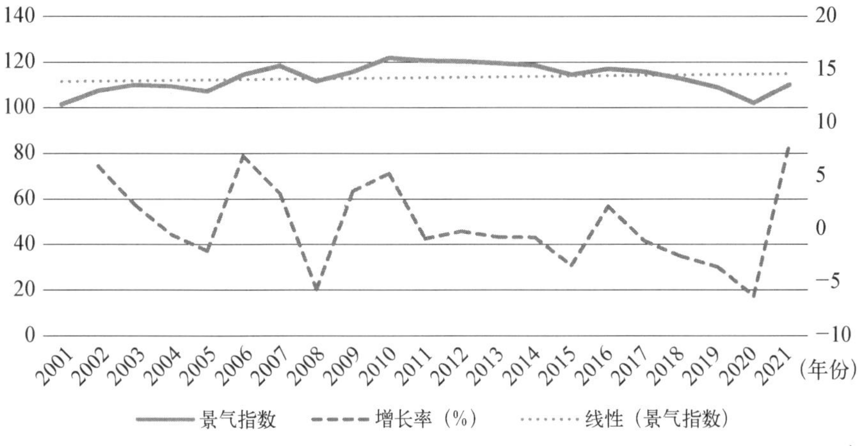

图 6-6　京津冀上市公司景气指数及增长率(2001—2021)

达到历年中最高，指数为121.79，此后又进入下行通道，于2020年创下历年中的第二个低点，指数为102.04，2020年全球新冠疫情同样对京津冀上市公司带来了不小的负面影响。从京津冀上市公司景气指数历年增长率来看，有8年的增长率为正，12年的增长率为负。2021年增长率为7.94%，为历年中最高；2020年增长率为－6.30%，为历年中最低。

四、三大经济圈上市公司景气指数比较

长三角、珠三角、京津冀作为中国经济最为发达的三大经济圈，经济发展速度快，企业活力强，上市公司众多，上市公司数量占全部上市公司的60%多，成为支撑三大经济圈经济高速增长的重要推动力量。从图6-7可以看出，珠三角上市公司景气指数大多数情况下都在长三角和京津冀上市公司景气指数之上运行，成为三大经济圈中景气指数最强的区域。长三角上市公司景气指数则和京津冀上市公司景气指数纠缠交叉运行，互有高点。从三大经济圈景气指数的走势来看，呈现出了一定程度上的一致性，大多数情况下同时处于上行或下行通道，除了2008年外，其余年份均没有出现大幅度的反向走势，表明了三大经济圈受到外部宏观经济环境以及全球经济的影响，具有高度的一致性，比如2020年，由于受到全球新冠疫情的不利影响，三大经济圈上市公司均受到不同程度的影响，导致三大经济圈上市公司景气指数均为近10多年来的最低。

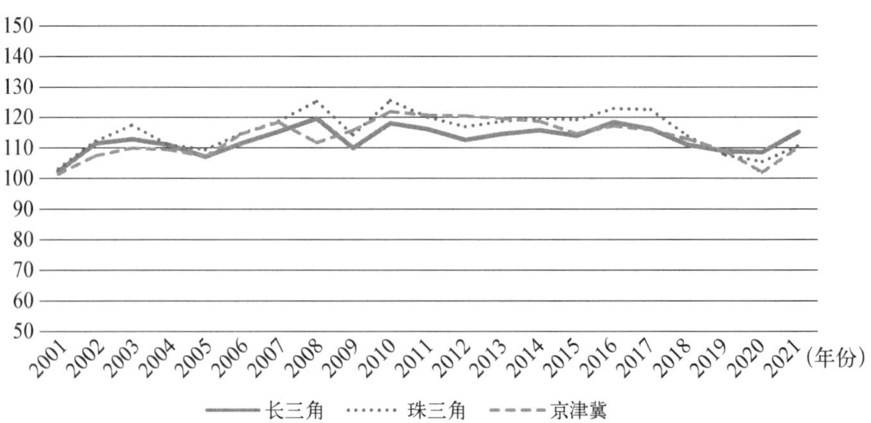

图6-7　三大经济圈上市公司景气指数比较(2001—2021)

珠三角处于改革开放的前沿地带，经济发展实力强劲，外向型经济特征更为明显，在改革开放进入深化的发展阶段，其经济发展潜力得到了更加强大的激活，表现在上市公司景气指数强于长三角和京津冀两大经济圈的上市公司。

第三节　主要行业上市公司景气指数

全部上市公司包含 113 个细分行业，本节选择了上市公司数量排名靠前的，或者是一些新兴产业的细分行业，对它们的景气指数进行分析。总共选取了 9 个细分行业，分别是电气设备、软件服务、元器件、化工原料、汽车配件、通信设备、半导体、互联网和生物制药。

一、电气设备业上市公司景气指数

电气设备业上市公司景气指数有 2 年位于临界值 100 之下，其余 19 年均位于临界值 100 之上。电气设备业上市公司 2001 年、2002 年的景气指数分别为 80.95、98.37，表明 2001 年和 2002 年电气设备业上市公司景气状况并不佳，其中 2001 年景气指数处于“相对不景气”区间，2002 年处于“微弱不景气”区间。电气设备业上市公司 2018 年、2019 年的景气指数分别为 105.40、109.53，均位于“微景气”区间；2003 年、2004 年、2005 年、2007 年、2011 年、2012 年、2017 年、2020 年、2021 年的景气指数分别为 118.08、117.88、111.90、119.93、117.54、117.22、115.46、113.41、117.50，均位于“相对景气”区间；2006 年、2008 年、2009 年、2010 年、2013 年、2014 年、2015 年、2016 年的景气指数分别为 121.01、122.10、126.01、120.69、122.30、120.34、123.62、120.92，均位于“较为景气”区间。

表 6-6　电气设备业上市公司景气指数(2001—2021)

年份	景气指数	景气状况	增长率(%)
2001	80.95	相对不景气	
2002	98.37	微弱不景气	21.51

续 表

年份	景气指数	景气状况	增长率(%)
2003	118.08	相对景气	20.04
2004	117.88	相对景气	−0.17
2005	111.90	相对景气	−5.07
2006	121.01	较为景气	8.14
2007	119.93	相对景气	−0.89
2008	122.10	较为景气	1.81
2009	126.01	较为景气	3.20
2010	120.69	较为景气	−4.22
2011	117.54	相对景气	−2.61
2012	117.22	相对景气	−0.27
2013	122.30	较为景气	4.34
2014	120.34	较为景气	−1.61
2015	123.62	较为景气	2.73
2016	120.92	较为景气	−2.18
2017	115.46	相对景气	−4.52
2018	105.40	微景气	−8.72
2019	109.53	微景气	3.93
2020	113.41	相对景气	3.54
2021	117.50	相对景气	3.60

从电气设备业上市公司景气指数变化来看，景气之上从 2001 年逐步上行，到 2009 年创下 21 年中的最高点(126.01)，然后从 2010 年开始逐年下行，到 2018 年创下历年中的第二个低点，指数为 105.40。但是总体来看，电气设备业上市公司的景气指数趋势线是从左至右呈现出缓缓上行的趋势。

从电气设备业上市公司景气指数历年增长率来看，有 10 年的增长率为正，10 年的增长率为负。2002 年增长率为 21.51%，为历年中最高；2018 年增长率为−8.72%，为历年中最低。数据表明，电气设备业上市公司总体运行不错，除了 2001 年和 2002 年两年外，其余年份均还不错，从 2003—2016 年的 10 多年中，电气设备业上市公司景气指数均位于高位运行，均在“相对景气”和“较为景气”区间。

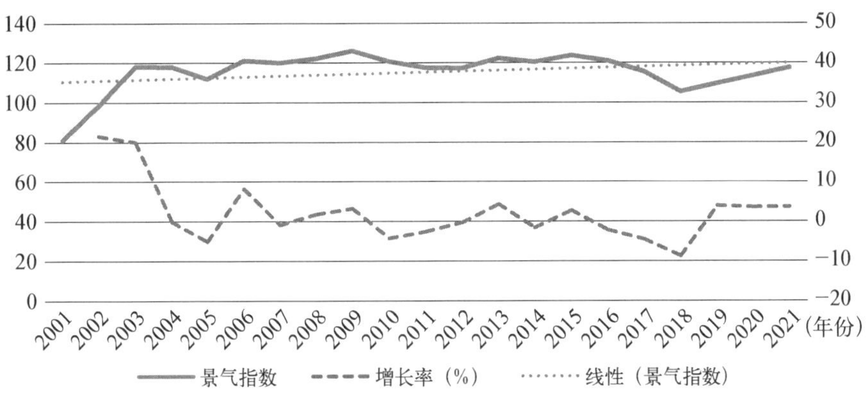

图 6－8　电气设备业上市公司景气指数及增长率(2001—2021)

二、软件服务业上市公司景气指数

随着证券市场规模的不断扩大，软件服务业上市公司也获得了快速的发展，并且软件服务业上市公司的景气指数有不少年份处于“较为景气”区间。除了 2001 年(89.68)位于临界值 100 之下，处于“相对不景气”区间外，其余年份均位于临界值 100 之上。软件服务业上市公司 2002 年、2004 年、2005 年、2021 年的景气指数分别为 110.00、106.72、107.55、107.13，均位于“微景气”区间；2006 年、2008 年、2009 年、2013 年、2017 年、2018 年、2019 年、2020 年的景气指数分别为 110.45、118.21、116.79、119.69、119.73、111.50、116.93、110.64，均位于“相对景气”区间；2003 年、2007 年、2010 年、2011 年、2012 年、2014 年、2015 年、2016 年的景气指数分别为 122.86、126.20、126.53、132.24、124.50、120.97、125.84、125.23，均位于“较为景气”区间。

表6-7　软件服务业上市公司景气指数(2001—2021)

年份	景气指数	景气状况	增长率(%)
2001	89.68	相对不景气	
2002	110.00	微景气	22.65
2003	122.86	较为景气	11.69
2004	106.72	微景气	−13.13
2005	107.55	微景气	0.78
2006	110.45	相对景气	2.69
2007	126.20	较为景气	14.27
2008	118.21	相对景气	−6.34
2009	116.79	相对景气	−1.20
2010	126.53	较为景气	8.34
2011	132.24	较为景气	4.52
2012	124.50	较为景气	−5.86
2013	119.69	相对景气	−3.86
2014	120.97	较为景气	1.07
2015	125.84	较为景气	4.03
2016	125.23	较为景气	−0.49
2017	119.73	相对景气	−4.39
2018	111.50	相对景气	−6.87
2019	116.93	相对景气	4.87
2020	110.64	相对景气	−5.37
2021	107.13	微景气	−3.18

从软件服务业上市公司景气指数变化来看，总体上呈现出缓慢上行的趋势。最低点为 2001 年，指数为 89.68；最高点在 2011 年，指数为 132.24。从 2002 年开始，软件服务业上市公司景气指数慢慢上行，于 2011 年创下历年中高点，然后一路下行，于 2021 年创下近 10 多年来的最低，指数为 107.13。从软件服务业上市公司景气指数历年增长率来看，有 10 年的增长率为正，10 年的增长率为负。2002 年增长率为 22.65%，为历年中最高；2004 年增长率为－13.13%，为历年中最低。数据表明，软件服务业上市公司总体运行不错，整个行业景气状况不错，除了少数几年外，大多数年份均在“相对景气”和“较为景气”区间运行。

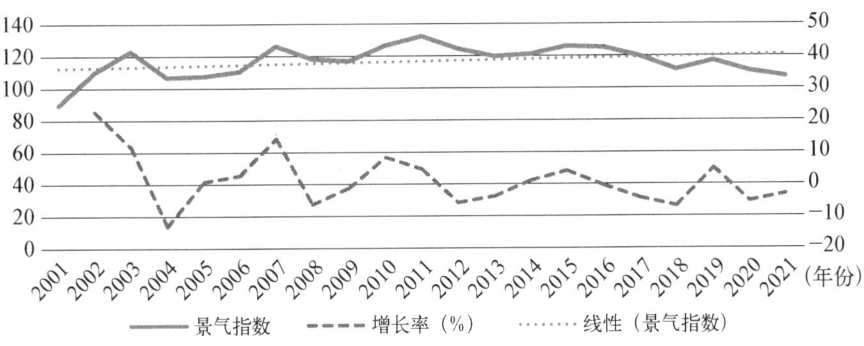

图 6－9　软件服务业上市公司景气指数及增长率(2001—2021)

三、元器件业上市公司景气指数

元器件业上市公司景气指数有 2 年位于临界值 100 之下，其余 19 年均位于临界值 100 之上。元器件业上市公司 2001 年、2009 年的景气指数分别为 91.84、95.95，均位于“微弱不景气”区间；2005 年、2006 年、2008 年、2012 年的景气指数分别为 101.13、109.31、101.26、107.49，均位于“微景气”区间；2002 年、2004 年、2007 年、2011 年、2013 年、2014 年、2018 年、2019 年、2020 年、2021 年的景气指数分别为 112.70、114.51、111.52、118.92、115.14、118.82、118.89、112.68、112.68、117.27，均位于“相对景气”区间；2003 年、2010 年、2015 年、2016 年、2017 年、2021 年的景气指数分别为 120.34、122.93、120.33、127.21、125.95、121.88，均位于“较为景气”区间。

表6-8 元器件业上市公司景气指数(2001—2021)

年份	景气指数	景气状况	增长率(%)
2001	91.84	微景气	
2002	112.70	相对景气	22.72
2003	120.34	较为景气	6.78
2004	114.51	相对景气	−4.85
2005	101.13	微景气	−11.68
2006	109.31	微景气	8.08
2007	111.52	相对景气	2.03
2008	101.26	微景气	−9.20
2009	95.95	微弱不景气	−5.24
2010	122.93	较为景气	28.12
2011	118.92	相对景气	−3.26
2012	107.49	微景气	−9.61
2013	115.14	相对景气	7.12
2014	118.82	相对景气	3.20
2015	120.33	较为景气	1.27
2016	127.21	较为景气	5.72
2017	125.95	较为景气	−0.99
2018	118.89	相对景气	−5.61
2019	112.68	相对景气	−5.22
2020	117.27	相对景气	4.08
2021	121.88	较为景气	3.93

从元器件业上市公司景气指数变化来看，总体上呈现出缓慢上行的趋势。2001 年为历年中的最低点，此后经历上行与下行交替反复，于 2016 年创下历年中的最高，指数为 127.21，从 2017 年开始又进入下行通道。元器件业上市公司景气指数位于"相对景气"区间的年份最多，相比较而言要弱于电气设备业和软件服务业两个行业。从元器件业上市公司景气指数历年增长率来看，有 11 年的增长率为正，9 年的增长率为负。2010 年增长率为 28.12%，为历年中最高；2005 年增长率为－11.68%，为历年中最低。

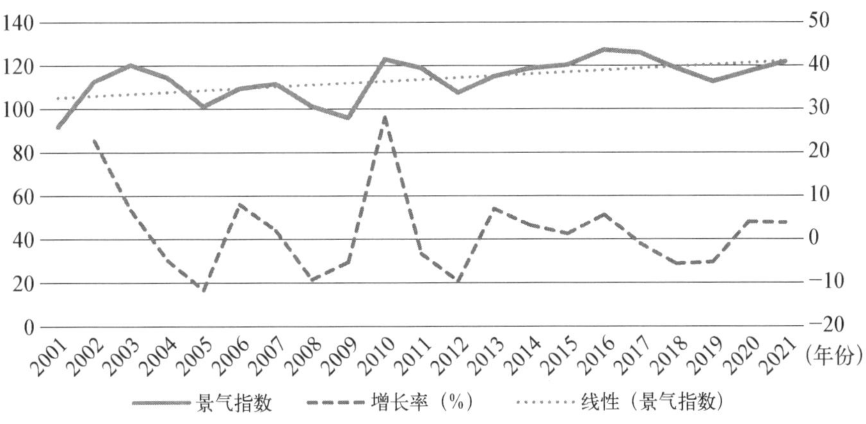

图 6－10　元器件业上市公司景气指数及增长率(2001—2021)

四、化工原料业上市公司景气指数

化工原料业上市公司景气指数有 2 年位于临界值 100 之下，其余 19 年均位于临界值 100 之上。化工原料业上市公司 2001 年、2009 年的景气指数分别为 94.18、98.29，均位于"微弱不景气"区间；2008 年、2012 年、2013 年、2020 年的景气指数分别为 104.02、108.68、108.69、107.40，均位于"微景气"区间；2002 年、2004 年、2005 年、2006 年、2007 年、2010 年、2011 年、2015 年、2019 年的景气指数分别为 110.23、115.83、113.65、111.08、117.61、119.65、119.12、110.53、111.30，均位于"相对景气"区间；2003 年、2014 年、2016 年、2017 年、2018 年、2021 年的景气指数分别为 121.47、120.63、120.71、126.13、121.20、127.12，均位于"较为景气"区间。

表6-9　化工原料业上市公司景气指数(2001—2021)

年份	景气指数	景气状况	增长率(%)
2001	94.18	微景气	
2002	110.23	相对景气	17.04
2003	121.47	较为景气	10.20
2004	115.83	相对景气	−4.64
2005	113.65	相对景气	−1.88
2006	111.08	相对景气	−2.26
2007	117.61	相对景气	5.88
2008	104.02	微景气	−11.55
2009	98.29	微弱不景气	−5.51
2010	119.65	相对景气	21.73
2011	119.12	相对景气	−0.44
2012	108.68	微景气	−8.77
2013	108.69	微景气	0.01
2014	120.63	较为景气	10.98
2015	110.53	相对景气	−8.38
2016	120.71	较为景气	9.21
2017	126.13	较为景气	4.49
2018	121.20	较为景气	−3.91
2019	111.30	相对景气	−8.17
2020	107.40	微景气	−3.50
2021	127.12	较为景气	18.35

从化工原料业上市公司景气指数变化来看，呈现出缓缓上行的趋势。2001 年的景气指数为 94.18，为历年中最低；2009 年的景气指数为 98.29，为历年中第二低点；2021 年的景气指数为 127.12，为历年中的最高点；2017 年的景气指数为 126.13，为历年中的第二个高点；2003 年的景气指数为 121.47，为历年中的第三个高点。总体上来看，后 10 年的景气指数要强于前 10 年，表明了化工原料业上市公司的发展趋势向好，行业景气度趋强。从化工原料业上市公司景气指数历年增长率来看，有 9 年的增长率为正，11 年的增长率为负。2010 年增长率为 21.73%，为历年中最高；2008 年增长率为－11.55%，为历年中最低。

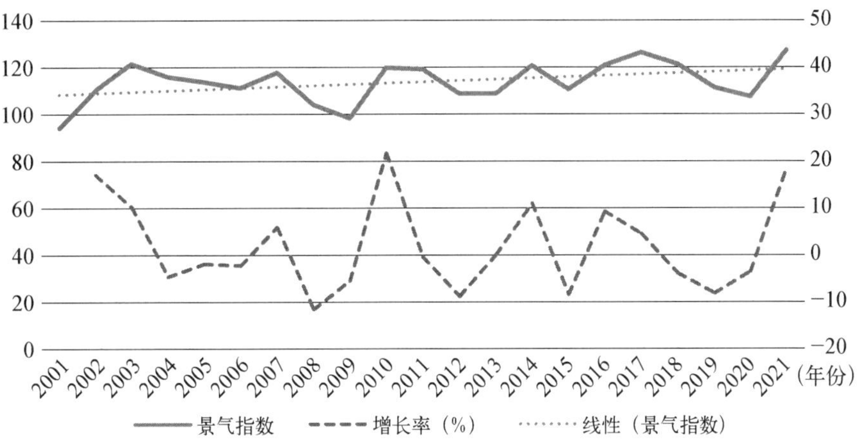

图 6－11　化工原料业上市公司景气指数及增长率(2001—2021)

五、汽车配件业上市公司景气指数

汽车配件业上市公司景气指数有 20 年位于临界值 100 之上，仅有一年位于临界值 100 之下。汽车配件业上市公司 2019 年的景气指数为 92.71，位于“微弱不景气”区间；2001 年、2004 年、2005 年、2008 年、2020 年的景气指数分别为 101.95、108.62、102.38、107.26、103.47，均位于“微景气”区间；2003 年、2006 年、2009 年、2011 年、2012 年、2015 年、2018 年、2021 年的景气指数分别为 110.53、113.69、115.61、112.03、110.23、119.89、110.20、113.43，均位于“相对景气”区间；2002 年、2007 年、2010 年、2013 年、2014

年、2016年、2017年的景气指数分别为121.03、128.45、123.99、122.86、126.50、133.19、129.73，均位于“较为景气”区间。

表6-10　汽车配件业上市公司景气指数(2001—2021)

年份	景气指数	景气状况	增长率(%)
2001	101.95	微景气	
2002	121.03	较为景气	18.72
2003	110.53	相对景气	−8.68
2004	108.62	微景气	−1.73
2005	102.38	微景气	−5.74
2006	113.69	相对景气	11.04
2007	128.45	较为景气	12.98
2008	107.26	微景气	−16.49
2009	115.61	相对景气	7.78
2010	123.99	较为景气	7.25
2011	112.03	相对景气	−9.64
2012	110.23	相对景气	−1.61
2013	122.86	较为景气	11.46
2014	126.50	较为景气	2.96
2015	119.89	相对景气	−5.22
2016	133.19	较为景气	11.09
2017	129.73	较为景气	−2.60
2018	110.20	相对景气	−15.05
2019	92.71	微弱不景气	−15.87
2020	103.47	微景气	11.60
2021	113.43	相对景气	9.63

从汽车配件业上市公司景气指数变化来看，基本上呈现出持平的趋势。2016 年景气指数为 133.19，为历年中最高；2019 年景气指数为 92.71，为历年中最低。从图 6－12 可以看出，前 10 多年，汽车配件业上市公司景气指数较为稳定，变化幅度没有最近几年大，从 2016—2019 年的 3 年中，汽车配件业上市公司景气指数出现较大幅度的下降，但是从 2020 年、2021 年 2 年，景气指数又出现了较大幅度的回升，从“微弱不景气”区间进入“相对景气”区间，表明了汽车配件业走出了低谷，行业景气度得到了大幅提升。从汽车配件业上市公司景气指数历年增长率来看，有 10 年的增长率为正，10 年的增长率为负，正好各占一半。2002 年增长率为 18.72％，为历年中最高；2008 年增长率为－16.49％，为历年中最低。

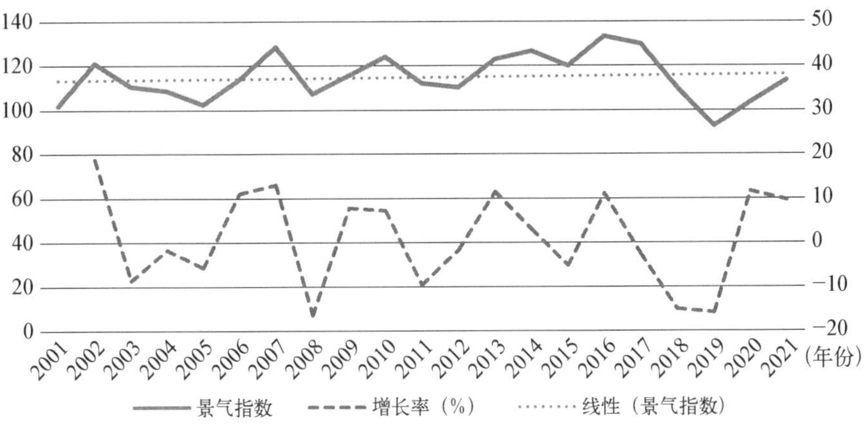

图 6－12　汽车配件业上市公司景气指数及增长率(2001—2021)

六、通信设备业上市公司景气指数

通信设备业上市公司景气指数有 15 年位于临界值 100 之上，6 年位于临界值 100 之下。通信设备业上市公司 2005 年的景气指数为 88.47，位于“相对不景气”区间；2002 年、2003 年、2019 年、2020 年、2021 年的景气指数分别为 92.80、98.52、99.63、95.98、98.82，均位于“微弱不景气”区间；2001 年、2004 年、2006 年、2018 年的景气指数分别为 100.68、101.58、109.00、101.78，均位于“微景气”区间；2007 年、2008 年、2009 年、2012 年、2013 年、2014 年、2015 年、2016 年、2017 年的景气指数分别为 114.41、115.35、

119.57、118.51、111.47、116.78、117.82、117.59、110.24，均位于“相对景气”区间；2010年、2011年的景气指数分别为122.56、120.53，均位于“较为景气”区间。

表6-11 通信设备业上市公司景气指数(2001—2021)

年份	景气指数	景气状况	增长率(%)
2001	100.68	微景气	
2002	92.80	微弱不景气	−7.83
2003	98.52	微弱不景气	6.17
2004	101.58	微景气	3.11
2005	88.47	相对不景气	−12.91
2006	109.00	微景气	23.21
2007	114.41	相对景气	4.96
2008	115.35	相对景气	0.82
2009	119.57	相对景气	3.66
2010	122.56	较为景气	2.50
2011	120.53	较为景气	−1.66
2012	118.51	相对景气	−1.68
2013	111.47	相对景气	−5.94
2014	116.78	相对景气	4.76
2015	117.82	相对景气	0.89
2016	117.59	相对景气	−0.19
2017	110.24	相对景气	−6.25
2018	101.78	微景气	−7.68
2019	99.63	微弱不景气	−2.11

续　表

年份	景气指数	景气状况	增长率(%)
2020	95.98	微弱不景气	−3.66
2021	98.82	微弱不景气	2.96

从化工原料业上市公司景气指数变化来看，总体上呈现出缓慢上升的趋势，表明化工原料业上市公司景气度不断向好。化工原料业上市公司2005年的景气指数为88.47，为历年中最低的一年；2010年的景气指数为122.56，为历年中最高的一年。从化工原料业上市公司景气指数历年增长率来看，有10年的增长率为正，10年的增长率为负。2006年增长率为23.21%，为历年中最高；2005年增长率为−12.91%，为历年中最低。

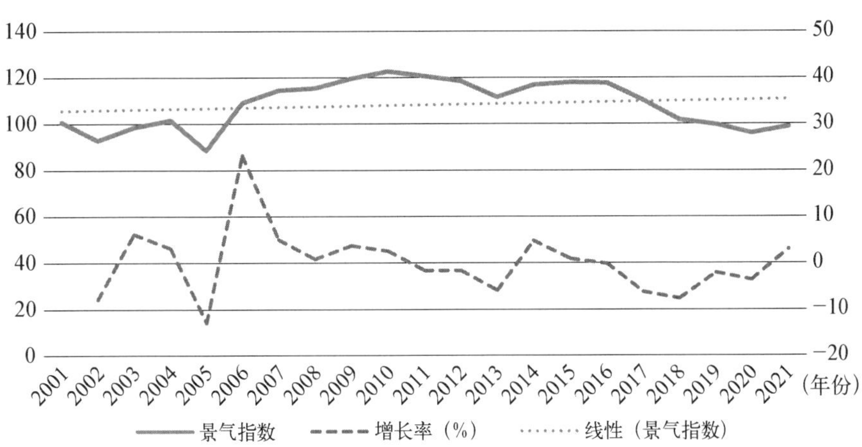

图6-13　通信设备业上市公司景气指数及增长率(2001—2021)

七、半导体业上市公司景气指数

半导体业上市公司景气指数有18年位于临界值100之上，3年位于临界值100之下。半导体业上市公司2001年、2006年、2012年的景气指数分别为97.14、99.48、91.28，均位于“微弱不景气”区间；2002年、2005年、2008年、2009年的景气指数分别为106.67、102.14、101.96、109.11，均位于“微景气”区间；2007年、2011年、2013年、2015年、2019年、2020年的景气指数分别为118.67、115.14、119.17、116.15、111.56、117.97，均位于“相对景气”区间；2003年、2004年、2010年、2014年、2016年、2017年、2018年、2021年的景气指数分别为129.29、120.14、145.00、127.07、128.82、141.18、120.71、135.12，均位于“较为景气”区间。

表6-12　半导体业上市公司景气指数(2001—2021)

年份	景气指数	景气状况	增长率(%)
2001	97.14	微弱不景气	
2002	106.67	微景气	9.80
2003	129.29	较为景气	21.21
2004	120.14	较为景气	−7.07
2005	102.14	微景气	−14.98
2006	99.48	微弱不景气	−2.61
2007	118.67	相对景气	19.29
2008	101.96	微景气	−14.08
2009	109.11	微景气	7.01
2010	145.00	较为景气	32.90
2011	115.14	相对景气	−20.59
2012	91.28	微弱不景气	−20.73
2013	119.17	相对景气	30.56
2014	127.07	较为景气	6.63
2015	116.15	相对景气	−8.60
2016	128.82	较为景气	10.91
2017	141.18	较为景气	9.59
2018	120.71	较为景气	−14.49

续　表

年份	景气指数	景气状况	增长率(%)
2019	111.56	相对景气	−7.59
2020	117.97	相对景气	5.75
2021	135.12	较为景气	14.54

从半导体业上市公司景气指数变化来看，总体上呈现出缓缓上行的趋势，且最近10年的景气指数强于前10年，表明了半导体业的景气指数持续上升，有8年位于“较为景气”区间。半导体业上市公司2010年的景气指数为145.00，为历年中最高；2012年的景气指数为91.28，为历年中最低。从半导体业上市公司景气指数历年增长率来看，有11年的增长率为正，9年的增长率为负。2010年增长率为32.90%，为历年中最高；2012年增长率为−20.73%，为历年中最低。

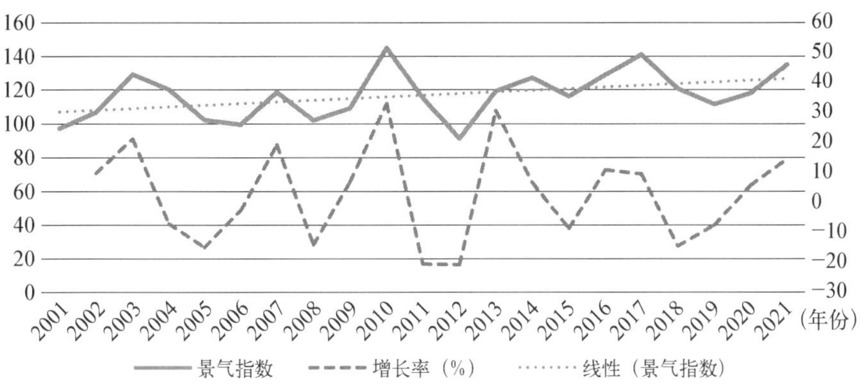

图 6-14　半导体业上市公司景气指数及增长率(2001—2021)

八、互联网业上市公司景气指数

互联网业上市公司景气指数有16年位于临界值100之上，5年位于临界值100之下。互联网业上市公司2006年的景气指数为70.89，位于“较为不景气”区间；2005年的景气指数为87.35，位于“相对不景气”区间；2008年、2014年、2020年、2021年的景气指数分别为98.04、98.16、94.18、93.92，均位于“微弱不景气”区间；2004年、2007年、2009年、2011年、2012年、2013年、2015年、2018年、2019年的景气指数分别为102.65、107.81、108.25、107.86、105.24、103.85、103.37、106.90、100.17，均位于“微景气”区间；2010年、2016年、2017年的景气指数分别为115.61、112.48、116.48，均位于“相对景气”区间；2001年、2002年、2003年的景气指数分别为121.43、127.14、124.29，均位于“较为景气”区间。

表6-13　互联网业上市公司景气指数(2001—2021)

年份	景气指数	景气状况	增长率(%)
2001	121.43	较为景气	
2002	127.14	较为景气	4.71
2003	124.29	较为景气	−2.25
2004	102.65	微景气	−17.41
2005	87.35	相对不景气	−14.91
2006	70.89	较为不景气	−18.84
2007	107.81	微景气	52.07
2008	98.04	微弱不景气	−9.07
2009	108.25	微弱不景气	10.42
2010	115.61	相对景气	6.79
2011	107.86	微景气	−6.70
2012	105.24	微景气	−2.43
2013	103.85	微景气	−1.32
2014	98.16	微弱不景气	−5.48
2015	103.37	微景气	5.31
2016	112.48	相对景气	8.81

续　表

年份	景气指数	景气状况	增长率(%)
2017	116.48	相对景气	3.56
2018	106.90	微景气	−8.23
2019	100.17	微景气	−6.30
2020	94.18	微弱不景气	−5.98
2021	93.92	微弱不景气	−0.27

从互联网业上市公司景气指数变化来看，总体上呈现出缓慢下行的趋势，表明了互联网业在经历过21世纪初的快速发展后，随后步入漫长的低速发展阶段，到目前为止，依然处于发展低谷阶段。互联网业上市公司2002年的景气指数为127.14，为历年中最高；随后一路下行，于2006年创下历年中最低，景气指数为70.89，位于“较为不景气”区间，随后10多年步入恢复之中，景气指数有所回升。从互联网业上市公司景气指数历年增长率来看，有7年的增长率为正，13年的增长率为负。2007年增长率为52.07%，为历年中最高，主要是因为互联网业上市公司2006年景气指数过低，同时互联网业上市公司2007年景气指数出现较大的恢复，从而2007年的增长率为历年中最高；2006年增长率为−18.84%，为历年中最低。

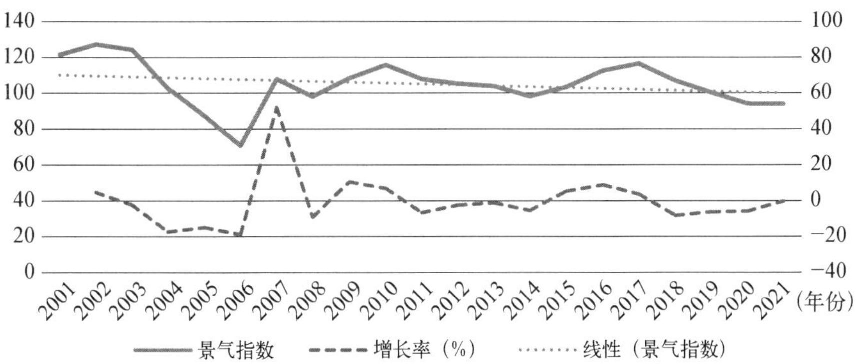

图6-15　互联网业上市公司历年景气指数及增长率(2001—2021)

九、生物制药业上市公司景气指数

生物制药业上市公司景气指数20年位于临界值100之上，仅有1年位于临界值100之下。生物制药业上市公司2001年的景气指数为93.51，位于“微弱不景气”区间；2003年、2004年、2007年、2008年、2009年、2017年、2018年的景气指数分别为111.69、111.94、119.90、116.57、113.93、110.10、112.02，均位于“相对景气”区间；2002年、2005年、2006年、2010年、2011年、2012年、2013年、2014年、2015年、2016年、2019年、2020年、2021年的景气指数分别为125.19、122.24、124.39、121.05、120.86、125.10、123.98、122.71、126.18、125.18、124.87、122.12、123.96，均位于“较为景气”区间。

表6-14 生物制药业上市公司景气指数(2001—2021)

年份	景气指数	景气状况	增长率(%)
2001	93.51	微弱不景气	
2002	125.19	较为景气	33.89
2003	111.69	相对景气	−10.79
2004	111.94	相对景气	0.22
2005	122.24	较为景气	9.21
2006	124.39	较为景气	1.75
2007	119.90	相对景气	−3.61
2008	116.57	相对景气	−2.77
2009	113.93	相对景气	−2.27
2010	121.05	较为景气	6.25
2011	120.86	较为景气	−0.16
2012	125.10	较为景气	3.51
2013	123.98	较为景气	−0.90

续　表

年份	景气指数	景气状况	增长率(%)
2014	122.71	较为景气	−1.02
2015	126.18	较为景气	2.82
2016	125.18	较为景气	−0.79
2017	110.10	相对景气	−12.05
2018	112.02	相对景气	1.74
2019	124.87	较为景气	11.47
2020	122.12	较为景气	−2.20
2021	123.96	较为景气	1.50

从生物制药业上市公司景气指数变化来看，呈现出缓缓上行的趋势，且长期处于高位运行，有 13 年的景气指数位于“较为景气”区间，表明了生物制药业上市公司发展良好，行业景气度持续上升。生物制药业 2002 年的景气指数为 125.19，为历年中最高；2001 年的景气指数为 93.51，为历年中最低，此后近 20 年中，生物制药业的景气指数均在此间运行。从生物制药业上市公司景气指数历年增长率来看，有 10 年的增长率为正，10 年的增长率为负。2002 年增长率为 33.89%，为历年中最高；2017 年增长率为 −12.05%，为历年中最低。

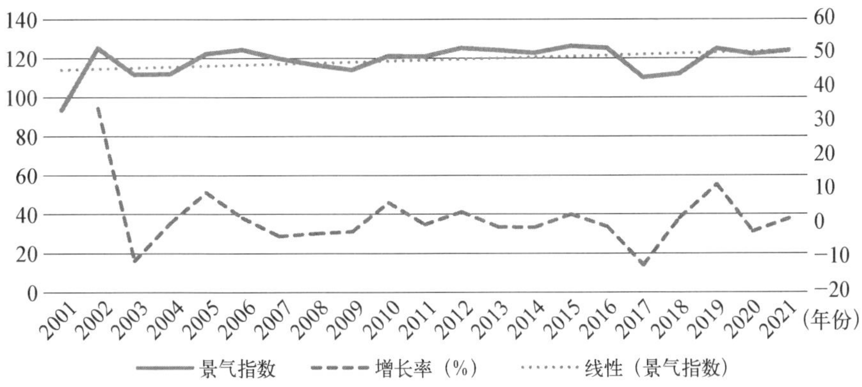

图 6－16　生物制药业上市公司景气指数及增长率(2001—2021)

总体看来,9个细分行业景气指数强弱明显,其中汽车配件业、半导体业、生物制药业景气指数相对较强,所有景气指数中仅仅只有半导体业有2011年(指数为145.00)和2017年(指数为141.18)2年的景气指数在140以上,其余八个行业的任何一年的景气指数均没有超过140的。通信设备业和互联网业景气指数相对较弱,互联网业上市公司2006年的景气指数为70.89,成为唯一位于"较为不景气"区间的年份,其余8个行业上市公司景气指数均没有位于"较为不景气"区间的。同时通信设备业、半导体业、互联网业3个细分行业的景气指数波动幅度远远大于其他6个行业的波动幅度。从数据所反映的情况,可以看出近20年来中国产业发展的趋势,以及产业发展景气度强弱也是显而易见。

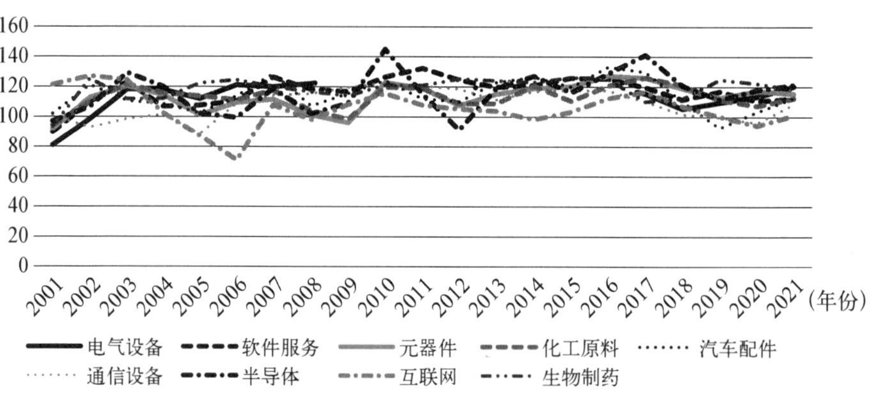

图6-17　中国上市公司9个细分行业景气指数比较(2001—2021)

第七章
2021 年上市公司景气指数横向分析

本章以 2021 年的上市公司作为研究对象，对上市公司景气指数做一个横向的分析，进一步完善和丰富上市公司景气指数的概貌。最后对 2021 年上市公司的景气状况进行全方位的描述，对 2021 年上市公司的分类景气指数，分板块、分行业以及不同省份的景气指数进行比较。

2021 年中国 A 股上市公司景气指数为 112.66，位于“相对景气”区间。7 个分类景气指数中，生产景气指数、盈利景气指数分别为 143.26、121.44，均位于“较为景气”区间；销售景气指数、雇佣景气指数分别为 115.85、114.57，均位于“相对景气”区间；投资景气指数为 105.17，位于“微景气”区间；现金流景气指数、成本景气指数分别为 92.03、96.33，均位于“微弱不景气”区间。数据表明，上市公司生产经营状况较好，盈利能力较强，但在现金流管理和成本管理上还需要进一步加强。

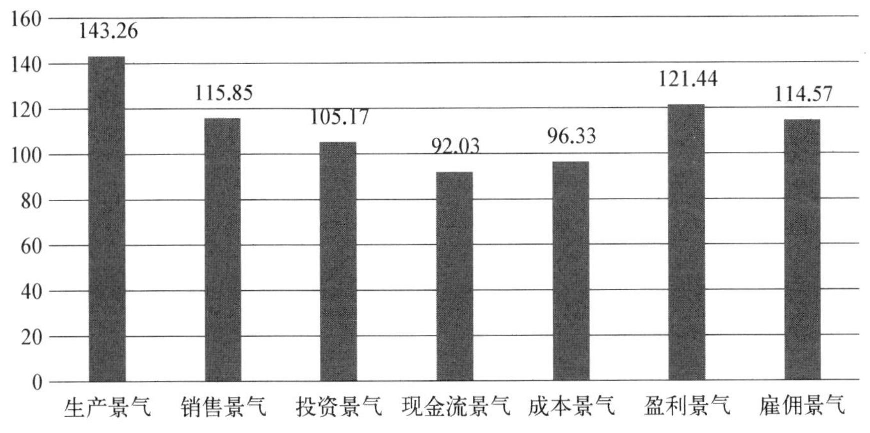

图 7－1　2021 年中国 A 股上市公司分类景气指数

第一节　上市公司分省份景气指数

2021年,各省份上市公司景气指数有3个省份位于临界值100之下,28个省份上市公司景气指数位于临界值之上。湖南上市公司景气指数为120.30,位于“较为景气”区间;海南、黑龙江、辽宁3个省的上市公司景气指数分别为99.91、99.33、95.67,均位于“微弱不景气”区间;重庆、北京、新疆、宁夏、青海、云南、甘肃、吉林、广西的上市公司景气指数分别为109.19、109.09、108.65、108.27、108.05、107.57、103.03、102.64、102.51,均位于“微景气”区间;内蒙古、陕西、安徽、浙江、山东、四川、江苏、山西、贵州、天津、河南、西藏、江西、福建、湖北、河北、广东、上海的上市公司景气指数分别为120.00、119.84、118.58、116.85、116.39、116.17、116.05、115.98、115.90、115.85、115.16、114.81、113.64、113.19、112.66、110.92、110.40、110.35,均位于“相对景气”区间。

表7-1　2021年各省份景气指数

省　份	景气指数	景气状况
广　东	110.40	相对景气
浙　江	116.85	相对景气
江　苏	116.05	相对景气
北　京	109.09	微景气
上　海	110.35	相对景气
山　东	116.39	相对景气
福　建	113.19	相对景气
四　川	116.17	相对景气
安　徽	118.58	相对景气

续　表

省　份	景气指数	景气状况
湖　南	120.30	较为景气
湖　北	112.66	相对景气
河　南	115.16	相对景气
辽　宁	95.67	微弱不景气
河　北	110.92	相对景气
江　西	113.64	相对景气
陕　西	119.84	相对景气
天　津	115.85	相对景气
重　庆	109.19	微景气
新　疆	108.65	微景气
吉　林	102.64	微景气
山　西	115.98	相对景气
云　南	107.57	微景气
广　西	102.51	微景气
黑龙江	99.33	微弱不景气
贵　州	115.90	相对景气
甘　肃	103.03	微景气
海　南	99.91	微弱不景气
内蒙古	120.00	相对景气
西　藏	114.81	相对景气
宁　夏	108.27	微景气
青　海	108.05	微景气

一、较为景气省份

2021年上市公司景气指数位于“较为景气”区间的仅有湖南1个省。2021年湖南上市公司景气指数为120.30,位于“较为景气”区间,是31个省份中景气指数最高的。从7个分类景气指数看,有6个分类景气指数位于临界值100之上,1个分类景气指数位于临界值100之下。2021年湖南上市公司生产景气指数为147.74,位于“较为景气”区间,在7个分类景气指数中位列第一。2021年湖南上市公司现金流景气指数为97.36,均位于“微弱不景气”区间;成本景气指数为101.13,位于“微景气”区间;投资景气指数为116.98,位于“相对景气”区间;销售景气指数、盈利景气指数、雇佣景气指数分别为122.74、128.87、127.26,均位于“较为景气”区间。数据表明,湖南上市公司同样面临着现金流管理的问题,但是湖南上市公司的销售景气指数、盈利景气指数和雇佣景气指数在各省份中排位都较靠前。

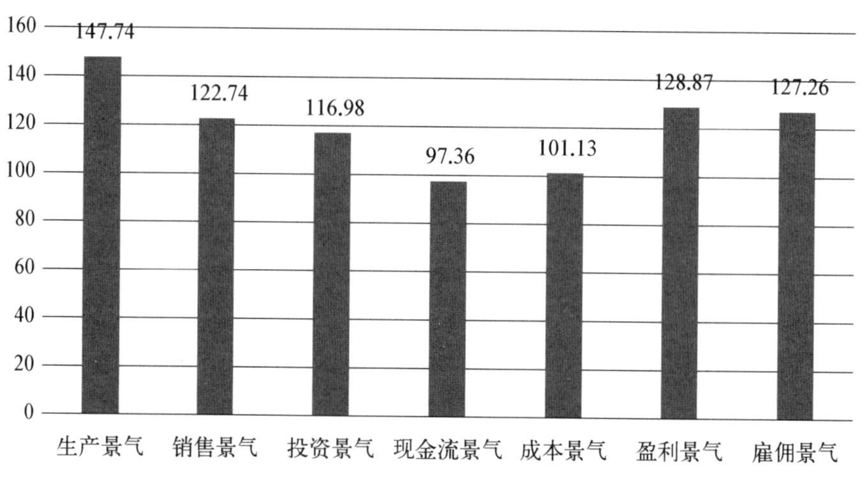

图7-2　2021年湖南上市公司分类景气指数

二、相对景气省份

(一)广东上市公司景气指数

2021年广东上市公司景气指数为110.40,位于“相对景气”区间。7个分类景气指数有5个位于临界值100之上,2个位于临界值100之下。2021年广东上市公司生产景气指数为142.55,处于“较为景气”区间,且在7个分类景气指数中排名第一。2021年广东上市公司现金流景气指数为86.92,位于“相对不景气”区间;成本景气指数为90.38,位于“微弱不景气”区间;销售景气指数、投资景气指数分别为108.80、108.43,均位于“微弱不景气”区间;盈利景气指数、雇佣景气指数分别为115.82、119.90,均位于“相对景气”区间。数据表明,2021年广东上市公司的生产经营状况较好,同时上市公司对员工需求旺盛,盈利能力也不错,但是在现金流管理和成本管理上还有待于进一步提升。

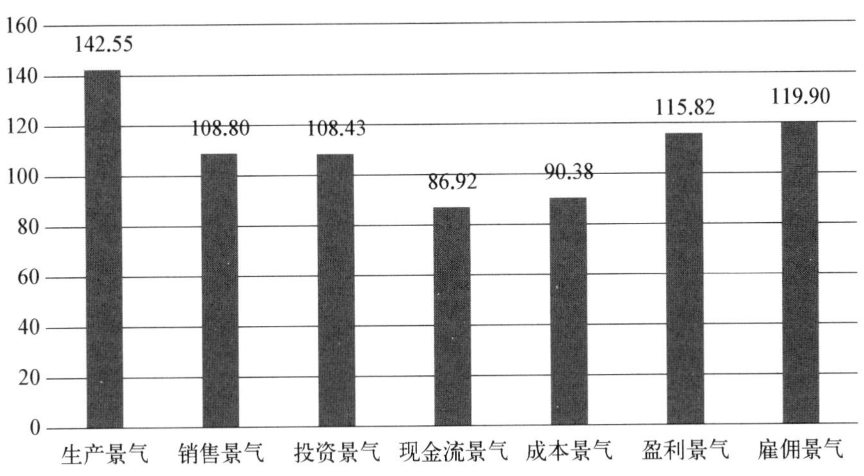

图7-3　2021年广东上市公司分类景气指数

(二) 浙江上市公司景气指数

2021年浙江上市公司景气指数为116.85,位于“相对景气”区间。从分类景气指数看,有5个分类景气指数位于临界值100之上,2个分类景气指数位于临界值100之下。2021年浙江上市公司生产景气指数为153.22,位于“较强景气”区间,在7个分类景气指数中位列第一。2021年浙江上市公司现金流景气指数为84.05,位于“相对不景气”区间;成本景气指数为95.37,位于“微弱不景气”区间;销售景气指数、投资景气指数分别为117.44、114.19,均位于“相对景气”区间;盈利景气指数、雇佣景气指数分别为124.54、129.16,均位于“较为景气”区间。数据表明,浙江作为民营经济最为活跃的省份之一,经济活力强,经济增长后劲足,省内上市公司面临较好的经济发展环境,在31个省份中景气指数排名靠前,同时浙江上市公司

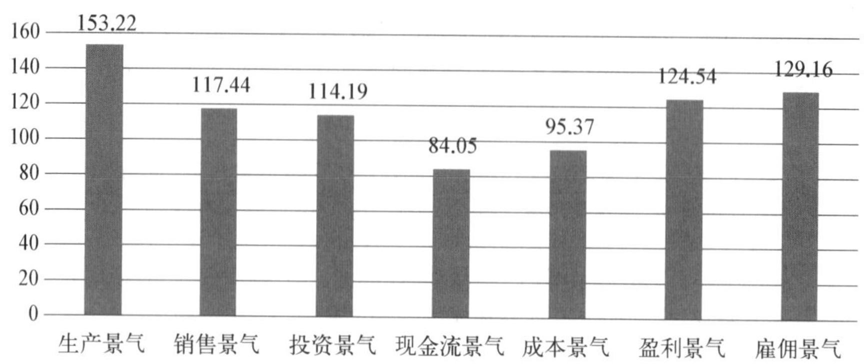

图7－4　2021年浙江上市公司分类景气指数

在现金流管理和成本管理上面临一定的压力。

（三）江苏上市公司景气指数

2021年江苏上市公司景气指数为116.05，位于“相对景气”区间。从分类景气指数看，有5个分类景气指数位于临界值100之上，2个分类景气指数位于临界值100之下。2021年江苏上市公司生产景气指数为150.96，位于“较强景气”区间，在7个分类景气指数中位列第一。2021年江苏上市公司现金流景气指数、成本景气指数分别为92.79、93.56，均位于“微弱不景气”区间；投资景气指数为109.86，位于“微景气”区间；雇佣景气指数为119.52，位于“相对景气”区间；销售景气指数、盈利景气指数分别为120.12、125.53，均位于“较为景气”区间。江苏作为经济发达的沿海城市，上市公司众多，且发展质量较高，2021年上市公司景气指数排名靠前。但是同样面临着现金流管理和成本管

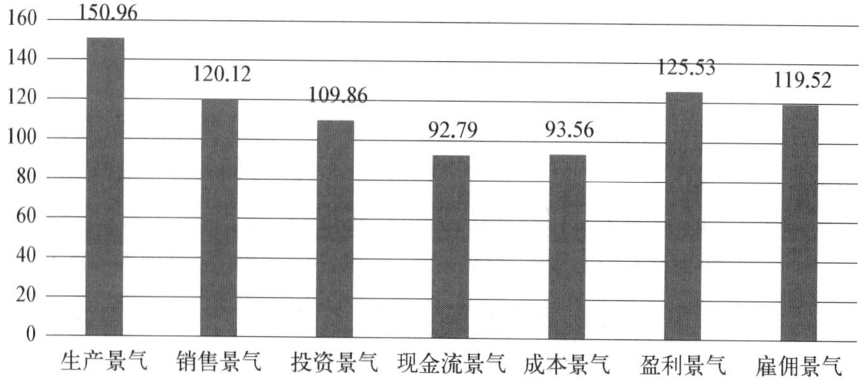

图7－5　2021年江苏上市公司分类景气指数

理上的压力，对上市公司的生产经营造成了一定的影响。

(四) 上海上市公司景气指数

2021 年上海上市公司景气指数为 110.35，位于“相对景气”区间。从分类景气指数看，有 4 个分类景气指数位于临界值 100 之上，3 个分类景气指数位于临界值 100 之下。2021 年上海上市公司生产景气指数为 136.96，位于“较为景气”区间，在 7 个分类景气指数中位列第一。2021 年上海上市公司投资景气指数、现金流景气指数、成本景气指数分别为 97.57、91.76、99.66，均位于“微弱不景气”区间；销售景气指数为 107.53，位于“微景气”区间；雇佣景气指数为 116.76，位于“相对景气”区间；盈利景气指数为 122.23，位于“较为景气”区间。数据表明，上海上市公司在投资、现金流管理、成本管理上有待于进一步提升，同时上海上市公司的销售也需要进一步提升。

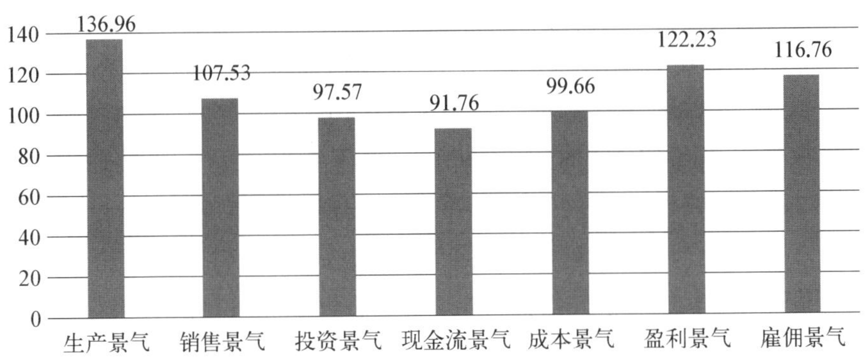

图 7－6　2021 年上海上市公司分类景气指数

(五) 山东上市公司景气指数

2021 年山东上市公司景气指数为 116.39，位于“相对景气”区间。从 7 个分类景气指数看，有 6 个分类景气指数位于临界值 100 之上，1 个分类景气指数位于临界值 100 之下。2021 年山东上市公司生产景气指数为 147.52，位于“较为景气”区间，在 7 个分类景气指数中位列第一。2021 年山东上市公司现金流景气指数为 88.57，位于“相对不景气”区间；成本景气指数为 103.62，位于“微景气”区间；销售景气指数、投资景气指数、雇佣景气指数分别为 117.71、118.57、113.38，均位于“相对景气”区间；盈利景气指数为 125.33，位于“较为景气”区间。山东上市公司成本景气指数位于临界值 100

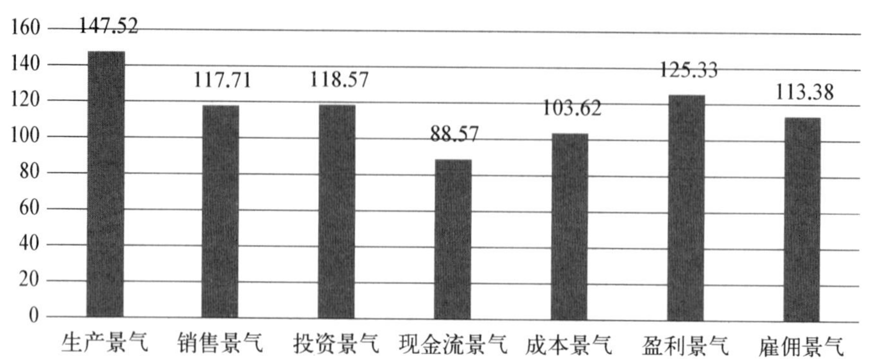

图7－7　2021年山东上市公司分类景气指数

之上，为各省份中成本景气指数较高的省份，表明了山东上市公司在成本管理上优于其他省份的上市公司。

（六）福建上市公司景气指数

2021年福建上市公司景气指数为113.19，位于“相对景气”区间。从7个分类景气指数看，有5个分类景气指数位于临界值100之上，2个分类景气指数位于临界值100之下。2021年福建上市公司生产景气指数为149.71，位于“较为景气”区间，在7个分类景气指数中位列第一。2021年福建上市公司现金流景气指数、成本景气指数分别为89.42、87.25，均位于“相对不景气”区间；投资景气指数为107.54，位于“微景气”区间；销售景气指数、盈利景气指数分别为115.80、117.54，均位于“相对景气”区间；雇佣景气指数为125.07，位于“较为景气”区间。数据表明，福建上市公司同样面临着

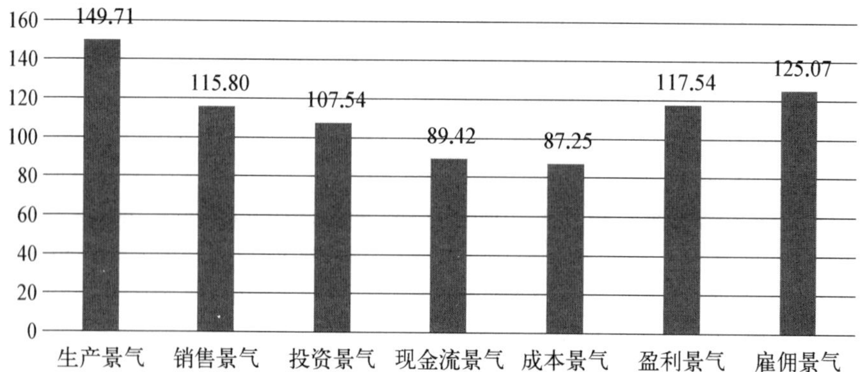

图7－8　2021年福建上市公司分类景气指数

现金流管理和成本管理上的问题，需要进一步完善现金流管理，降低公司运营成本；同时福建上市公司的雇佣景气指数为各省份中比较强的一个，表明福建上市公司对就业的吸纳能力要强于其他省份。

(七) 四川上市公司景气指数

2021 年四川上市公司景气指数为 116.17，位于“相对景气”区间。从 7 个分类景气指数看，有 6 个分类景气指数位于临界值 100 之上，1 个分类景气指数位于临界值 100 之下。2021 年四川上市公司生产景气指数为 150.16，位于“较强景气”区间，在 7 个分类景气指数中位列第一。2021 年四川上市公司现金流景气指数为 96.51，均位于“微弱不景气”区间；投资景气指数、成本景气指数分别为 105.56、105.08，均位于“微景气”区间；销售景气指数、雇佣景气指数分别为 114.13、113.49，均位于“相对景气”区间；盈利景气指数为 128.25，位于“较为景气”区间。数据表明，四川上市公司同样面临着现金流管理的问题，但是四川上市公司的成本管理为各省份中比较好的一个省，其成本景气指数位于临界值 100 之上，而其他大部分省份的上市公司成本区间指数都在临界值 100 之下；还有四川上市公司的盈利能力在各省份中也是比较好的一个省。

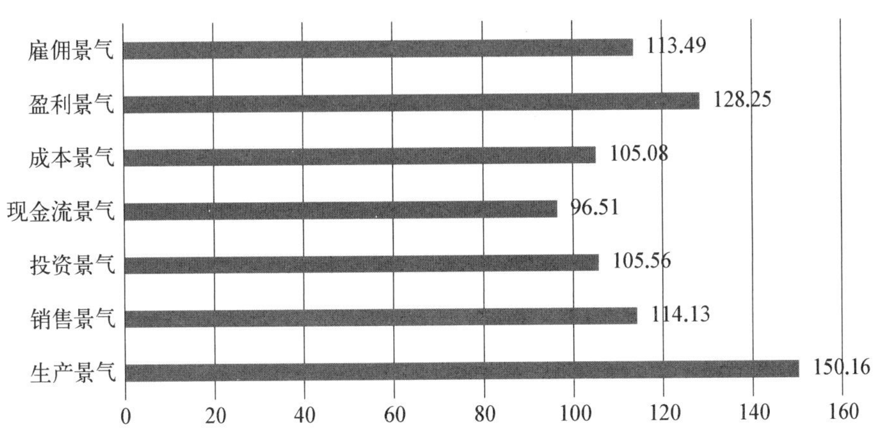

图 7－9　2021 年四川上市公司分类景气指数

(八) 安徽上市公司景气指数

2021 年安徽上市公司景气指数为 118.58，位于“相对景气”区间。从 7 个分类景气指数看，有 6 个分类景气指数位于临界值 100 之上，1 个分类景气指数位于临界值100之下。2021年安徽上市公司生产景气指数为150.57，位于“较强景气”区间，在7个分类景气指数中位列第一。2021年安徽上市公司现金流景气指数为88.11，均位于“相对不景气”区间；投资景气指数、成本景气指数分别为107.55、100.38，均位于“微景气”区间；雇佣景气指数为115.57，位于“相对景气”区间；销售景气指数、盈利景气指数分别为130.57、137.36，均位于“较为景气”区间。数据表明，安徽上市公司同样面临着现金流管理的问题，但是安徽上市公司的销售景气指数和成本景气指数在各省份中都是较强的，安徽上市公司的产品销路较好，受到市场欢迎程度高，同时安徽上市公司的盈利景气指数位列各省份中的第三位。

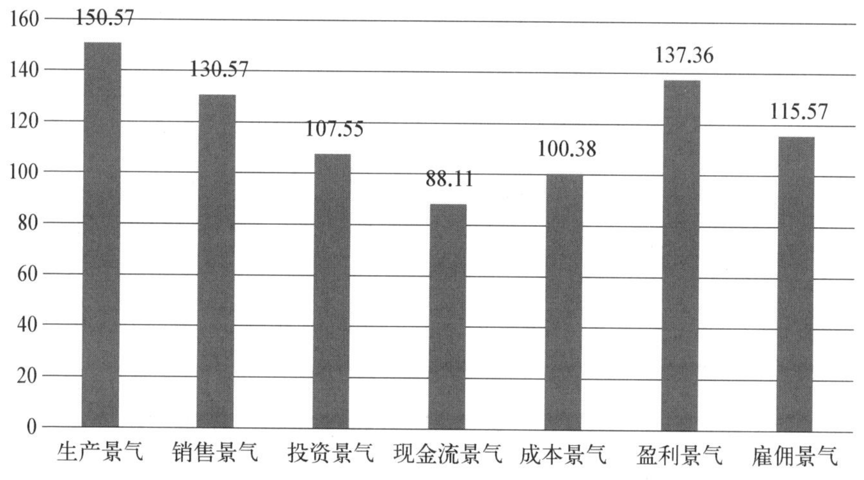

图7-10　2021年安徽上市公司分类景气指数

(九) 湖北上市公司景气指数

2021年湖北上市公司景气指数为112.66，位于“相对景气”区间。从7个分类景气指数看，有5个分类景气指数位于临界值100之上，2个分类景气指数位于临界值100之下。2021年湖北上市公司生产景气指数为135.19，位于“较为景气”区间，在7个分类景气指数中位列第一。2021年湖北上市公司现金流景气指数、成本景气指数分别为90.77、99.62，均位于“微弱不景气”区间；投资景气指数、盈利景气指数、雇佣景气指数分别为114.23、113.27、114.90，均位于“相对景气”区间；销售景气指数为120.67，位于“较为景气”区间。数据表明，湖北上市公司同样面临着现金流管理的问

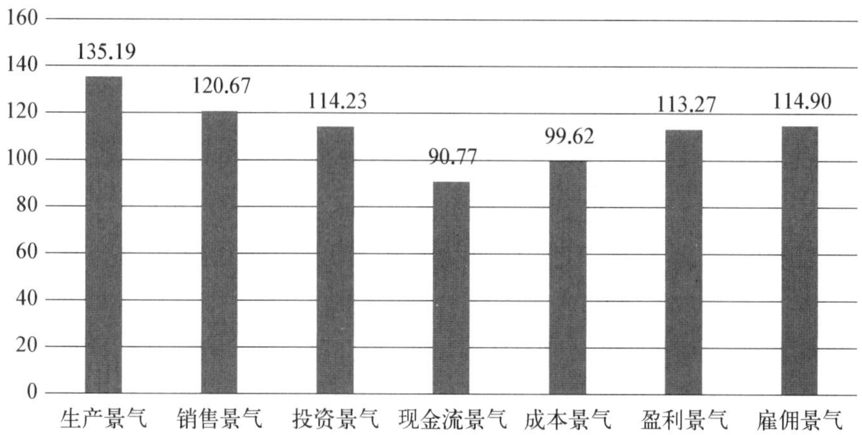

图7-11 2021年湖北上市公司分类景气指数

题,需要进一步改善现金流管理,提升公司生产经营活动中的现金流入。同时湖北上市公司也需要加强对成本的管理,减少经营活动中不必要的成本支出。

(十) 河南上市公司景气指数

2021年河南上市公司景气指数为115.16,位于“相对景气”区间。从7个分类景气指数看,有6个分类景气指数位于临界值100之上,1个分类景气指数位于临界值100之下。2021年河南上市公司生产景气指数为142.75,位于“较为景气”区间,在7个分类景气指数中位列第一。2021年河南上市公司现金流景气指数为97.00,位于“微弱不景气”区间;成本景气指

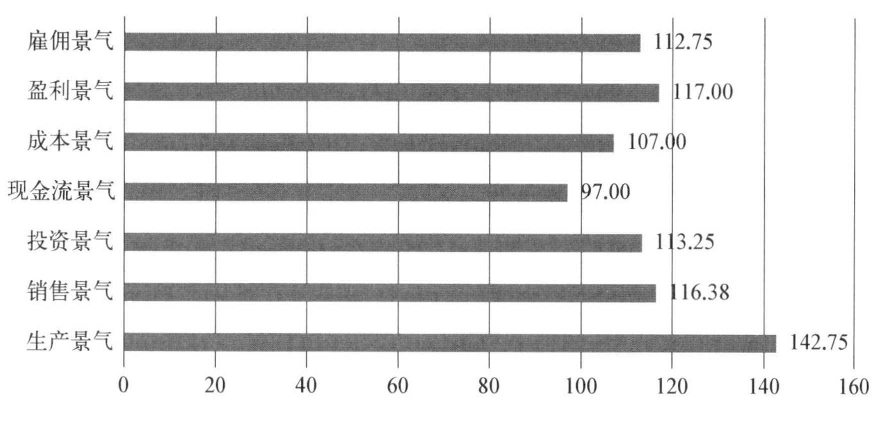

图7-12 2021年河南上市公司分类景气指数

数为107.00,位于“微景气”区间;销售景气指数、投资景气指数、盈利景气指数、雇佣景气指数分别为116.38、113.25、117.00、112.75,均位于“相对景气”区间。数据表明,河南上市公司同样面临着现金流管理的问题,需要进一步改善现金流管理,提升公司生产经营活动中的现金流入。

(十一) 河北上市公司景气指数

2021年河北上市公司景气指数为110.92,位于“相对景气”区间。从7个分类景气指数看,有5个分类景气指数位于临界值100之上,2个分类景气指数位于临界值100之下。2021年河北上市公司生产景气指数为140.36,位于“较为景气”区间,在7个分类景气指数中位列第一。2021年河北上市公司现金流景气指数、成本景气指数分别为97.50、93.57,均位于“微弱不景气”区间;投资景气指数、雇佣景气指数分别为106.07、101.43,均位于“微景气”区间;销售景气指数为111.43,位于“相对景气”区间;盈利景气指数为126.07,位于“较为景气”区间。

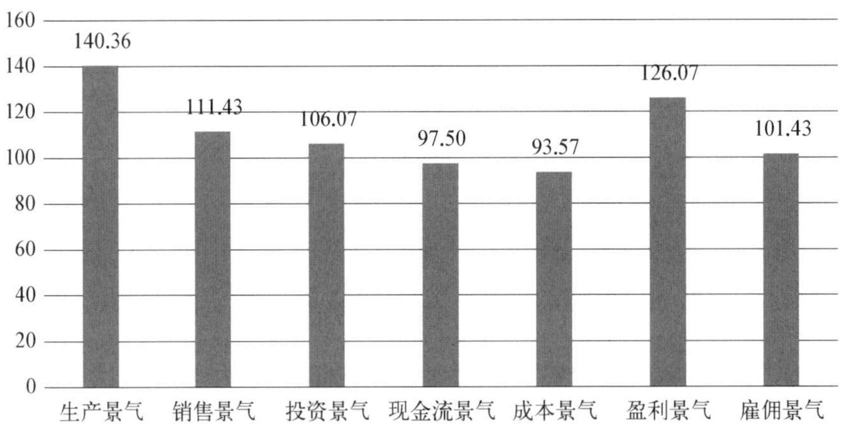

图7-13　2021年河北上市公司分类景气指数

(十二) 江西上市公司景气指数

2021年江西上市公司景气指数为113.64,位于“相对景气”区间。从7个分类景气指数看,有6个分类景气指数位于临界值100之上,1个分类景气指数位于临界值100之下。2021年江西上市公司生产景气指数为150.59,位于“较强景气”区间,在7个分类景气指数中位列第一。2021年江西上市公司现金流景气指数为88.24,位于“相对不景气”区间;投资景气指

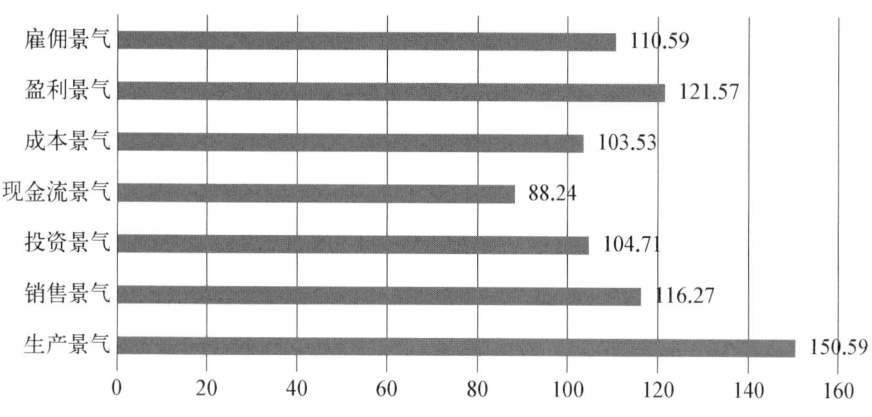

图 7－14　2021 年江西上市公司分类景气指数

数、成本景气指数分别为 104.71、103.53，均位于“微景气”区间；销售景气指数、雇佣景气指数分别为 116.27、110.59，均位于“相对景气”区间；盈利景气指数为 121.57，位于“较为景气”区间。

（十三）陕西上市公司景气指数

2021 年陕西上市公司景气指数为 119.84，位于“相对景气”区间。从 7 个分类景气指数看，7 个分类景气指数均位于临界值 100 之上。2021 年陕西上市公司生产景气指数为 138.85，位于“较为景气”区间，在 7 个分类景气指数中位列第一。2021 年陕西上市公司现金流景气指数、成本景气指数分别为 101.54、103.85，均位于“微景气”区间；销售景气指数、投资景气指数、

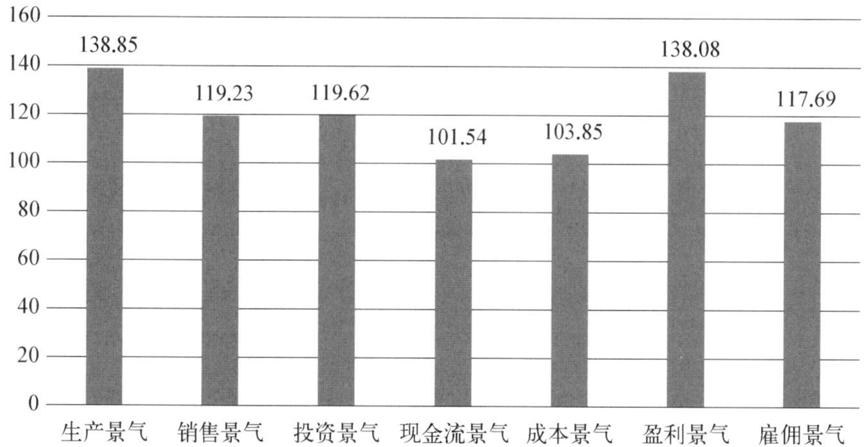

图 7－15　2021 年陕西上市公司分类景气指数

雇佣景气指数分别为 119.23、119.62、117.69，均位于“相对景气”区间；盈利景气指数为 138.08，位于“较为景气”区间。

(十四) 天津上市公司景气指数

2021 年天津上市公司景气指数为 115.85，位于“相对景气”区间。从 7 个分类景气指数看，7 个分类景气指数均位于临界值 100 之上。2021 年天津上市公司生产景气指数为 135.56，位于“较为景气”区间，在 7 个分类景气指数中位列第一。2021 年天津上市公司投资景气指数、现金流景气指数、盈利景气指数分别为 107.78、105.93、107.78，均位于“微景气”区间；成本景气指数、雇佣景气指数分别为 111.85、113.15，均位于“相对景气”区间。销售景气指数为 128.89，位于“较为景气”区间。

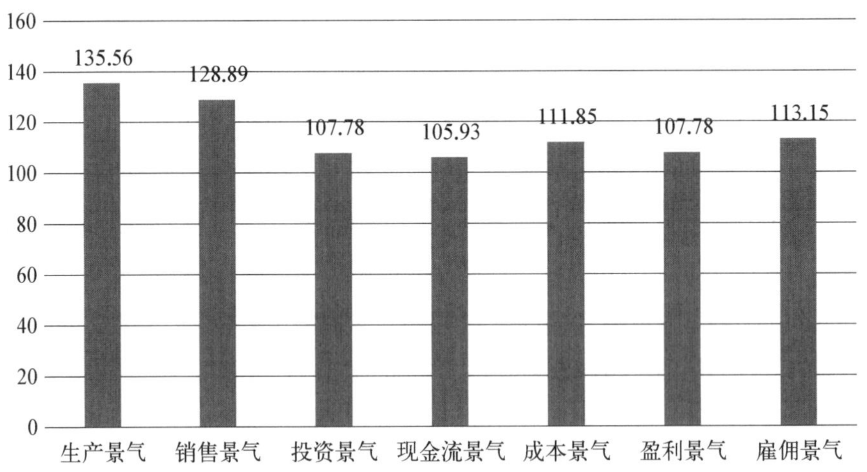

图 7-16　2021 年天津上市公司分类景气指数

(十五) 山西上市公司景气指数

2021 年山西上市公司景气指数为 115.98，位于“相对景气”区间。从 7 个分类景气指数看，有 6 个分类景气指数均位于临界值 100 之上，1 个分类景气指数位于临界值 100 之下。2021 年山西上市公司生产景气指数为 133.16，位于“较为景气”区间，在 7 个分类景气指数中与现金流景气指数和盈利景气指数位列第二。2021 年山西上市公司雇佣景气指数为 71.32，位于“较为不景气”区间；投资景气指数为 100.53，位于“微景气”区间；成本景气指数为 110.53；销售景气指数为 150.53，位于“较强景气”区间，位列 7 个

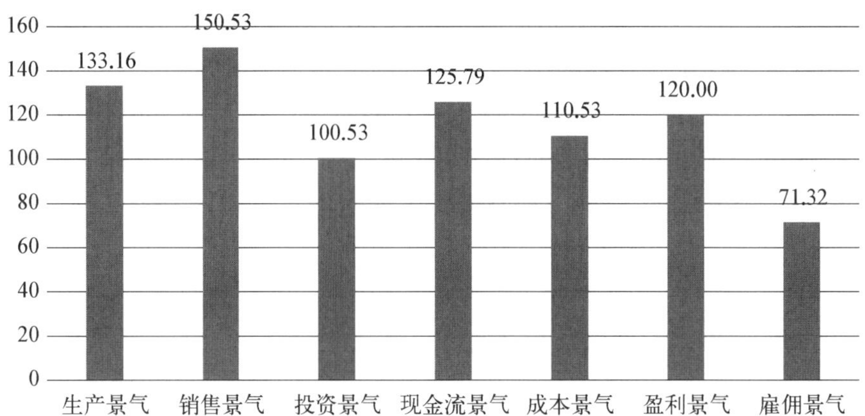

图 7-17 2021 年山西上市公司分类景气指数

分类景气指数中的第一位。

(十六) 贵州上市公司景气指数

2021 年贵州上市公司景气指数为 115.90,位于"相对景气"区间。从 7 个分类景气指数看,有 5 个分类景气指数均位于临界值 100 之上,2 个分类景气指数位于临界值 100 之下。2021 年贵州上市公司生产景气指数为 136.00,位于"较为景气"区间,在 7 个分类景气指数中位列第二。2021 年贵州上市公司现金流景气指数、成本景气指数分别为 92.67、94.00,均位于"微弱不景气"区间;销售景气指数、投资景气指数分别为 108.67、106.67,均位于"微景气"区间;雇佣景气指数为 116.00,位于"相对景气"区间;盈利景气

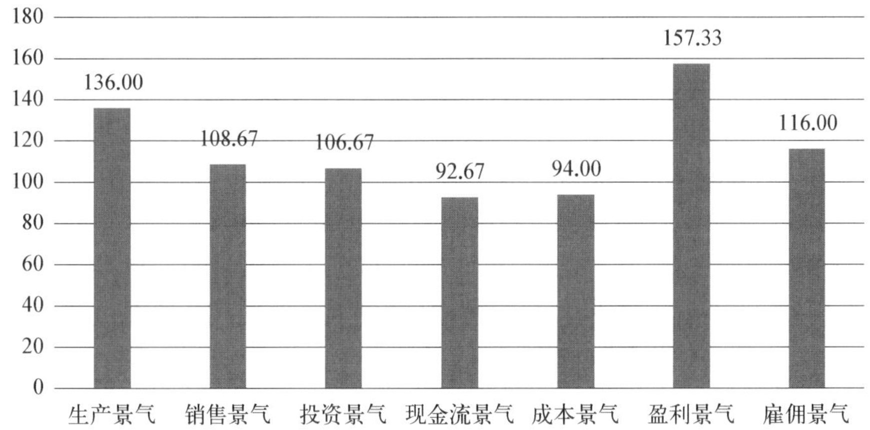

图 7-18 2021 年贵州上市公司分类景气指数

指数为157.33，位于“较强景气”区间，在7个分类景气指数中位列第一，同时也在各省份盈利景气指数中位列第一。

（十七）内蒙古上市公司景气指数

2021年内蒙古上市公司景气指数为120.00，位于“相对景气”区间。从7个分类景气指数看，有6个分类景气指数均位于临界值100之上，1个分类景气指数位于临界值100之下。2021年内蒙古上市公司生产景气指数为126.67，位于“较为景气”区间，在7个分类景气指数中位列第二。2021年内蒙古上市公司投资景气指数为97.50，位于“微弱不景气”区间；雇佣景气指数为104.58，位于“微景气”区间；成本景气指数为111.67，位于“相对景气”区间；销售景气指数、盈利景气指数分别为125.42、138.33，均位于“较为景气”区间，其中盈利景气指数在7个分类景气指数中位列第一。

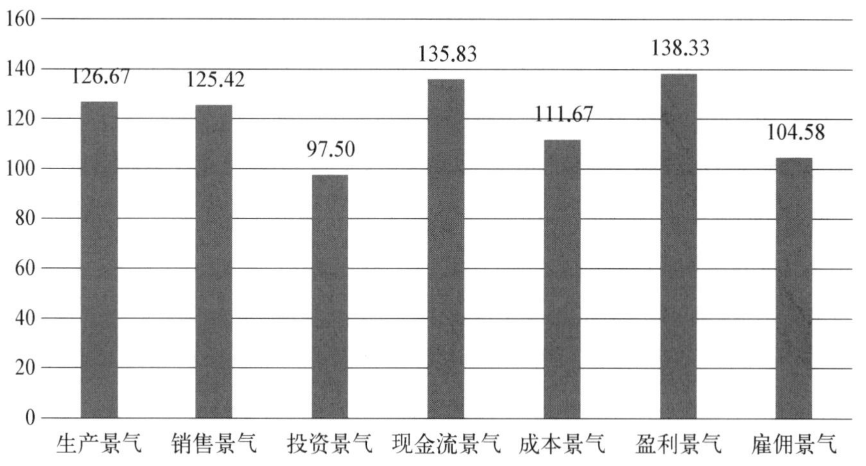

图7-19　2021年内蒙古上市公司分类景气指数

（十八）西藏上市公司景气指数

2021年西藏上市公司景气指数为114.81，位于“相对景气”区间。从7个分类景气指数看，有5个分类景气指数均位于临界值100之上，2个分类景气指数位于临界值100之下。2021年西藏上市公司生产景气指数为137.89，位于“较为景气”区间，在7个分类景气指数中位列第二。2021年西藏上市公司成本景气指数为86.32，位于“相对不景气”区间；现金流景气指数为90.53，位于“微弱不景气”区间；销售景气指数为109.47，位于“微景气”

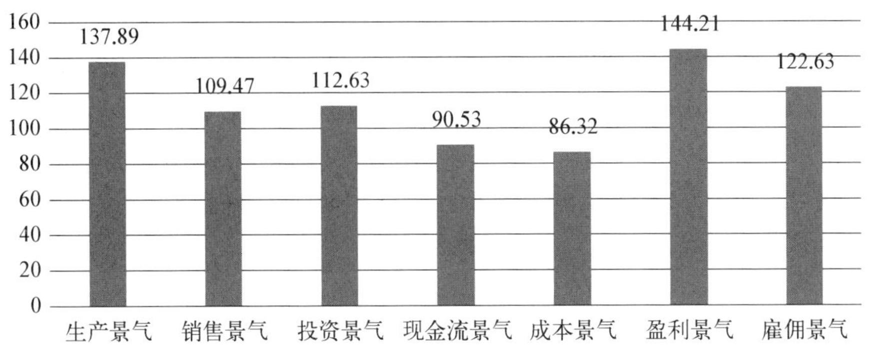

图 7－20　2021 年西藏上市公司分类景气指数

区间；投资景气指数为 112.63，位于"相对景气"区间；盈利景气指数、雇佣景气指数分别为 144.21、122.63，均位于"较为景气"区间，其中盈利景气指数在 7 个分类景气指数中位列第一。

三、微景气省份

(一) 北京上市公司景气指数

2021 年北京上市公司景气指数为 109.09，位于"微景气"区间。从分类景气指数看，有 5 个分类景气指数均位于临界值 100 之上，2 个分类景气指数位于临界值 100 之下。2021 年北京上市公司生产景气指数为 138.45，位于"较为景气"区间，在 7 个分类景气指数中位列第一。2021 年北京上市公司现金流景气指数、成本景气指数分别为 96.06、93.43，均位于"微弱不景

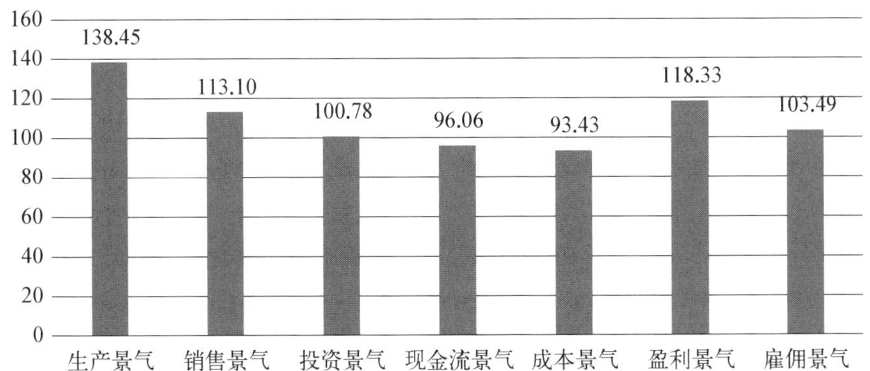

图 7－21　2021 年北京上市公司分类景气指数

气”区间；投资景气指数、雇佣景气指数分别为100.78、103.49，均位于“微景气”区间；销售景气指数、盈利景气指数分别为113.10、118.33，均位于“相对景气”区间。数据表明，北京上市公司在现金流管理和成本管理上面临一定的压力，有待于进一步提升。同时，北京上市公司对就业的吸纳能力也有待于进一步提升。

（二）重庆上市公司景气指数

2021年重庆上市公司景气指数为109.19，位于“微景气”区间。从7个分类景气指数看，有5个分类景气指数均位于临界值100之上，2个分类景气指数位于临界值100之下。2021年重庆上市公司生产景气指数为145.66，位于“较为景气”区间，在7个分类景气指数中位列第一。2021年重庆上市公司成本景气指数为75.47，位于“较为不景气”区间；现金流景气指数为88.68，位于“相对不景气”区间；雇佣景气指数为108.87，位于“微景气”区间；销售景气指数、投资景气指数分别为111.70、112.45，均位于“相对景气”区间；盈利景气指数为121.51，位于“较为景气”区间。

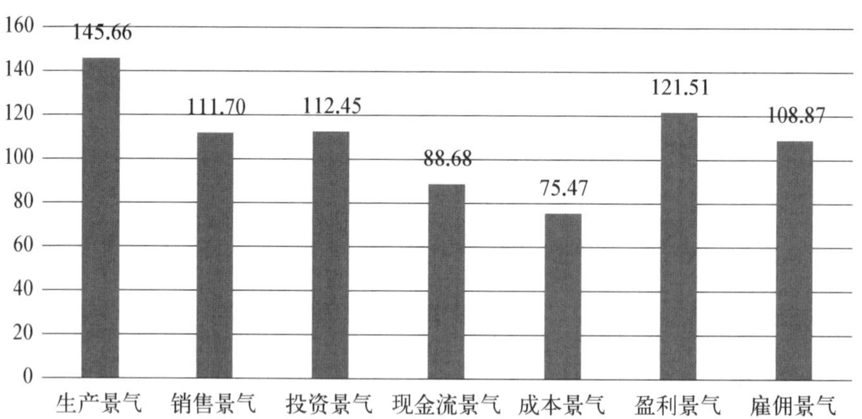

图7-22　2021年重庆上市公司分类景气指数

（三）新疆上市公司景气指数

2021年新疆上市公司景气指数为108.65，位于“微景气”区间。从7个分类景气指数看，有6个分类景气指数均位于临界值100之上，1个分类景气指数位于临界值100之下。2021年新疆上市公司生产景气指数为133.45，位于“较为景气”区间，在7个分类景气指数中位列第一。2021年新

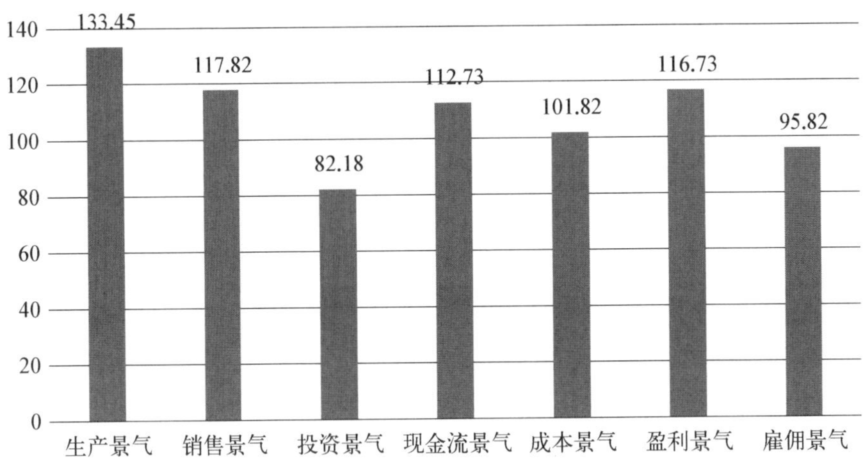

图 7－23　2021 年新疆上市公司分类景气指数

疆上市公司投资景气指数为 82.18，位于“相对不景气”区间；雇佣景气指数为 95.82，位于“微弱不景气”区间；成本景气指数为 101.82，位于“微景气”区间；销售景气指数、现金流景气指数、盈利景气指数分别为 117.82、112.73、116.73，均位于“相对景气”区间。

（四）吉林上市公司景气指数

2021 年吉林上市公司景气指数为 102.64，位于“微景气”区间。从 7 个分类景气指数看，有 4 个分类景气指数均位于临界值 100 之上，3 个分类景

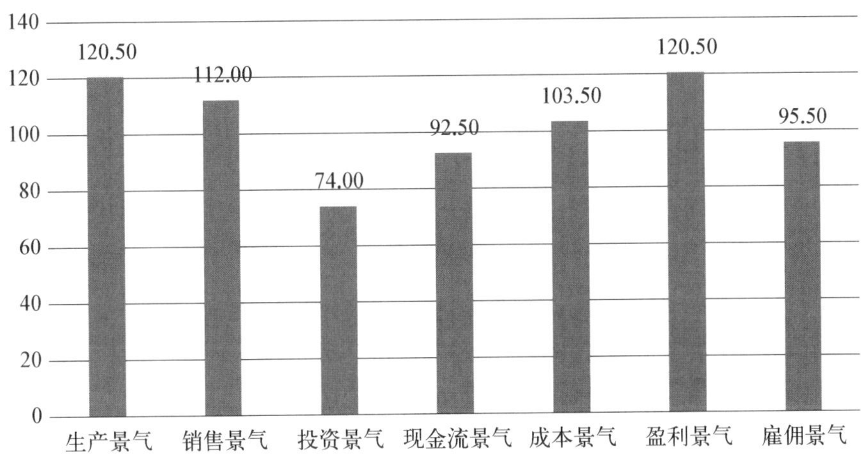

图 7－24　2021 年吉林上市公司分类景气指数

气指数位于临界值100之下。2021年吉林上市公司生产景气指数为120.50，位于“较为景气”区间，在7个分类景气指数中与盈利景气指数并列第一。2021年吉林上市公司投资景气指数为74.00，位于“较为不景气”区间；现金流景气指数、雇佣景气指数分别为92.50、95.50，均位于“微弱不景气”区间；成本景气指数为103.50，位于“微景气”区间；销售景气指数为112.00，位于“相对景气”区间；盈利景气指数为120.50，位于“较为景气”区间。

（五）云南上市公司景气指数

2021年云南上市公司景气指数为107.57，位于“微景气”区间。从7个分类景气指数看，有4个分类景气指数均位于临界值100之上，3个分类景气指数位于临界值100之下。2021年云南上市公司生产景气指数为145.95，位于“较为景气”区间，在7个分类景气指数中位列第一。2021年云南上市公司投资景气指数、现金流景气指数分别为82.16、87.03，均位于“相对景气”区间；成本景气指数为94.59，位于“微弱不景气”区间；雇佣景气指数为105.95，位于“微景气”区间；销售景气指数为113.51，位于“相对景气”区间；盈利景气指数为123.78，位于“较为景气”区间。

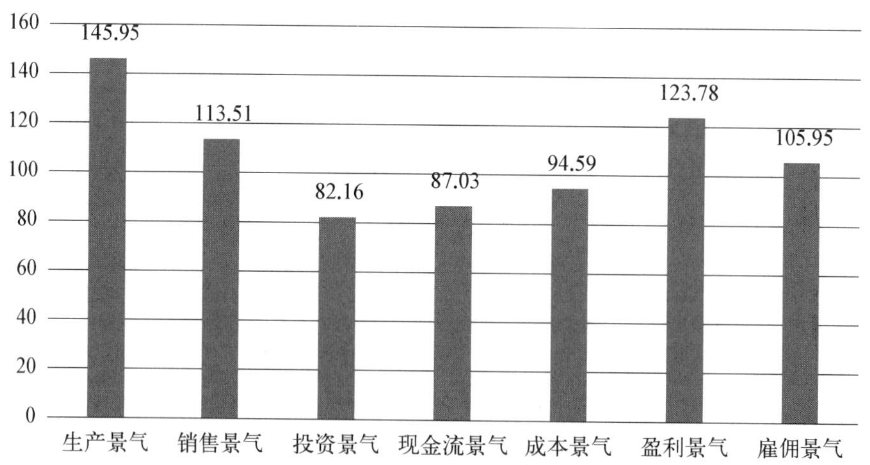

图7-25　2021年云南上市公司分类景气指数

（六）广西上市公司景气指数

2021年广西上市公司景气指数为102.51，位于“微景气”区间。从7个分类景气指数看，有4个分类景气指数均位于临界值100之上，3个分类景气指数位于临界值 100 之下。2021 年广西上市公司生产景气指数为 123.24，位于“较为景气”区间，在 7 个分类景气指数中位列第一。2021 年广西上市公司成本景气指数为 75.14，位于“较为不景气”区间；现金流景气指数、盈利景气指数分别为 98.38、96.22，位于“微弱不景气”区间；投资景气指数、雇佣景气指数分别为 103.78、109.73，均位于“微景气”区间；销售景气指数为 111.08，位于“相对景气”区间。

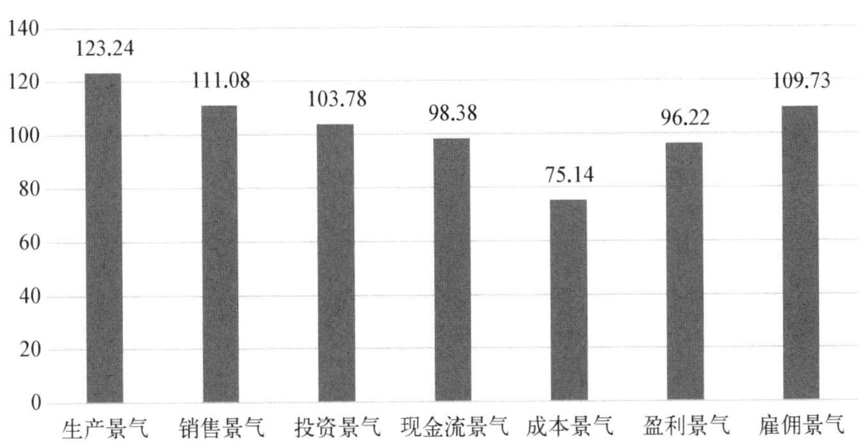

图 7－26　2021 年广西上市公司分类景气指数

(七) 甘肃上市公司景气指数

2021 年甘肃上市公司景气指数为 103.03，位于“微景气”区间。从 7 个分类景气指数看，有 6 个分类景气指数均位于临界值 100 之上，1 个分类景气指数位于临界值 100 之下。2021 年甘肃上市公司生产景气指数为128.24，位于“较为景气”区间，在 7 个分类景气指数中位列第一。2021 年甘肃上市公司投资景气指数为 68.24，位于“较为不景气”区间；成本景气指数为 100，刚好位于临界值；销售景气指数、现金流景气指数、雇佣景气指数分别为 104.71、105.29、104.12，均位于“微景气”区间；盈利景气指数为 110.59，位于“相对景气”区间。

(八) 宁夏上市公司景气指数

2021 年宁夏上市公司景气指数为 108.27，位于“微景气”区间。从 7 个分类景气指数看，有 4 个分类景气指数均位于临界值 100 之上，3 个分类景气指数位于临界值 100 之下。2021 年宁夏上市公司生产景气指数为

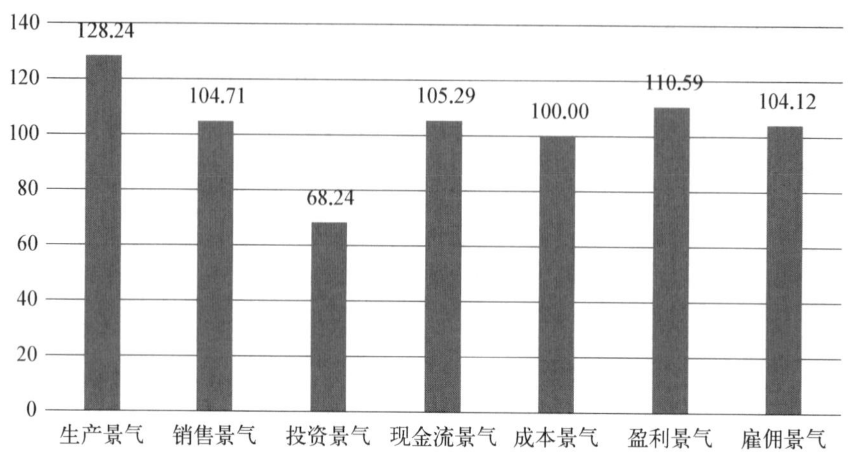

图 7－27　2021 年甘肃上市公司分类景气指数

111.43，位于“相对景气”区间。2021 年宁夏上市公司投资景气指数为 61.43，位于“较为不景气”区间；现金流景气指数、雇佣景气指数分别为 90.00、96.43，均位于“微弱不景气”区间；成本景气指数为 110.00，位于“微景气”区间；盈利景气指数为 134.29，位于“较为景气”区间；销售景气指数为 154.29，位于“较强景气”区间，在 7 个分类景气指数中位列第一。

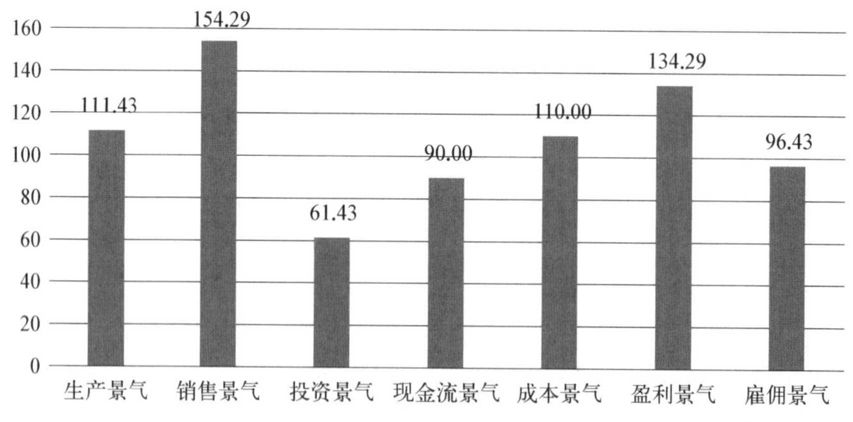

图 7－28　2021 年宁夏上市公司分类景气指数

（九）青海上市公司景气指数

2021 年青海上市公司景气指数为 108.05，位于“微景气”区间。从 7 个分类景气指数看，有 4 个分类景气指数均位于临界值 100 之上，2 个分类景气指数位于临界值 100 之下，1 个正好位于临界值上。2021 年青海上市公司生产景气指数为 129.09，位于"相对景气"区间。2021 年青海上市公司雇佣景气指数为 38.18，位于"较强不景气"区间，为各省份上市公司雇佣景气指数中最低；投资景气指数为 67.27，位于"较为不景气"区间；盈利景气指数为 100，刚好位于临界值上；现金流景气指数为 116.36，位于"相对景气"区间；成本景气指数为 121.82，位于"较为景气"区间；销售景气指数为 183.64，位于"非常景气"区间，在 7 个分类景气指数中位列第一。

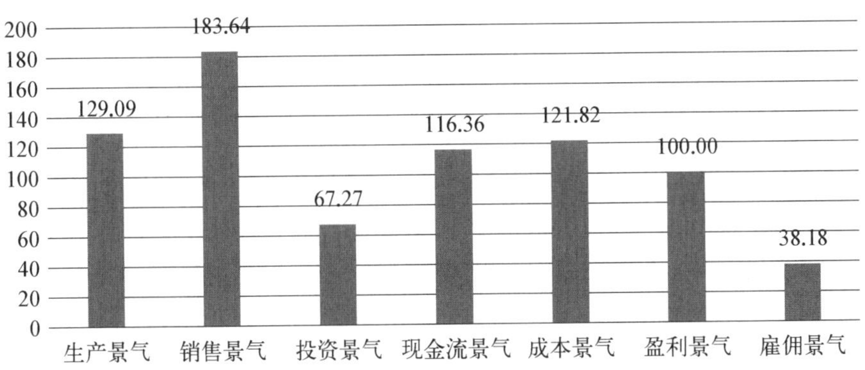

图 7－29　2021 年青海上市公司分类景气指数

四、微弱不景气省份

(一) 辽宁上市公司景气指数

2021 年辽宁上市公司景气指数为 95.67，位于"微弱不景气"区间。从 7 个分类景气指数看，有 3 个分类景气指数均位于临界值 100 之上，4 个分类景气指数位于临界值 100 之下。2021 年辽宁上市公司生产景气指数为 131.11，位于"较为景气"区间，在 7 个分类景气指数中位列第一。2021 年辽宁上市公司投资景气指数为 60.45，位于"较为不景气"区间；现金流景气指数、雇佣景气指数分别为 86.11、80.00，均位于"相对不景气"区间；成本景气指数为 96.67，位于"微景气"区间；销售景气指数、盈利景气指数分别为110.00、105.28，均位于"微景气"区间。数据表明，辽宁上市公司不只是面临现金流管理的问题，还面临着投资的严重不足，上市公司规模难以持续扩大的困境，同时辽宁上市公司对就业的吸纳能力也远不如其他省份的上市公司。

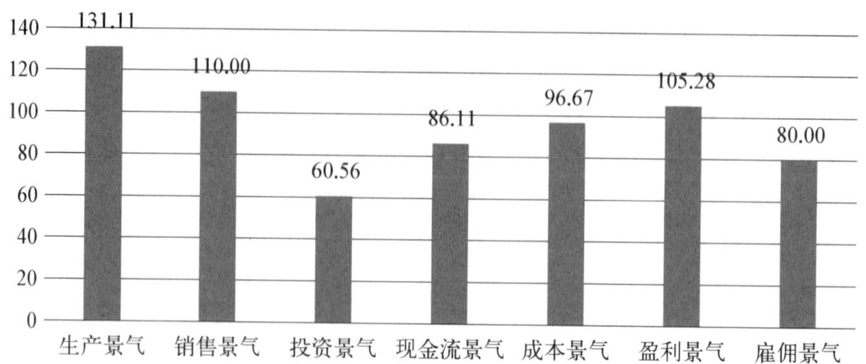

图 7-30　2021 年辽宁上市公司分类景气指数

(二) 黑龙江上市公司景气指数

2021 年黑龙江上市公司景气指数为 99.33,位于“微弱不景气”区间。从 7 个分类景气指数看,有 3 个分类景气指数均位于临界值 100 之上,4 个分类景气指数位于临界值 100 之下。2021 年黑龙江上市公司生产景气指数为 131.11,位于“较为景气”区间,在 7 个分类景气指数中位列第二。2021 年黑龙江上市公司投资景气指数、雇佣景气指数分别为 56.67、78.61,均位于“较为不景气”区间;现金流景气指数为 86.11,位于“相对不景气”区间;成本景气指数为 95.00,位于“微弱不景气”区间;盈利景气指数为 110.56,位于“相对景气”区间;销售景气指数为 137.22,位于“较为景气”区间,在 7 个分类景气指数中位列第一。

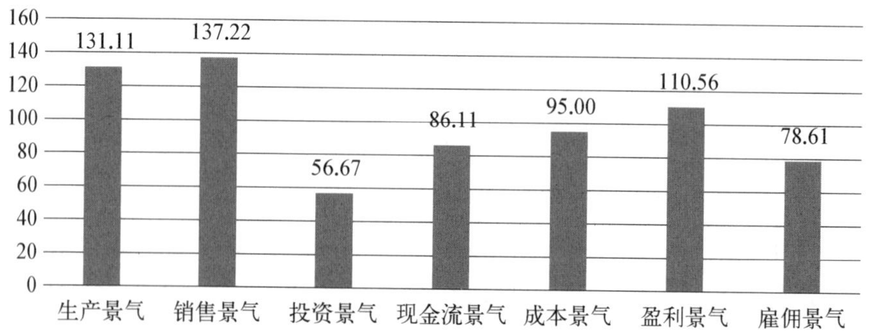

图 7-31　2021 年黑龙江上市公司分类景气指数

(三) 海南上市公司景气指数

2021 年海南上市公司景气指数为 99.91,位于“微弱不景气”区间。从 7

个分类景气指数看，有 5 个分类景气指数均位于临界值 100 之上，2 个分类景气指数位于临界值 100 之下。2021 年海南上市公司生产景气指数为 114.38，位于“相对景气”区间，在 7 个分类景气指数中位列第一。2021 年海南上市公司投资景气指数为 72.50，位于“较为不景气”区间；雇佣景气指数为 86.88，位于“相对不景气”区间；销售景气指数、现金流景气指数、成本景气指数、盈利景气指数分别为 102.50、107.50、107.50、108.13，均位于“微景气”区间，其中现金流景气指数和成本景气指数刚好一样。

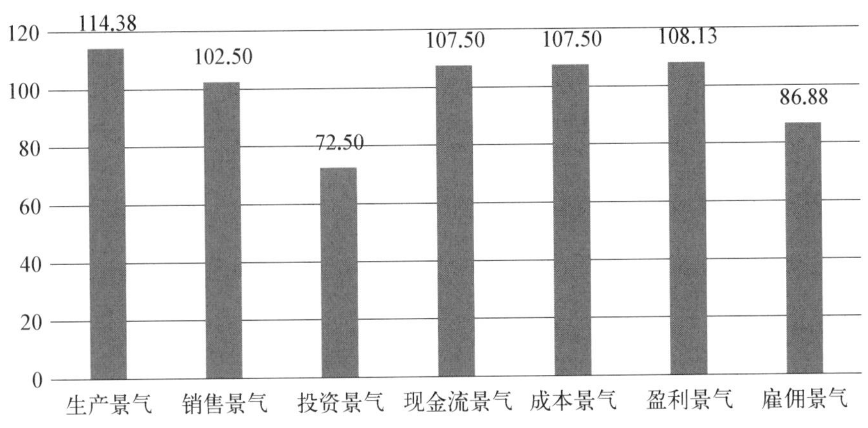

图 7－32　2021 年甘肃上市公司分类景气指数

第二节　2021 年上市公司分行业景气指数

2021 年，上市公司细分行业多达 100 多个，本节选取上市公司数量靠前的 100 个细分行业的上市公司作为研究对象，对 2021 年上市公司中不同的行业进行景气指数计算，对这些行业在 2021 年景气度进行比较分析。从上市公司细分行业看，电气设备、软件服务、元器件、化工原料、汽车配件、专用机械、医疗保健、化学制药、通信设备、环境保护、建筑工程、半导体、机械基件、电器仪表、食品、互联网、家用电器、中成药、服饰、区域地产、塑料、生物制药、家居用品、证券、仓储物流、小金属、广告包装、纺织、农药化肥、文教休闲30个行业的上市公司数量较多，合计占上市公司总数的66.57%。下面选取了100个细分行业，分别对每个细分行业的上市公司景气指数及景气状况进行了描述。

表7-2　2021年100个细分行业上市公司景气指数

细分行业	景气指数	景气状况	细分行业	景气指数	景气状况
电气设备	117.50	相对景气	工程机械	129.40	较为景气
软件服务	107.13	微景气	煤炭开采	127.36	较为景气
元器件	121.88	较为景气	普钢	127.98	较为景气
化工原料	127.12	较为景气	汽车整车	85.78	相对不景气
汽车配件	113.43	相对景气	水泥	94.69	微弱不景气
专用机械	121.00	较为景气	玻璃	137.78	较为景气
医疗保健	133.72	较为景气	矿物制品	124.40	较为景气
化学制药	106.37	微景气	路桥	102.99	微景气
通信设备	98.82	微弱不景气	白酒	134.00	较为景气
环境保护	111.58	相对景气	钢加工	115.94	相对景气
建筑工程	117.64	相对景气	水力发电	99.76	微弱不景气
半导体	135.12	较为景气	石油开采	101.80	微景气
机械基件	121.13	较为景气	新型电力	119.81	相对景气
电器仪表	119.95	相对景气	港口	129.52	较为景气
食品	110.14	相对景气	机床制造	132.24	较为景气
互联网	93.92	微弱不景气	种植业	106.10	微景气
家用电器	113.02	相对景气	乳制品	136.67	较为景气
中成药	116.26	相对景气	水务	116.52	相对景气
服饰	97.38	微弱不景气	铜	135.05	较为景气

续　表

细分行业	景气指数	景气状况	细分行业	景气指数	景气状况
区域地产	91.95	微弱不景气	园区开发	107.43	微景气
塑料	108.77	微景气	日用化工	111.43	相对景气
生物制药	123.96	较为景气	饲料	126.94	较为景气
家居用品	111.06	相对景气	旅游服务	86.15	相对不景气
证券	131.10	较为景气	其他商业	115.71	相对景气
仓储物流	118.54	相对景气	汽车服务	100.83	微景气
小金属	131.71	较为景气	铅锌	118.24	相对景气
广告包装	101.26	微景气	超市连锁	72.47	较为不景气
纺织	95.35	微弱不景气	黄金	109.61	微景气
农药化肥	126.70	较为景气	旅游景点	111.43	相对景气
文教休闲	83.40	相对不景气	船舶	117.40	相对景气
影视音像	91.36	微弱不景气	电信运营	97.86	微弱不景气
供气供热	119.24	相对景气	房产服务	96.57	微弱不景气
航空	118.00	相对景气	纺织机械	109.21	微景气
银行	124.92	较为景气	水运	109.71	微景气
百货	80.34	相对不景气	特种钢	139.71	较为景气
IT 设备	95.95	微弱不景气	红黄酒	100.86	微景气
运输设备	109.10	微景气	化工机械	118.43	相对景气
农业综合	112.29	相对景气	农用机械	109.82	微景气
铝	124.91	较为景气	轻工机械	120.00	相对景气
全国地产	91.12	微弱不景气	软饮料	100.95	微景气
多元金融	93.67	微弱不景气	石油加工	122.29	较为景气

续 表

细分行业	景气指数	景气状况	细分行业	景气指数	景气状况
火力发电	94.38	微弱不景气	橡胶	110.48	相对景气
医药商业	117.97	相对景气	酒店餐饮	107.76	微景气
造纸	118.57	相对景气	空运	97.86	微弱不景气
装修装饰	80.10	相对不景气	摩托车	104.49	微景气
其他建材	113.79	相对景气	公共交通	91.43	微弱不景气
综合类	108.57	微景气	焦炭加工	126.79	较为景气
化纤	125.37	较为景气	渔业	97.50	微弱不景气
出版业	100.99	微景气	保险	97.96	微弱不景气
染料涂料	115.44	相对景气	啤酒	108.16	微景气

100个细分行业中，只有超市连锁一个细分行业的上市公司景气指数位于“较为不景气”区间，景气指数为72.47。5个细分行业的上市公司景气位于“相对不景气”区间，分别是文教休闲、百货、装修装饰、汽车整车、旅游服务，景气指数分别为83.40、80.34、80.10、85.78、86.15。18个细分行业的上市公司景气指数位于“微弱不景气”区间，分别是通信设备、互联网、服饰、区域地产、纺织、影视音像、IT设备、全国地产、多元金融、火力发电、水泥、水力发电、电信运营、房产服务、空运、公共交通、渔业、保险。21个细分行业的上市公司景气指数位于“微景气”区间，分别是软件服务、化学制药、塑料、广告包装、运输设备、综合类、出版业、路桥、石油开采、种植业、园区开发、汽车服务、黄金、纺织机械、水运、红黄酒、农用机械、软饮料、酒店餐饮、摩托车、啤酒。28个细分行业的上市公司景气指数位于“相对景气”区间，分别是电气设备、汽车配件、环境保护、建筑工程、电器仪表、食品、家用电器、中成药、家居用品、仓储物流、供气供热、航空、农业综合、医药商业、造纸、其他建材、染料涂料、钢加工、新型电力、水务、日用化工、其他商业、铅锌、旅游景点、船舶、化工机械、轻工机械、橡胶。27个细分行业的上市公司景气位于“较为景气”区间，分别是元器件、化工原料、专用机械、医疗保健、

半导体、机械基件、生物制药、证券、小金属、农药化肥、银行、铝、化纤、工程机械、煤炭开采、普钢、玻璃、矿物制品、白酒、港口、机床制造、乳制品、铜、饲料、特种钢、石油加工、焦炭加工。

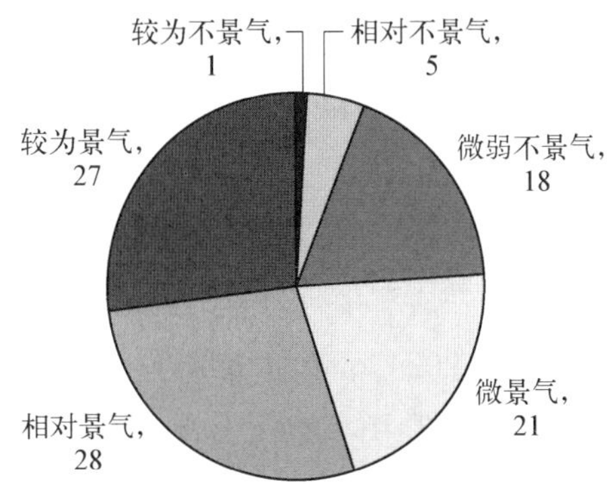

图 7－33　各景气区间细分行业数量

选取上市公司数量较多的前 35 个细分行业，按照细分行业上市公司景气指数所处的景气状况进行分类介绍，其余细分行业则采取统一描述的方式进行介绍。

一、较为景气细分行业

(一) 2021 年元器件业上市公司景气指数

2021 年元器件业上市公司景气指数为 121.88，位于“较为景气”区间。2021 年元器件业上市公司 7 个分类景气指数中有 4 个位于临界值 100 之上，3 个位于临界值 100 之下。其中生产景气指数为 166.31，位于“较强景气”区间，在 7 个分类景气指数中位列第一。2021 年元器件业上市公司现金流景气指数为 84.40，位于“相对不景气”区间；销售景气指数、成本景气指数分别为 95.00、98.21，均位于“微弱不景气”区间；投资景气指数、盈利景气

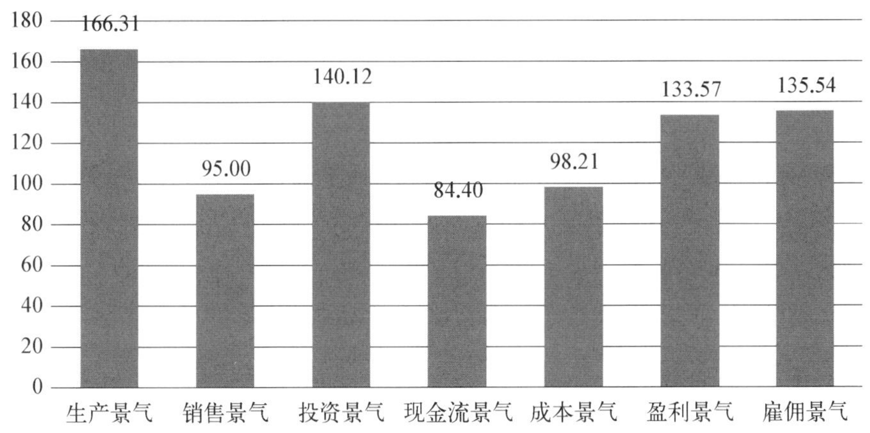

图 7－34　2021 年元器件业上市公司分类景气指数

指数、雇佣景气指数分别为140.12、133.57、135.54，均位于“较为景气”区间。数据表明，元器件业上市公司的投资状况较好，元器件业成为所有细分行业中投资状况较好的行业，表明元器件业市场前景广阔，企业有较大的增加投资、扩大规模的意愿。同时元器件业上市公司的盈利能力和对就业的吸纳能力也处在所有细分行业的前列。

(二) 2021年专用机械业上市公司景气指数

2021年专用机械业上市公司景气指数为121.00，位于“较为景气”区间。2021年专用机械业上市公司7个分类景气指数中有5个位于临界值100之上，2个位于临界值100之下。其中生产景气指数为160.45，位于“较强景气”区间，在7个分类景气指数中位列第一。2021年专用机械业上市公司现金流景气指数为77.16，位于“较为不景气”区间；成本景气指数为88.06，位于“相对不景气”区间；销售景气指数、投资景气指数、盈利景气指数、雇佣景气指数分别为127.46、122.69、131.34、139.85，均位于“较为不景气”区间。数据表明，专用机械业上市公司面临着现金流管理和成本管理上的问题，需要进一步提升现金流管理和成本管理的水平，但是专用机械业上市公司的盈利能力和对就业的吸纳能力在所有细分行业中表现较好。

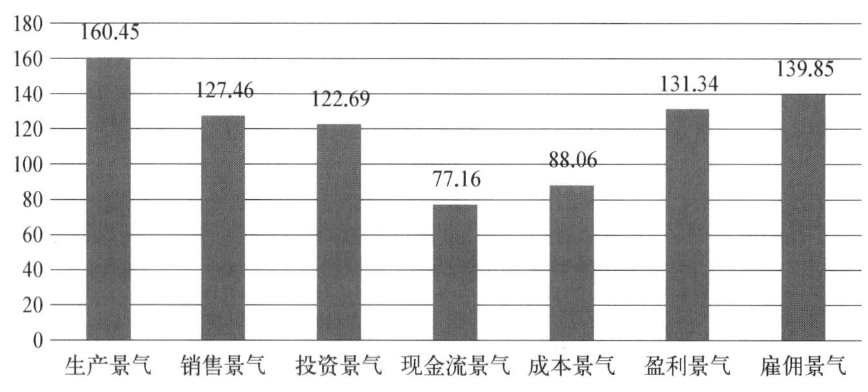

图7-35　2021年专用机械业上市公司分类景气指数

(三) 2021年医疗保健业上市公司景气指数

2021年医疗保健业上市公司景气指数为133.72，位于“较为景气”区间。2021年医疗保健业上市公司7个分类景气指数均位于临界值100之上。其中生产景气指数为157.75，位于“较强景气”区间，在7个分类景气指数中位列第二。2021 年医疗保健业上市公司销售景气指数为 105.84，位于“微景气”区间；现金流景气指数、成本景气指数分别为 118.88、111.91，均位于“相对景气”区间；投资景气指数、盈利景气指数分别为 140.45、140.00，均位于“较为景气”区间；雇佣景气指数为 161.24，位于“较强景气”区间，在 7 个分类景气指数中位列第一，同时医疗保健业是所有细分行业中雇佣景气指数最高的细分行业。数据表明，医疗保健业上市公司有继续扩大投资规模的意愿，同时盈利能力和对就业的吸纳能力均较强。

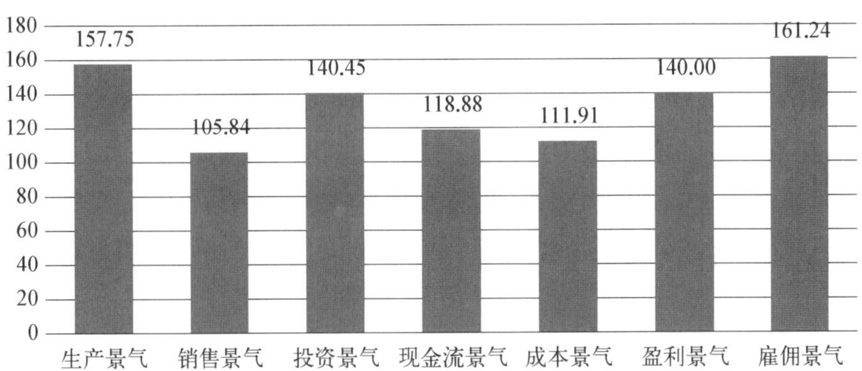

图 7-36　2021 年医疗保健业上市公司分类景气指数

(四) 2021 年化工原料业上市公司景气指数

2021 年化工原料业上市公司景气指数为 127.12，位于“较为景气”区间。2021 年化工原料业上市公司 7 个分类景气指数中有 6 个位于临界值 100 之上，1 个位于临界值 100 之下。其中生产景气指数为 159.37，位于“较强景气”

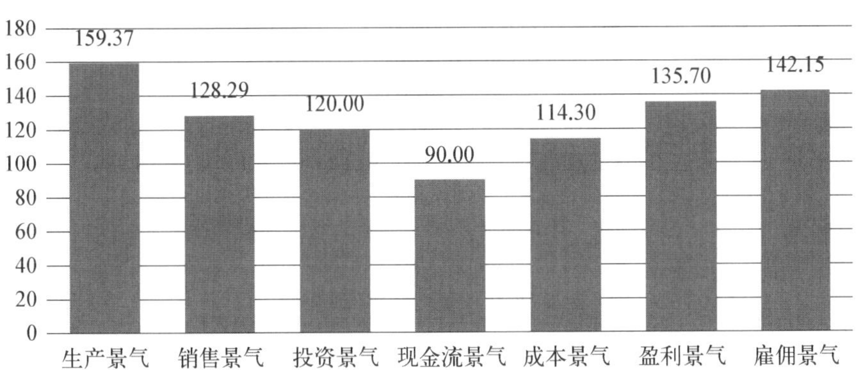

图 7-37　2021 年化工原料业上市公司分类景气指数

区间，在7个分类景气指数中位列第一。2021年化工原料业上市公司现金流景气指数为90.00，位于“微弱不景气”区间；投资景气指数、成本景气指数分别为120.00、114.30，均位于“相对景气”区间；销售景气指数、盈利景气指数、雇佣景气指数分别为128.29、135.70、142.15，均位于“较为景气”区间。数据表明，化工原料业上市公司存在着现金流管理上的问题，但是化工原料业上市公司的盈利能力和对就业的吸纳能力在所有细分行业中处于较强的。

(五) 2021年半导体业上市公司景气指数

2021年半导体业上市公司景气指数为135.12，位于“较为景气”区间。2021年半导体业上市公司7个分类景气指数有6个位于临界值100之上，1个位于临界值100之下。其中生产景气指数为172.36，位于“较强景气”区间，在7个分类景气指数中位列第一。2021年半导体业上市公司现金流景气指数为98.18，位于“微弱不景气”区间；销售景气指数为113.82，位于“相对景气”区间；投资景气指数、成本景气指数、盈利景气指数分别为132.00、128.00、143.27，均位于“较为景气”区间；雇佣景气指数为158.18，位于“较强景气”区间。半导体业上市公司的雇佣景气指数在7个分类景气指数中位列第二，同时在所有细分行业的雇佣景气指数中也位列第二，数据表明，半导体业上市公司对就业的吸纳能力非常强，人员规模迅速扩大，为半导体业的持续发展提供了充足的人力资源。

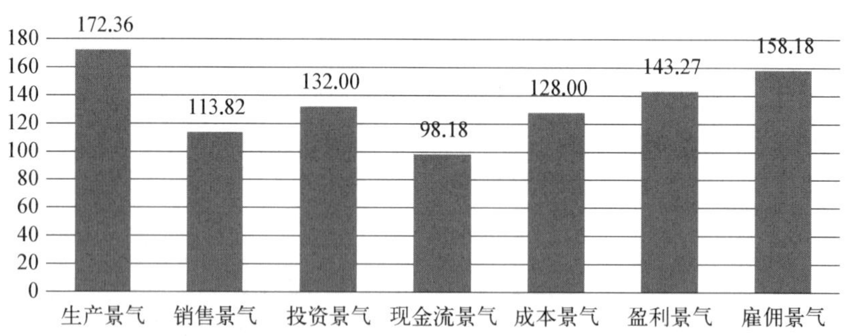

图7-38　2021年半导体业上市公司分类景气指数

(六) 2021年机械基件业上市公司景气指数

2021年机械基件业上市公司景气指数为121.13，位于“较为景气”区间。2021年机械基件业上市公司7个分类景气指数有5个位于临界值100

之上，2 个位于临界值 100 之下。其中生产景气指数为 166.32，位于“较强景气”区间，在 7 个分类景气指数中位列第一。2021 年机械基件业上市公司现金流景气指数为 85.26，位于“相对不景气”区间；成本景气指数为 93.68，位于“微弱不景气”区间；投资景气指数为 103.51，位于“微景气”区间；销售景气指数、盈利景气指数、雇佣景气指数分别为 132.28、134.39、132.46，均位于“较为景气”区间。机械基件业上市公司的现金流管理能力和成本管理能力上略显不足，有待于进一步提升现金流管理和成本管理的能力。

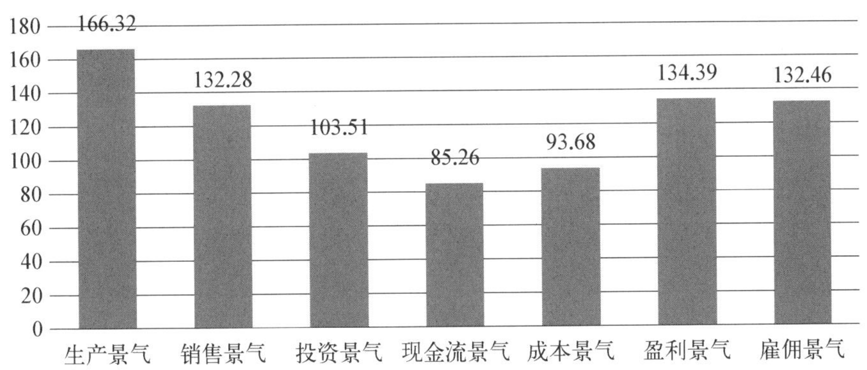

图 7－39　2021 年机械基件业上市公司分类景气指数

(七) 2021 年生物制药业上市公司景气指数

2021 年生物制药业上市公司景气指数为 123.96，位于“较为景气”区间。2021 年生物制药业上市公司 7 个分类景气指数有 6 个位于临界值 100 之上，1 个位于临界值 100 之下。其中生产景气指数为 155.90，位于“较强景气”区间，在 7 个分类景气指数中位列第一。2021 年生物制药业上市公司现金流景气指数为 93.85，位于“微弱不景气”区间；成本景气指数为 103.08，位于“微景气”区间；销售景气指数为 118.97，位于“相对景气”区间；投资景气指数、盈利景气指数、雇佣景气指数分别为 121.03、129.74、145.13，均位于“较为景气”区间。数据表明，生物制药业上市公司的盈利能力处于较好的时期，同时对就业的吸纳能力也较强，人员规模的继续扩大有利于生物制药业上市公司今后的发展，可为行业发展储备丰富的人力资源。

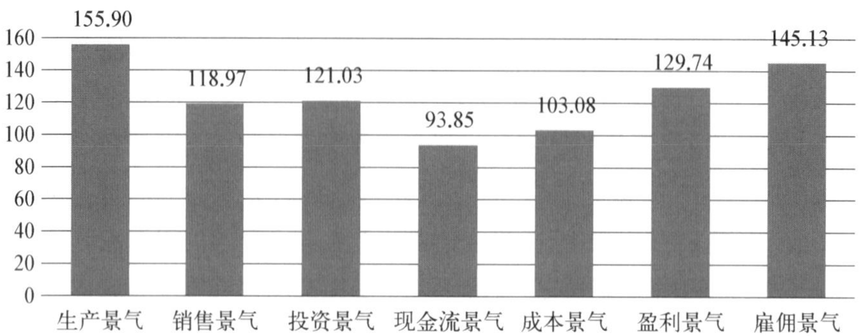

图7-40 2021年生物制药业上市公司分类景气指数

(八) 2021年证券业上市公司景气指数

2021年证券业上市公司景气指数为131.10，位于“较为景气”区间。2021年证券业上市公司7个分类景气指数均位于临界值100之上。其中生产景气指数为167.27，位于“较强景气”区间，在7个分类景气指数中位列第一。2021年证券业上市公司销售景气指数、投资景气指数、现金流景气指数分别为105.00、107.73、108.64，均位于“微景气”区间；成本景气指数为111.36，位于“相对景气”区间，盈利景气指数、雇佣景气指数分别为164.09、153.64，均位于“较强景气”区间。数据表明，证券业上市公司的盈利能力和雇佣能力均较强，在所有细分行业中排名靠前，这与2021年证券市场整体上扬有较大的关系。

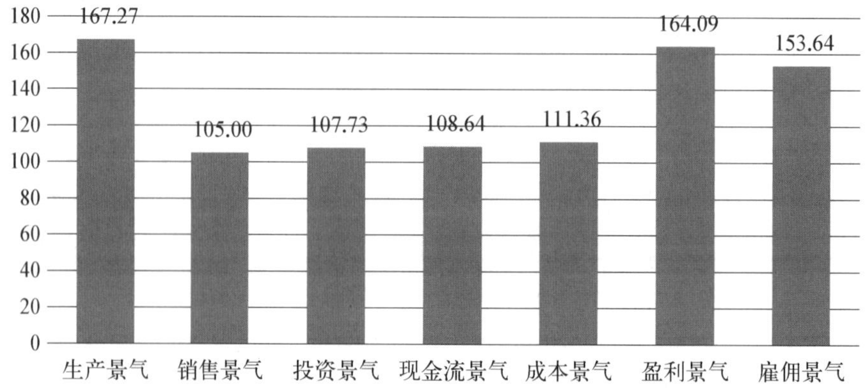

图7-41 2021年证券业上市公司分类景气指数

(九) 2021 年小金属业上市公司景气指数

2021 年小金属业上市公司景气指数为 131.71,位于"较为景气"区间。2021 年小金属业上市公司 7 个分类景气指数均位于临界值 100 之上。其中生产景气指数为 145.85,位于"较为景气"区间,在 7 个分类景气指数中位列第三。2021 年小金属业上市公司现金流景气指数为 101.46,位于"微景气"区间;投资景气指数为 117.56,位于"相对景气"区间;销售景气指数、成本景气指数、盈利景气指数、雇佣景气指数分别为 137.56、149.76、146.83、122.93,均位于"较为景气"区间。小金属业上市公司的成本景气指数在 7 个分类景气指数中位列第一,数据表明,小金属业上市公司在成本管理上具有非常强的控制能力。

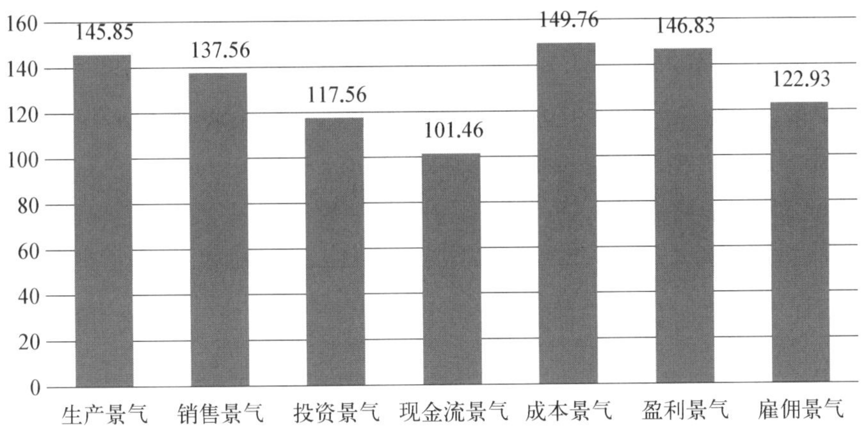

图 7-42　2021 年小金属业上市公司分类景气指数

(十) 2021 年农药化肥业上市公司景气指数

2021 年农药化肥业上市公司景气指数为 126.70,位于"较为景气"区间。2021 年农药化肥业上市公司 7 个分类景气指数均位于临界值 100 之上。其中生产景气指数为 154.58,位于"较强景气"区间,在 7 个分类景气指数中位列第一。2021 年农药化肥业上市公司现金流景气指数为 110.00,位于"微景气"区间;投资景气指数为 111.67,位于"相对景气"区间;销售景气指数、成本景气指数、盈利景气指数、雇佣景气指数分别为 133.33、122.92、132.50、121.88,均位于"较为景气"区间。数据表明,农药化肥业上市公司对现金流管理能力和成本管理能力具有一定的优势,在所有细分行业中表现较好。

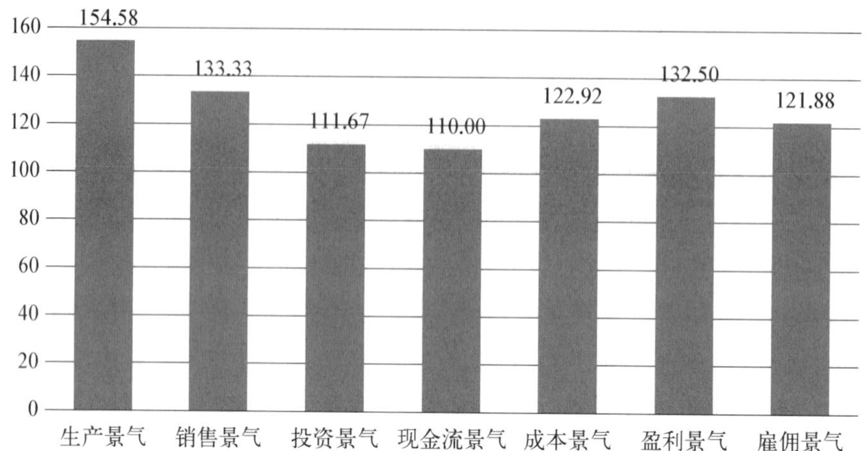

图 7-43 2021 年农药化肥业上市公司分类景气指数

(十一) 2021 年银行业上市公司景气指数

2021 年银行业上市公司景气指数为 124.92,位于"较为景气"区间。2021 年银行业上市公司 7 个分类景气指数中有 4 个位于临界值 100 之上,1 个位于临界值 100 之下,2 个与临界值 100 重合。其中生产景气指数为 167.78,位于"较强景气"区间,在 7 个分类景气指数中位列第一。2021 年银行业上市公司现金流景气指数为 77.22,位于"较为不景气"区间;销售景气指数、成本景气指数均为 100.00,均与临界值 100 重合;投资景气指数、雇佣景气指数分别为 123.89、139.44,均位于"较为景气"区间;盈利景气指数为 166.11,位于"较强景气"区间,在 7 个分类景气指数中位列第二。数据表

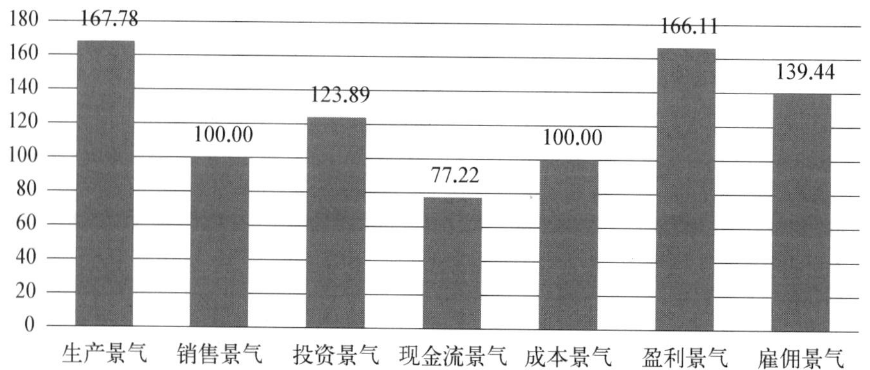

图 7-44 2021 年银行业上市公司分类景气指数

明，银行业上市公司的盈利能力非常强，在所有细分行业中，银行业上市公司的盈利景气指数位于第二位。

二、相对景气细分行业

(一) 2021 年电气设备业上市公司景气指数

2021 年电气设备业上市公司景气指数为 117.50，位于"相对景气"区间。2021 年电气设备业上市公司 7 个分类景气指数中有 5 个位于临界值 100 之上，2 个位于临界值 100 之下。其中生产景气指数为 154.42，位于"较强景气"区间，在 7 个分类景气指数中位列第一。2021 年电气设备业上市公司现金流景气指数为 79.09，位于"较为不景气"区间；成本景气指数为 97.87，位于"微弱不景气"区间，销售景气指数为 111.68，位于"相对景气"区间；投资景气指数、盈利景气指数、雇佣景气指数分别为 121.52、131.57、126.35，均位于"较为景气"区间。数据表明，电气设备业上市公司在现金流管理上存在一些问题，需要进一步提升现金流管理水平，确保上市公司经营过程中现金流充沛。

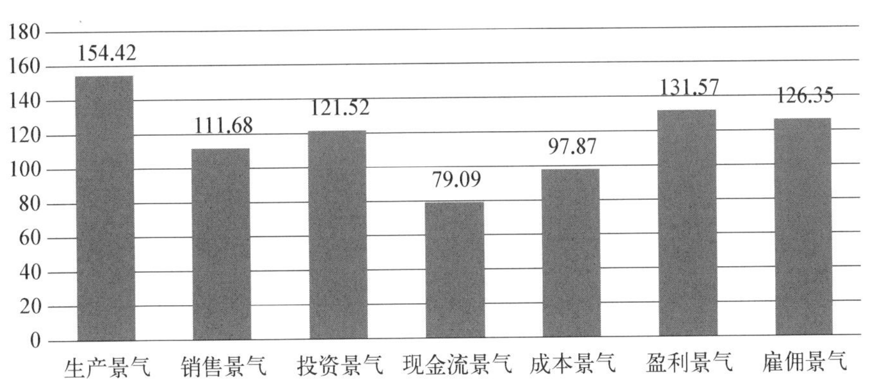

图 7-45　2021 年电气设备业上市公司分类景气指数

(二) 2021 年汽车配件业上市公司景气指数

2021 年汽车配件业上市公司景气指数为 113.43，位于"相对景气"区间。2021 年汽车配件业上市公司 7 个分类景气指数中有 5 个位于临界值 100 之上，2 个位于临界值 100 之下。其中生产景气指数为 160.26，位于"较强景气"区间，在 7 个分类景气指数中位列第一。2021 年汽车配件业上市

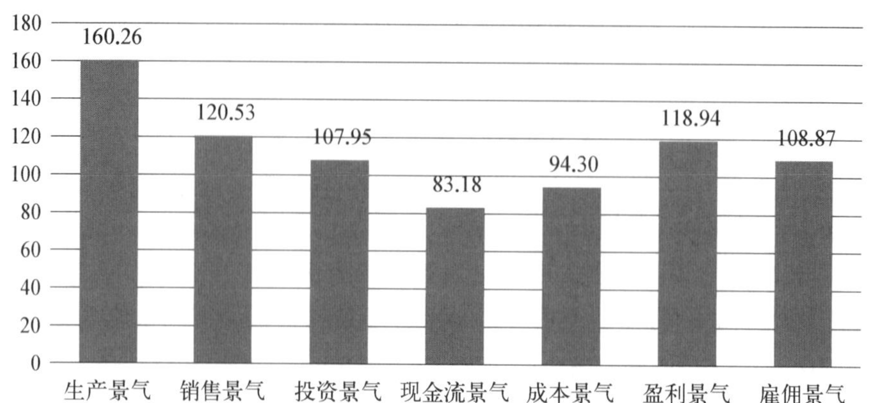

图7-46　2021年汽车配件业上市公司分类景气指数

公司现金流景气指数为83.18，位于“相对不景气”区间；成本景气指数为94.30，位于“微弱不景气”区间；投资景气指数、雇佣景气指数分别为107.95、108.87，均位于“微景气”区间；盈利景气指数为118.94，位于“相对景气”区间；销售景气指数为120.53，位于“较为景气”区间。

(三) 2021年环境保护业上市公司景气指数

2021年环境保护业上市公司景气指数为111.58，位于“相对景气”区间。2021年环境保护业上市公司7个分类景气指数有5个位于临界值100之上，2个位于临界值100之下。其中生产景气指数为132.89，位于“较为景气”区间，在7个分类景气指数中位列第二。2021年环境保护业上市公司现金流景气指数、成本景气指数分别为78.42、75.26，均位于“较为不景气”区间；盈利景气指数为110.26、108.95，位于“微景气”区间；投资景气指

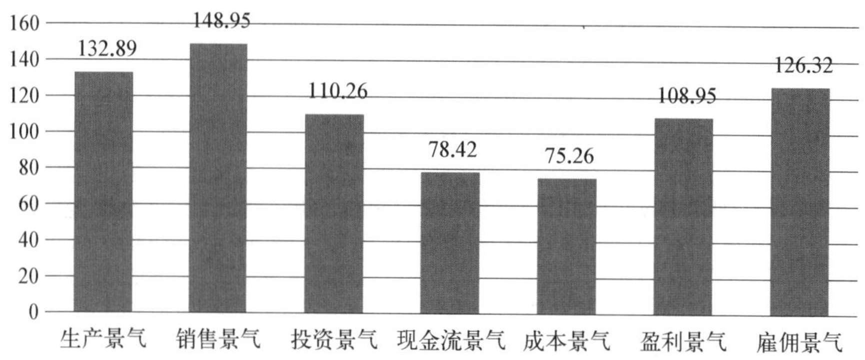

图7-47　2021年环境保护业上市公司分类景气指数

数为 110.26，位于“相对景气”区间；销售景气指数、雇佣景气指数分别为 148.95、126.32，均位于“较为景气”区间。数据表明，环境保护业上市公司的现金流管理和成本管理方面均存在一定的不足，环境保护业上市公司需要进一步提升现金流管理和成本管理的能力。

(四) 2021 年建筑工程业上市公司景气指数

2021 年建筑工程业上市公司景气指数为 117.64，位于“相对景气”区间。2021 年建筑工程业上市公司 7 个分类景气指数有 5 个位于临界值 100 之上，2 个位于临界值 100 之下。其中生产景气指数为 150.23，位于“较强景气”区间，在 7 个分类景气指数中位列第二。2021 年建筑工程业上市公司投资景气指数、成本景气指数分别为 86.05、83.72，均位于“相对不景气”区间；现金流景气指数为 105.81，位于“微景气”区间；雇佣景气指数为 112.79，位于“相对景气”区间；盈利景气指数为 121.86，位于“较为景气”区间；销售景气指数为 163.02，位于“较强景气”区间。数据表明，建筑工程业上市公司扩大投资规模的意愿不强，同时在成本管理上也存在一定的不足，有待于进一步提升成本管理能力。建筑工程业上市公司销售景气指数位于“较强景气”区间，在所有细分行业中排名第三位，表明了建筑工程业上市公司具有旺盛的市场需求。

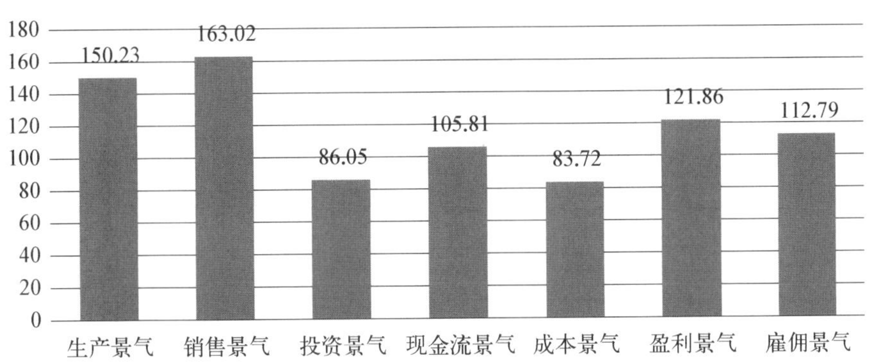

图 7-48 2021 年建筑工程业上市公司分类景气指数

(五) 2021 年电器仪表业上市公司景气指数

2021 年电器仪表业上市公司景气指数为 119.95，位于“相对景气”区间。2021 年电器仪表业上市公司 7 个分类景气指数有 5 个位于临界值 100

之上，2个位于临界值100之下。其中生产景气指数为166.78，位于"较强景气"区间，在7个分类景气指数中位列第一。2021年电器仪表业上市公司现金流景气指数为66.10，位于"较为不景气"区间；销售景气指数为96.61，位于"微弱不景气"区间；成本景气指数为112.88，位于"相对景气"区间；投资景气指数、盈利景气指数、雇佣景气指数分别为125.08、127.46、144.75，均位于"较为景气"区间。电器仪表业上市公司的现金流管理能力明显不足，有待于进一步提升现金流管理能力，同时电器仪表业上市公司的产品市场需求业不足，有待于提升产品质量和产品的功能，进一步提升产品的市场需求度。

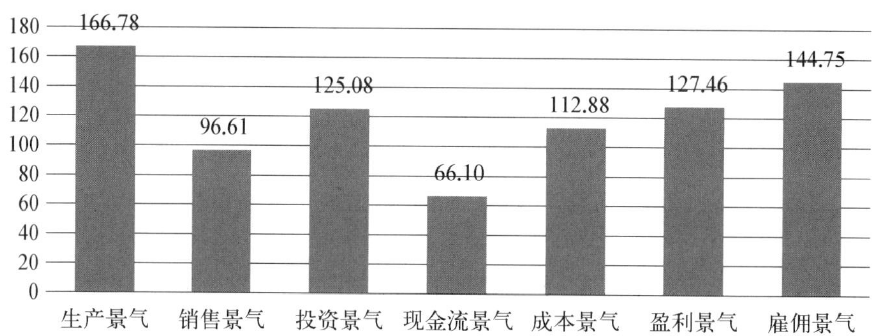

图7-49　2021年电器仪表业上市公司分类景气指数

(六) 2021年食品业上市公司景气指数

2021年食品业上市公司景气指数为110.14，位于"相对景气"区间。2021年食品业上市公司7个分类景气指数有4个位于临界值100之上，3个位于临界值100之下。其中生产景气指数为138.41，位于"较为景气"区间，在7个分类景气指数中位列第一。2021年食品业上市公司成本景气指数为73.97，位于"较为不景气"区间；现金流景气指数、盈利景气指数分别为93.02、97.14，均位于"微弱不景气"区间；投资景气指数为112.70，位于"相对景气"区间；销售景气指数、雇佣景气指数分别为124.44、131.27，均位于"较为景气"区间。食品业作为传统行业，在成本管理上还有较大的提升空间，可以通过改进工艺流程、压缩生产成本，以及改变销售模式、压缩销售成本等方式，来提升成本管理的能力。虽然食品业的盈利能力也较弱，但是食品业上市公司在人员需求上还是比较大的，其雇佣景气指数在所有细分行业中位于中等水平，可能过多的

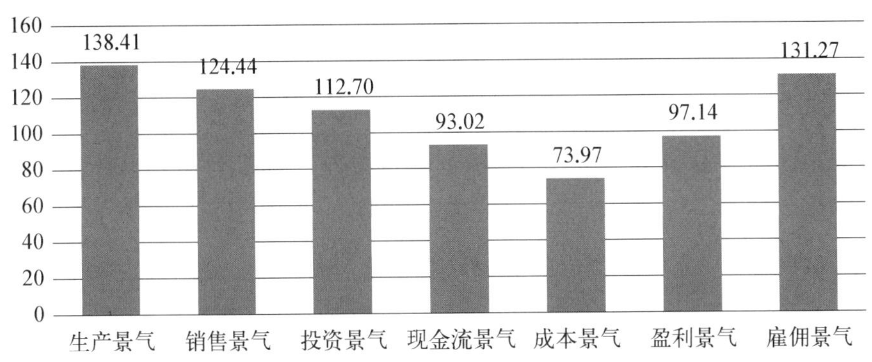

图7-50　2021年食品业上市公司分类景气指数

人员，增加了食品业上市公司的人员成本，导致了食品业上市公司成本景气指数非常弱，以及盈利景气指数不强，食品业上市公司需要进一步提升员工的个人生产效率，充分发挥员工的工作积极性和主观能动性，变负担为动力，逐步改善盈利能力，为吸纳更多的就业提供支撑。

(七) 2021年家用电器业上市公司景气指数

2021年家用电器业上市公司景气指数为113.02，位于“相对景气”区间。2021年家用电器业上市公司7个分类景气指数有5个位于临界值100之上，2个位于临界值100之下。其中生产景气指数为157.21，位于“较强景气”区间，在7个分类景气指数中位列第一。2021年家用电器业上市公司成本景气指数为76.72，位于“较为不景气”区间；现金流景气指数为86.56，位于“相对景气”区间；投资景气指数、雇佣景气指数分别为108.20、108.36，均位于“微景气”区间；销售景气指数、盈利景气指数分别为127.87、

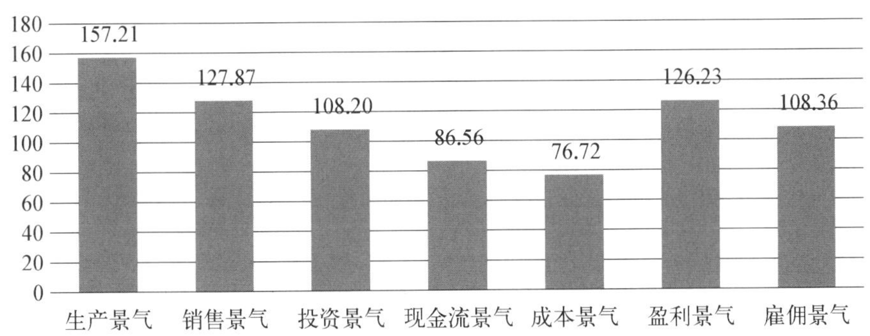

图7-51　2021年家用电器业上市公司分类景气指数

126.23，均位于“较为景气”区间。数据表明，家用电器业上市公司的现金流管理能力和成本管理能力存在一定的不足，均有待于进一步提升。

（八）2021年中成药业上市公司景气指数

2021年中成药业上市公司景气指数为116.26，位于“相对景气”区间。2021年中成药业上市公司7个分类景气指数均位于临界值100之上。其中生产景气指数为137.65，位于“较为景气”区间，在7个分类景气指数中位列第一。2021年中成药业上市公司投资景气指数、现金流景气指数、雇佣景气指数分别为107.94、104.71、108.82，均位于“微景气”区间；销售景气指数、成本景气指数分别为118.24、116.18，均位于“相对景气”区间；盈利景气指数为120.29，位于“较为景气”区间。

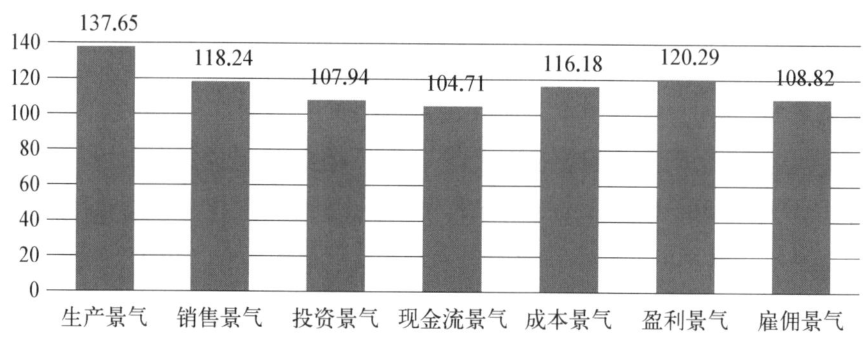

图7-52　2021年中成药业上市公司分类景气指数

（九）2021年居家用品业上市公司景气指数

2021年居家用品业上市公司景气指数为111.06，位于“相对景气”区间。2021年居家用品业上市公司7个分类景气指数有4个位于临界值100之上，3个位于临界值100之下。其中生产景气指数为170.26，位于“较强景气”区间，在7个分类景气指数中位列第一。2021年居家用品业上市公司成本景气指数为48.72，位于“较强不景气”区间，现金流景气指数为63.08，位于“较为不景气”区间；销售景气指数为96.92，位于“微弱不景气”区间；投资景气指数、盈利景气指数、雇佣景气指数分别为135.90、122.05、140.51，均位于“较为景气”区间。居家用品业上市公司的现金流管理能力和成本管理能力明显不足，有待于进一步提升。

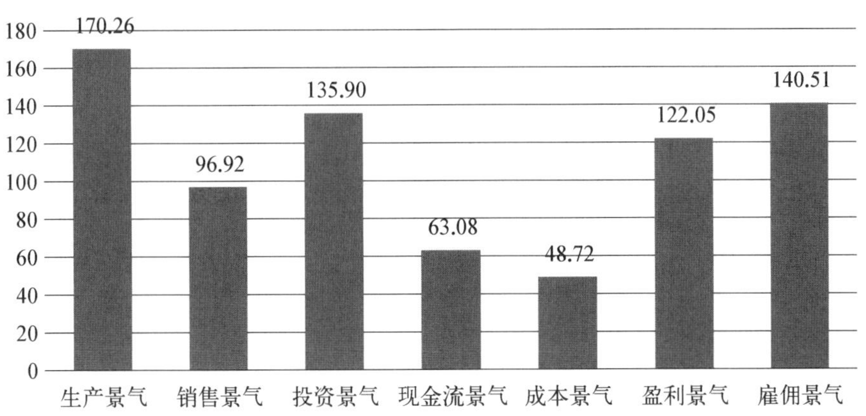

图 7-53　2021 年居家用品业上市公司分类景气指数

(十) 2021 年仓储物流业上市公司景气指数

2021 年仓储物流业上市公司景气指数为 118.54,位于“相对景气”区间。2021 年仓储物流业上市公司 7 个分类景气指数有 6 个位于临界值 100 之上,1 个位于临界值 100 之下。其中生产景气指数为 147.80,位于“较为景气”区间,在 7 个分类景气指数中位列第一。2021 年仓储物流业上市公司现金流景气指数为 86.34,位于“相对不景气”区间;成本景气指数为 105.37,位于“微景气”区间;投资景气指数、雇佣景气指数分别为 111.22、113.17,均位于“相对景气”区间;销售景气指数、盈利景气指数分别为 139.51、126.34,均位于“较为景气”区间。

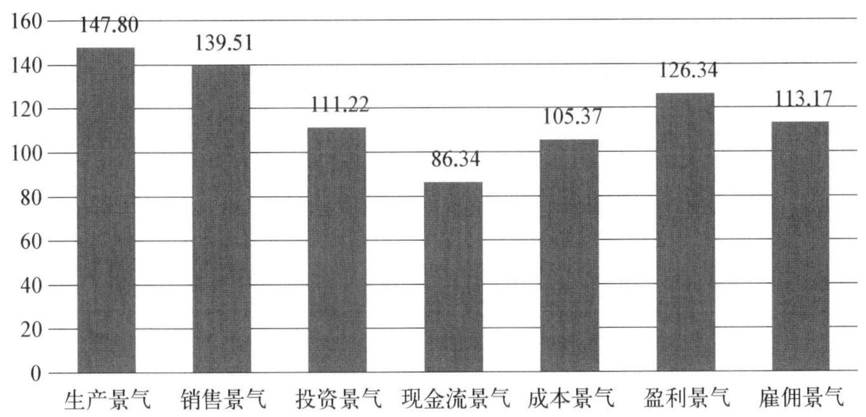

图 7-54　2021 年仓储物流业上市公司分类景气指数

（十一）2021年供气供热业上市公司景气指数

2021年供气供热业上市公司景气指数为119.24，位于“相对景气”区间。2021年供气供热业上市公司7个分类景气指数中有5个位于临界值100之上，2个位于临界值100之下。其中生产景气指数为138.13，位于“较为景气”区间，在7个分类景气指数中位列第二。2021年供气供热业上市公司雇佣景气指数为86.56，位于“相对不景气”区间；成本景气指数为92.50，位于“微弱不景气”区间；现金流景气指数为109.38，位于“微景气”区间；销售景气指数、投资景气指数、盈利景气指数分别为144.38、128.75、135.00，均位于“较为景气”区间，其中销售景气指数在7个分类景气指数中位列第一。数据表明，供气供热业上市公司对就业的吸纳能力较弱，为所有细分行业中较弱的一个行业。

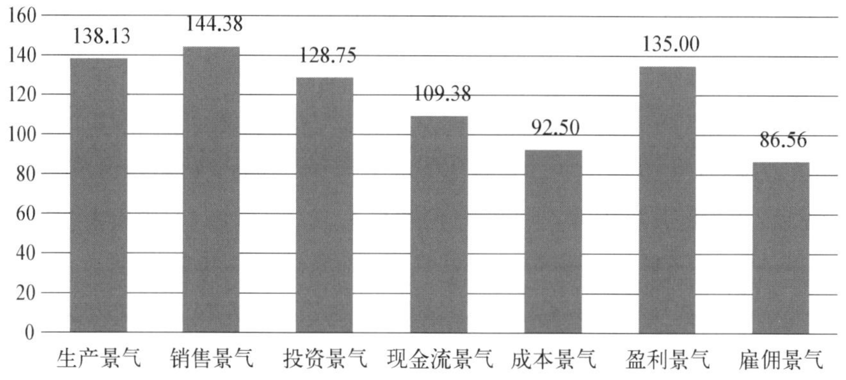

图7－55　2021年供气供热业上市公司分类景气指数

（十二）2021年航空业上市公司景气指数

2021年航空业上市公司景气指数为118.00，位于“相对景气”区间。2021年航空业上市公司7个分类景气指数中有5个位于临界值100之上，2个位于临界值100之下。其中生产景气指数为142.67，位于“较为景气”区间，在7个分类景气指数中位列第二。2021年航空业上市公司雇佣景气指数为88.67，位于“相对不景气”区间；销售景气指数为94.00，位于“微弱不景气”区间；现金流景气指数、成本景气指数分别为112.67、112.00，均位于“相对景气”区间；投资景气指数为122.67，位于“较为景气”区间；盈利景气指数为153.33，位于“较强景气”区间，在7个分类景气指数中位列第一。数据表

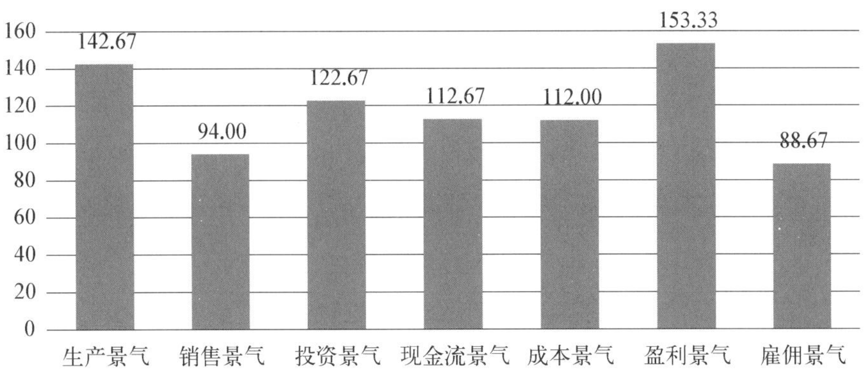

图 7－56　2021 年航空业上市公司分类景气指数

明，航空业上市公司的盈利较强，在所有细分行业中靠前，但是对就业的吸纳能力较弱，员工人数下降不利于人才的储备，对今后发展会产生一定的负面影响。

三、微景气细分行业

(一) 2021 年软件服务业上市公司景气指数

2021 年软件服务业上市公司景气指数为 107.13，位于"微景气"区间。2021 年软件服务业上市公司 7 个分类景气指数中有 3 个位于临界值 100 之上，4 个位于临界值 100 之下。其中生产景气指数为 147.81，位于"较为景气"区间，在 7 个分类景气指数中位列第一。2021 年软件服务业上市公司销售景

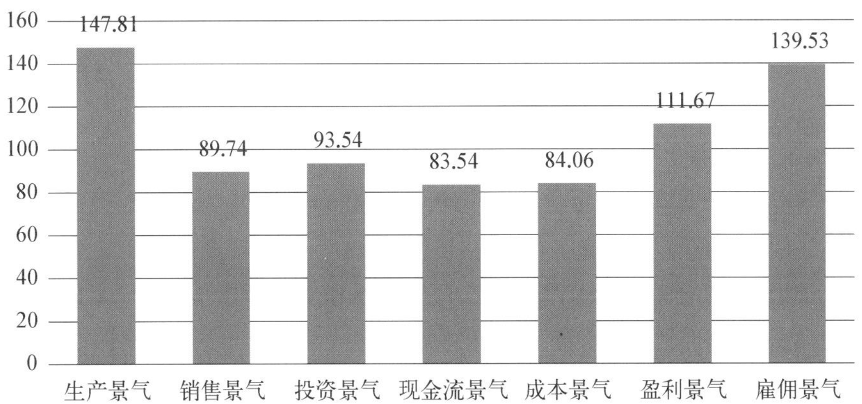

图 7－57　2021 年软件服务业上市公司分类景气指数

气指数、现金流景气指数、成本景气指数分别为89.74、83.54、84.06,均位于“相对不景气”区间;投资景气指数为93.54,位于“微弱不景气”区间;盈利景气指数为111.67,位于“相对景气”区间。雇佣景气指数为139.53,位于“较为景气”区间。数据表明,软件服务业上市公司在2021年的销售、投资均存在不足,现金流管理和成本管理均有待于进一步提升。但是2021年软件服务业大量招聘员工,成为所有细分行业中对就业贡献率较大的一个行业。

(二)2021年化学制药业上市公司景气指数

2021年化学制药业上市公司景气指数为106.37,位于“微景气”区间。2021年化学制药业上市公司7个分类景气指数有5个位于临界值100之上,2个位于临界值100之下。其中生产景气指数为117.12,位于“相对景气”区间,在7个分类景气指数中位列第一。2021年化学制药业上市公司现金流景气指数、成本景气指数分别为91.73、90.19,均位于“微弱不景气”区间;盈利景气指数为106.73,位于“微景气”区间;销售景气指数、投资景气指数、雇佣景气指数分别为119.92、112.69、114.23,均位于“相对景气”区间。

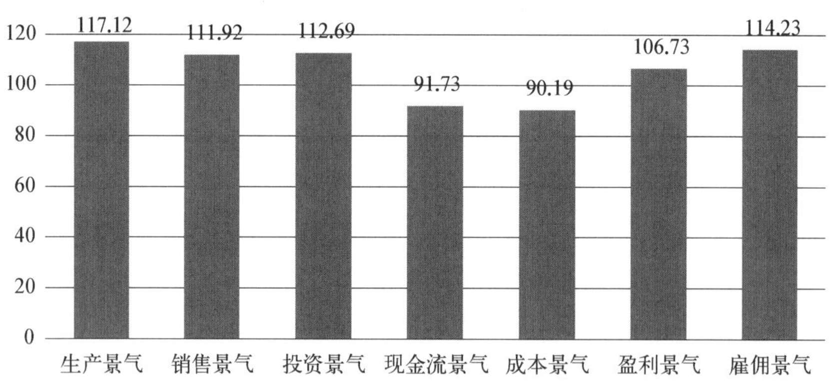

图7-58　2021年化学制药业上市公司分类景气指数

(三)2021年塑料业上市公司景气指数

2021年塑料业上市公司景气指数为108.77,位于“微景气”区间。2021年塑料业上市公司7个分类景气指数有4个位于临界值100之上,3个位于临界值100之下。其中生产景气指数为144.09,位于“较为景气”区间,在7个分类景气指数中位列第一。2021年塑料业上市公司现金流景气指数为84.55,位于“相对不景气”区间;投资景气指数、成本景气指数分别为95.45、

92.27,均位于“微景气”区间;雇佣景气指数为106.36,位于“微景气”区间;销售景气指数、盈利景气指数分别为119.09、119.55,均位于“相对景气”区间。塑料业上市公司的现金流管理和成本管理能力略显不足,有待于进一步提升现金流管理和成本管理能力。同时塑料业上市公司继续扩大投资规模的意愿也略显不足,对行业发展前景充满了担忧。

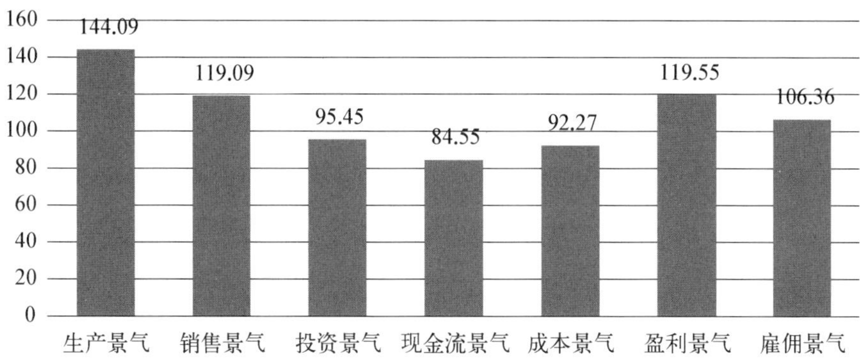

图7-59 2021年塑料业上市公司分类景气指数

(四)2021年广告包装业上市公司景气指数

2021年广告包装业上市公司景气指数为101.26,位于“微景气”区间。2021年广告包装业上市公司7个分类景气指数中有4个位于临界值100之上,3个位于临界值100之下。其中生产景气指数为149.30,位于“较为景气”区间,在7个分类景气指数中位列第一。2021年广告包装业上市公司投资景气指数、现金流景气指数、成本景气指数分别为73.95、78.60、74.88,

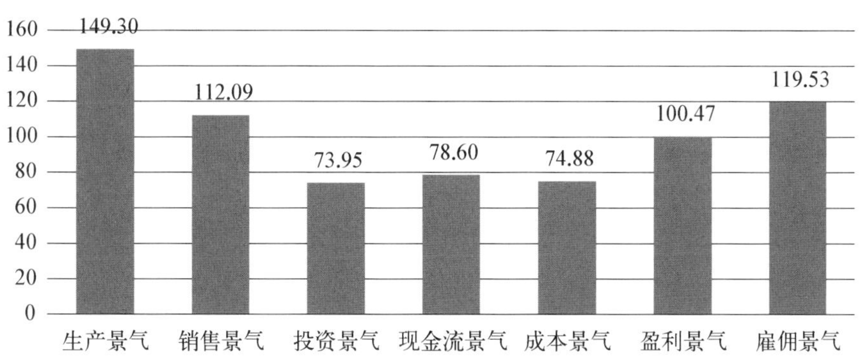

图7-60 2021年广告包装业上市公司分类景气指数

分别位于“较为不景气”区间；盈利景气指数为100.47，位于“微景气”区间；销售景气指数、雇佣景气指数分别为112.09、119.53，均位于“相对景气”区间。数据表明，广告包装业上市公司的现金流管理能力和成本管理能力均存在较大不足，需要进一步下功夫全面提升现金流管理和成本管理能力。同时广告包装业上市公司对继续扩大投资规模的意愿明显不足，对行业发展充满了担忧。

四、微弱不景气细分行业

（一）2021年通信设备业上市公司景气指数

2021年通信设备业上市公司景气指数为98.82，位于“微弱不景气”区间。2021年通信设备业上市公司7个分类景气指数有2个位于临界值100之上，5个位于临界值100之下。其中生产景气指数为127.24，位于“较为景气”区间，在7个分类景气指数中位列第一。2021年通信设备业上市公司销售景气指数为73.79，位于“较为不景气”区间；投资景气指数、现金流景气指数、成本景气指数、雇佣景气指数分别为98.62、91.21、99.48、97.59，均位于“微弱不景气”区间；盈利景气指数为103.79，位于“微景气”区间。数据表明，通信设备业上市公司的产品缺乏市场需求，同时对就业的吸纳能力也在所有细分行业中排名靠后。

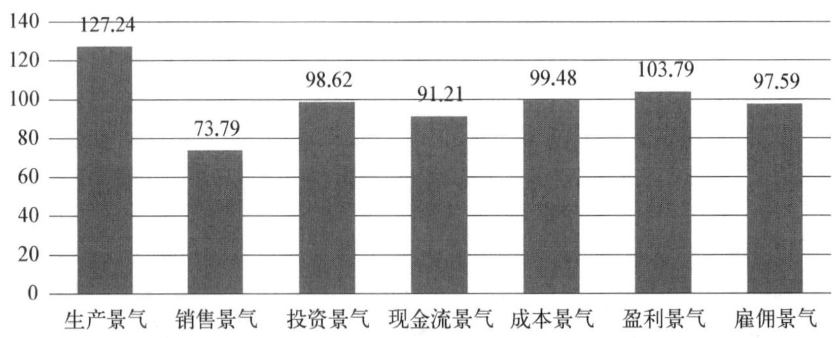

图7-61　2021年通信设备业上市公司分类景气指数

（二）2021年互联网业上市公司景气指数

2021年互联网业上市公司景气指数为93.92，位于“微弱不景气”区间。2021年互联网业上市公司7个分类景气指数有3个位于临界值100之上，4

个位于临界值 100 之下。其中生产景气指数为 113.80，位于“相对景气”区间，在 7 个分类景气指数中位列第一。2021 年互联网业上市公司投资景气指数、成本景气指数分别为 64.23、78.31，均位于“较为不景气”区间；现金流景气指数为 81.79，位于“相对不景气”区间；销售景气指数为 97.04，位于“微弱不景气”区间；盈利景气指数为 109.58，位于“微景气”区间；雇佣景气指数为 112.54，位于“相对景气”区间。互联网业上市公司扩大投资规模的意愿严重不足，整个互联网行业处于行业低谷期，需要开发新的模式，引导市场需求，提升整个行业的景气度。

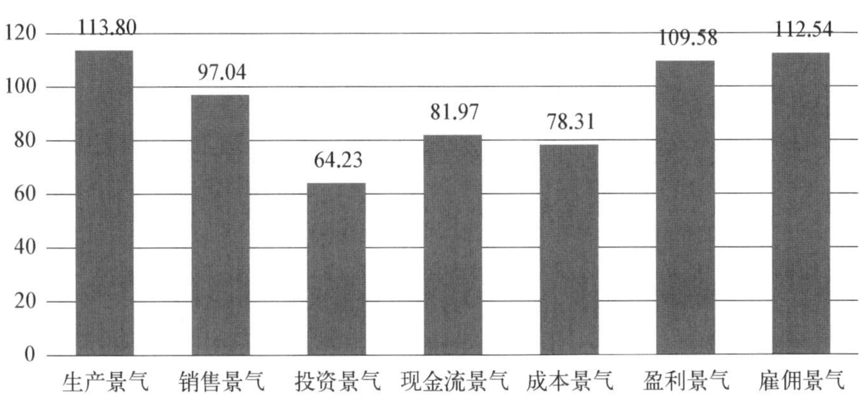

图 7－62　2021 年互联网业上市公司分类景气指数

(三) 2021 年服饰业上市公司景气指数

2021 年服饰业上市公司景气指数为 97.38，位于“微弱不景气”区间。2021 年服饰业上市公司 7 个分类景气指数有 5 个位于临界值 100 之上，2 个位于临界值 100 之下。其中生产景气指数为 113.82，位于“相对景气”区间，在 7 个分类景气指数中位列第二。2021 年服饰业上市公司投资景气指数、雇佣景气指数分别为 56.00、68.36，均位于“较为不景气”区间；现金流景气指数、盈利景气指数分别为 100.73、101.09，均位于“微景气”区间；成本景气指数为 112.73，位于“相对景气”区间；销售景气指数为 128.91，位于“较为景气”区间。服饰业上市公司继续扩大投资规模以及对未来行业发展信心严重不足，服饰业上市公司对就业的吸纳能力业同样明显不足，有待于进一步提升。

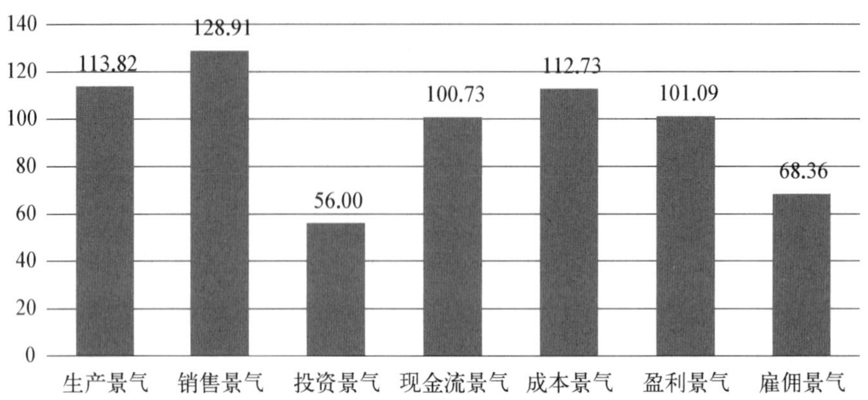

图7-63　2021年服饰业上市公司分类景气指数

(四) 2021年区域地产业上市公司景气指数

2021年区域地产业上市公司景气指数为91.95,位于"微弱不景气"区间。2021年区域地产业上市公司7个分类景气指数有3个位于临界值100之上,4个位于临界值100之下。其中生产景气指数为121.82,位于"较为景气"区间,在7个分类景气指数中位列第一。2021年区域地产业上市公司投资景气指数、成本景气指数、雇佣景气指数分别为70.18、63.27、78.91,均位于"较为不景气"区间;销售景气指数为95.27,位于"微景气"区间;盈利景气指数为103.64,位于"微景气"区间;现金流景气指数为110.55,位于"相对景气"区间。数据表明,区域地产业上市公司受到国家对房地产业一系列政策的影响,导致区域地产业上市公司继续扩大投资的能力明显不足,同时

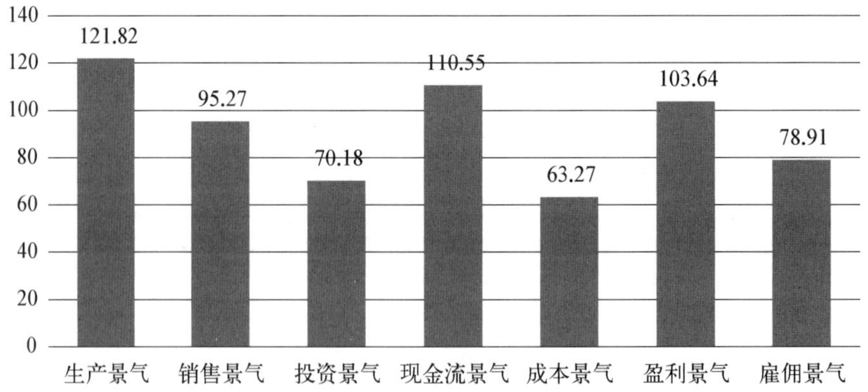

图7-64　2021年区域地产业上市公司分类景气指数

区域地产业上市公司的成本管理能力也明显不足，有待于进一步提升。同时区域地产业上市公司在人员规模上出现一定程度的收缩，为了应对整个行业的不景气，不少区域地产公司采取了裁员的做法。为了挨过行业的冬天，大部分区域地产业上市公司收缩了投资规模，多渠道出售现有存量房产回笼资金，使得区域地产业上市公司的现金流景气指数表现得相对较好，位于“相对景气”区间。

(五) 2021 年纺织业上市公司景气指数

2021 年纺织业上市公司景气指数为 95.35，位于“微弱不景气”区间。2021 年纺织业上市公司 7 个分类景气指数中有 2 个位于临界值 100 之上，5 个位于临界值 100 之下。其中生产景气指数为 149.30，位于“较为景气”区间，在 7 个分类景气指数中位列第一。2021 年纺织业上市公司投资景气指数、现金流景气指数、雇佣景气指数分别为 82.86、85.71、85.14，均位于“相对不景气”区间；成本景气指数、盈利景气指数分别为 97.14、94.86，均位于“微弱不景气”区间。销售景气指数为 113.71，位于“相对景气”区间。

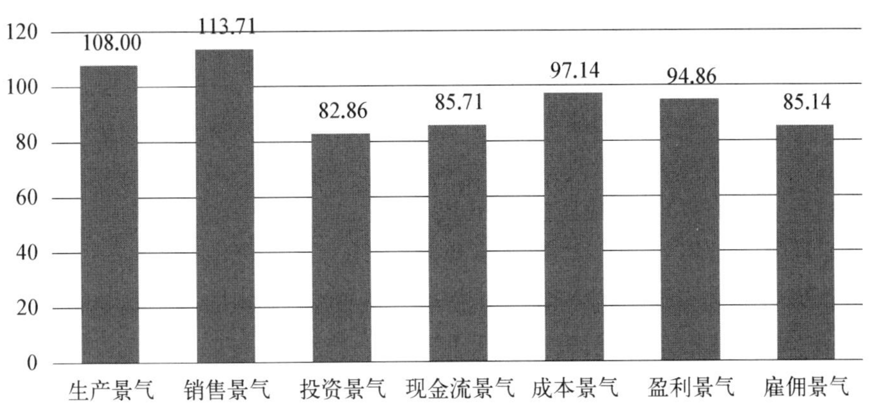

图 7-65　2021 年纺织业上市公司分类景气指数

(六) 2021 年影视音像业上市公司景气指数

2021 年影视音像业上市公司景气指数为 91.36，位于“微弱不景气”区间。2021 年影视音像业上市公司 7 个分类景气指数中有 2 个位于临界值 100 之上，5 个位于临界值 100 之下。其中生产景气指数为 92.09，位于“微弱不景气”区间，在 7 个分类景气指数中位列第五。2021 年影视音像业上市公司投资景气指数、雇佣景气指数分别为68.37、56.74，均位于“较为不景气”区间；现金流景气指数、成本景气指数分别为99.07、98.60，均位于“微弱不景气”区间；盈利景气指数为109.30，位于“微景气”区间；销售景气指数为115.35，位于“相对景气”区间。数据表明，影视音像业上市公司景气度较弱，这与近年来对影视音像业的整顿有较大关系，对影视音像出版的严格审查以及对一些演艺人员偷税漏税的追缴罚款，对整个行业发展乱象起到了一定震慑作用，不少影视音像业上市公司亦受到了波及，同时不少影视音像业上市公司进入萧条期，并进行了一定程度的裁员。

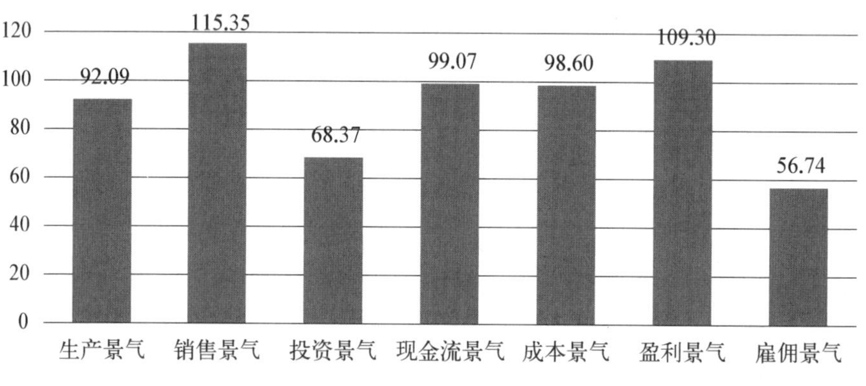

图7-66　2021年影视音像业上市公司分类景气指数

五、相对不景气细分行业

(一) 2021年文教休闲业上市公司景气指数

2021年文教休闲业上市公司景气指数为83.40，位于“相对不景气”区间。2021年文教休闲业上市公司7个分类景气指数中有2个位于临界值100之上，5个位于临界值100之下。其中生产景气指数为102.16，位于“微景气”区间，在7个分类景气指数中位列第一。2021年文教休闲业上市公司投资景气指数、现金流景气指数、成本景气指数、雇佣景气指数分别为73.51、71.89、73.51、64.86，均位于“较为不景气”区间，其中投资景气指数和成本景气指数具有同样的指数值；销售景气指数为95.68，位于“微弱不景气”区间；盈利景气指数为102.16，位于“微景气”区间，与生产景气指数并列第一。数据表明，文教休闲业上市公司无论是行业景气指数还是分类景气

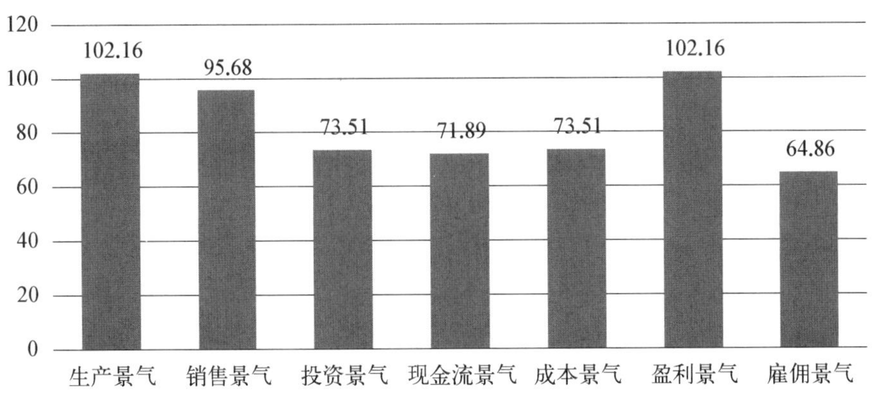

图 7－67　2021 年文教休闲业上市公司分类景气指数

指数，均在所有细分行业中较弱，这与 2021 年国家对教育类公司的整顿，几乎禁止教育类机构在周末从事课外教学有关，整个行业景气度处于低位运行。

(二) 2021 年百货业上市公司景气指数

2021 年百货业上市公司景气指数为 80.34，位于“相对不景气”区间。2021 年百货业上市公司 7 个分类景气指数中有 3 个位于临界值 100 之上，4 个位于临界值 100 之下。其中生产景气指数为 26.84，位于“较强不景气”区间，在 7 个分类景气指数中位列最后，同时也是所有细分行业中生产景气指数最弱的。2021 年百货业上市公司投资景气指数为 48.95，位于“较强不景气”区间；销售景气指数、雇佣景气指数分别为 58.42、67.63，均位于“较为不

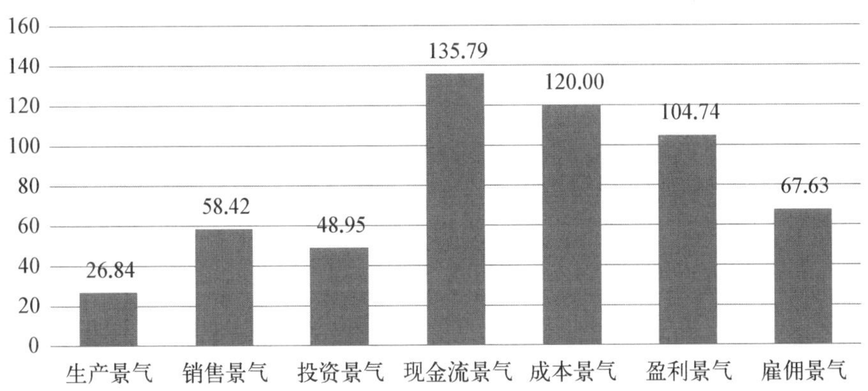

图 7－68　2021 年百货业上市公司分类景气指数

景气”区间；盈利景气指数为104.74，位于“微景气”区间；成本景气指数为120.00，位于“相对景气”区间，现金流景气指数为135.79，位于“较为景气”区间。数据表明，百货业上市公司在成本管理上具有一定的优势，其成本景气指数在所有细分行业中处于中上水平，同时百货业上市公司现金流较为充足，手握大量现金，但是由于缺乏对行业发展的信心，继续扩大投资规模的意愿非常弱。

第三节　2021年不同板块上市公司景气指数

本节对2021年不同板块上市公司进行阐述，到目前为止，中国A股上市公司可以分为主板、中小板、创业板、科创板、北证板，由于北证板于2020年才正式开通，目前无法计算该板块上市公司景气指数，而科创板上市公司景气指数也是在研究过程中首次引入，中小板上市公司于2021年4月6日，与主板上市公司正式合并，这里将中小板上市公司作为一个板块是为了真实反映中国A股上市公司的发展轨迹，而不应将中小板上市公司忽略。但是在今后的上市公司景气度研究中，将按照深圳证券交易所的主板和中小板合并为主板的说法，不再特意分析中小板上市公司景气指数。

一、2021年主板上市公司景气指数

2021年主板上市公司景气指数为111.72，位于“相对景气”区间。2021年主板上市公司7个分类景气指数中有5个位于临界值100之上，2个位于临界值100之下。其中生产景气指数为142.14，位于“较为景气”区间，在7个分类景气指数中位列第一。2021年主板上市公司现金流景气指数、成本景气指数分别为94.85、96.65，均位于“微弱不景气”区间；投资景气指数、雇佣景气指数分别为101.84、105.20，均位于“微景气”区间；销售景气指数为118.44，位于“相对景气”区间；盈利景气指数为122.94，位于“较为景气”区间。

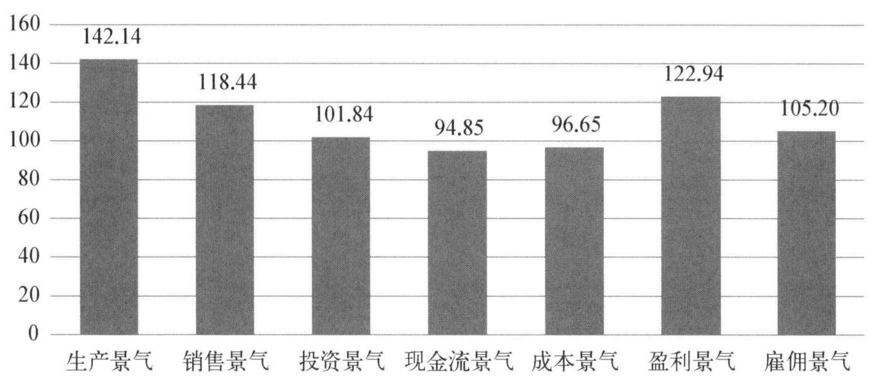

图7-69　2021年主板上市公司分类景气指数

二、2021年中小板上市公司景气指数

2021年中小板上市公司景气指数为112.25,位于"相对景气"区间。2021年中小板上市公司7个分类景气指数中有5个位于临界值100之上,2个位于临界值100之下。其中生产景气指数为141.87,位于"较为景气"区间,在7个分类景气指数中位列第一。2021年中小板上市公司现金流景气指数为89.60,位于"相对不景气"区间;成本景气指数为97.18,位于"微弱不景气"区间;投资景气指数为103.21,位于"微景气"区间;销售景气指数、雇佣景气指数分别为115.66、116.36,均位于"相对景气"区间;盈利景气指数为121.84,位于"较为景气"区间。

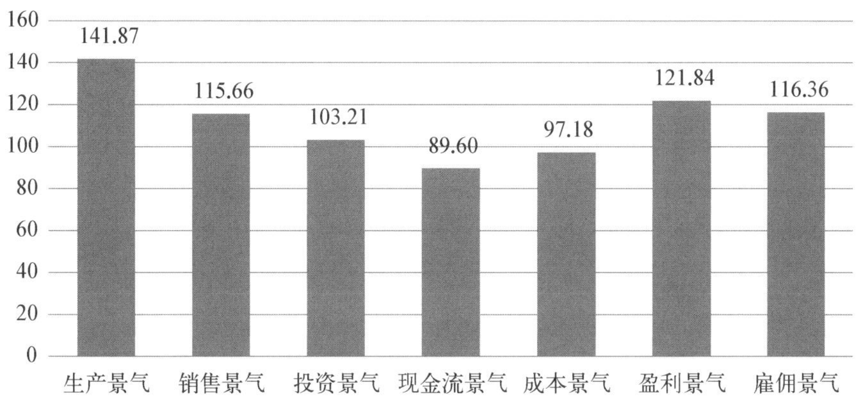

图7-70　2021年中小板上市公司分类景气指数

三、2021年创业板上市公司景气指数

2021年创业板上市公司景气指数为113.78,位于“相对景气”区间。2021年创业板上市公司7个分类景气指数中有5个位于临界值100之上,2个位于临界值100之下。其中生产景气指数为144.95,位于“较为景气”区间,在7个分类景气指数中位列第一。2021年创业板上市公司现金流景气指数为88.72,位于“相对不景气”区间;成本景气指数分别为96.20,位于“微弱不景气”区间;投资景气指数为109.62,位于“微景气”区间;销售景气指数、盈利景气指数分别为111.31、116.63,均位于“相对景气”区间;雇佣景气指数为121.84,位于“较为景气”区间。

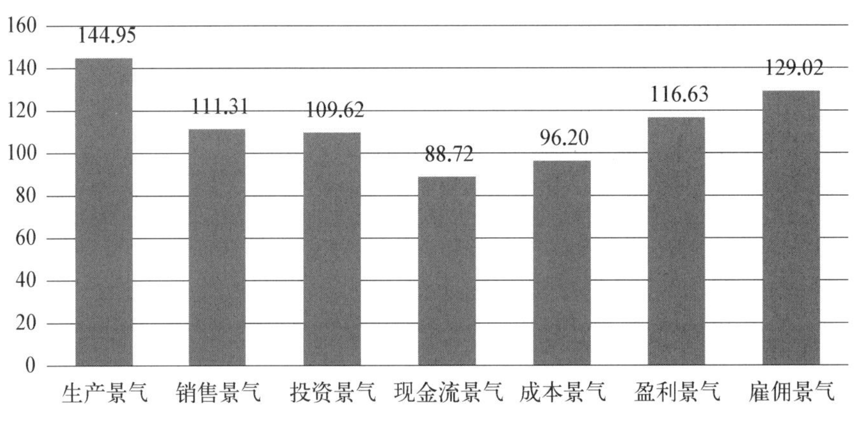

图7-71　2021年创业板上市公司分类景气指数

四、2021年科创板上市公司景气指数

2021年科创板上市公司景气指数为132.29,位于“较为景气”区间。2021年科创板上市公司7个分类景气指数中有4个位于临界值100之上,3个位于临界值100之下。其中生产景气指数为172.86,位于“较强景气”区间,在7个分类景气指数中位列第三。2021年科创板上市公司成本景气指数为78.86,位于“较为不景气”区间;现金流景气指数为85.14,位于“相对不景气”区间;销售景气指数为96.57,位于“微弱不景气”区间;盈利景气指数为128.29,位于“较为景气”区间;投资景气指数为175.14,位于“较强景气”

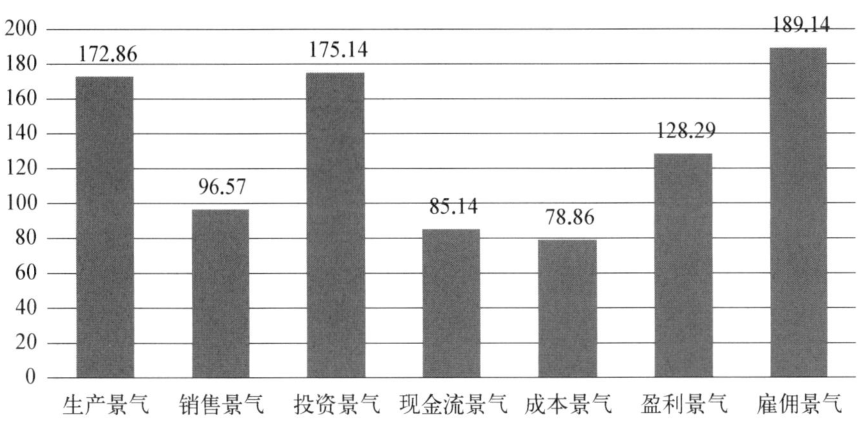

图7-72　2021年创业板上市公司分类景气指数

区间；雇佣景气指数为189.14，位于“非常景气”区间，在7个分类景气指数中位列第一。

五、2021不同板块上市公司景气指数比较

2021年上市公司景气指数为112.66，位于“相对景气”区间，主板上市公司景气指数、中小板上市公司景气指数、创业板上市公司景气指数分别为111.72、112.25、113.78，均位于“相对景气”区间，科创板上市公司景气指数为132.29，位于“较为景气”区间。从不同板块上市公司景气指数来看，科创板上市公司景气指数位列第一，且远远强于其余3个板块的上市公司景气指数，这与科创板上市公司大部分为科技创新类企业、大部分来自战略性新兴产业、本身具有高成长性有关，还有就是科创板上市公司于2019年才正式开通，从中小板、创业板上市公司历年景气指数变化来看，越是刚上市的那段时间，景气指数越高，因此，2021年科创板上市公司景气指数远远强于其他3个板块的上市公司。科创板上市公司的销售景气指数、现金流景气指数、成本景气指数均弱于其他3个板块，特别是销售景气指数更是与其他3个板块有着较大的差距。但是科创板上市公司的生产景气指数、投资景气指数、盈利景气指数、雇佣景气指数均强于其他3个板块，特别是投资景气指数和雇佣景气指数更是远远强于其他3个板块，数据表明，科创板上市公司处于高成长阶段，对产业的前景充满了信心，继续扩大投资规模的意愿

非常强烈。同时,科创板上市公司对人才的渴望也非常强烈,充分认识到人才资源作为第一生产力的重要性,其雇佣景气指数也远远强于其他3个板块。

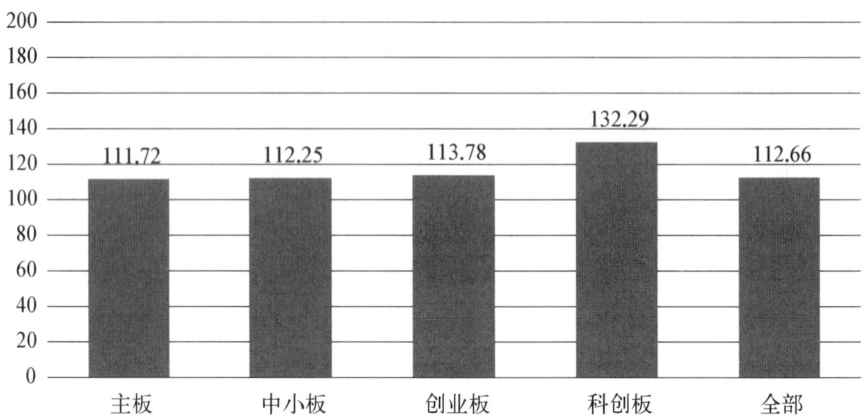

图7-73 2021年不同板块上市公司景气指数

第八章
结论与建议

第一节　相关结论

总体来看，上市公司景气指数构建方法具有准确性、科学性、时效性、可操作性，能够用来计算沪深两市不同板块、区域、行业的上市公司景气指数，计算结果也能够较好地反映上市公司的生产经营等总体运行状况，可以作为反映上市公司基本面的量化指标。上市公司景气指数强弱与其所处板块、区域和行业有关。

一、上市公司景气指数与区域行业有很大的关联

上市公司景气指数计算的结果符合实际情况，从比较结果看，上市公司景气指数与所在区域经济发达程度和所处行业的成长性有较大关系。上市公司景气指数与宏观经济形势之间有着较强的关联，从上市公司景气指数增长率与GDP增长率的关系看，两者之间有着同样的趋势，均呈现缓缓下行的趋势。另外，上市公司景气指数与金融危机也有关系，发生全球金融危机的2008年，上市公司景气指数创下−8.96%的增长率，为历年增长率中最低。

通过实证计算上市公司的景气指数、分类景气走势，以及对主板、中小板、创业板景气指数和不同细分行业景气指数，所计算指数均能反映上市公司发展的实际情况。本研究计算了2001—2021年的上市公司景气指数，计算的结果显示上市公司历年景气指数均位于临界值100之上。虽然在不同年份指数有着不同程度的起伏波动，而在2003年(112.45)、2007年(118.41)、2010年(120.14)和2017年(117.11)出现几个阶段运行高点，总

体来看，上市公司景气指数呈现螺旋式的缓缓上行，这与上市公司不断发展壮大、规模和市值都稳步上升的实际情况是较为吻合的。同时经济越发达的省份，上市公司数量越多，上市公司景气指数也越强。广东、浙江、江苏、上海、北京等经济发达的省份，上市公司数量排位居前，其上市公司景气指数也较强。不同行业的上市公司景气指数之间差异巨大，成长性行业、国家政策重点扶持的行业上市公司景气指数较强。

二、不同板块上市公司的景气指数差异显著

一方面，主板上市公司、中小板上市公司和创业板上市公司所处行业的成长性有着较大差异，创业板上市公司和中小板上市公司所处行业的成长性要高于主板上市公司；另一方面，主板上市公司要求高，IPO的时候已经过了高速增长期，而中小板和创业板IPO要求较低，上市后才进入高速成长期。反映在上市公司景气指数上出现以下两个现象：第一个现象是主板、中小板和创业板三类上市公司景气指数之间呈现出一个非常明显的特征，创业板上市公司景气指数强于中小板上市公司，中小板上市公司景气指数又显著强于主板上市公司。第二个现象是主板上市公司景气指数趋势线是缓缓上升的，而中小板上市公司和创业板上市公司的景气指数的趋势线则是缓缓下行的。中小板和创业板上市公司这两个板块在刚推出来的头几年，其景气指数创下新高后就逐步下行，虽然某些年份也会反转上行，但是高点却逐步降低。企业生命周期理论可以解释这个现象，企业生命周期包括发展、成长、成熟和衰退几个阶段，中小板和创业板上市公司具有高度的成长性，基本上在成长期上市，经历过快速的增长后，进入成熟期，结果反映在景气指数上呈现出下行的趋势，经过下行一段时间后，又出现主板上市公司同样的缓缓上行的趋势，最后，3个板块的上市公司景气指数在近3年中呈现出相互靠拢的趋势。

第二节 相关建议

上市公司是中国经济发展的重要力量，其中有大量的战略性新兴产业

和现代服务业企业，大量关系到国计民生的国有企业是上市公司中的中坚力量，银行、保险、房地产、能源、交通等大型国有企业都在上市公司中，因此上市公司基本上代表着中国经济发展的质量和产业发展的趋势。因此考察上市公司景气度，有助于提前预判经济形势，有助于把握产业发展趋势。因此，上市公司景气度，特别是细分行业上市公司景气度，可以为政府决策咨询提供参考依据。

一、利用上市公司景气度来了解产业未来发展趋势

上市公司景气度全面反映了上市公司的基本面，是一个评价上市公司发展的客观指标。按照行业划分的上市公司景气指数则代表该行业上市公司发展的基本面，特别是通过对历年行业景气指数走势的判断，可以看到该行业发展的历史脉络，行业发展是处于上升周期还是处于下行周期。对于一些符合国家产业发展趋势的新兴战略性产业，如果发现这个行业的景气指数呈现下行趋势，那政府相关部门要引起必要的重视。可以进一步利用该行业的分类景气指数中生产、销售、投资、成本 4 个分类景气指数，看看问题出在哪个方面，以便采取相关手段和措施来提升该行业在发展过程中的短板，达到精准调控产业发展、精准出台产业政策的效果。同时也可以利用同时间节点上的不同行业的景气指数的比较，把握不同产业发展的潜力与前景。根据上市公司的细分行业分类，2021 年共有 100 多个细分行业，其中上市公司数量较多的有电气设备、软件服务、元器件、化工原料、汽车配件、专用机械、医疗保健、化学制品、通信设备、环境保护、建筑工程、半导体等行业，充分利用这些细分行业的景气指数，可以分析出产业发展动态。上市公司行业景气指数可以用来了解行业发展现状，分析行业发展趋势，为政府相关部门制定行业发展政策提供参考依据。

二、利用上市公司景气指数为监管证券市场运行提供参考依据

上市公司景气指数对股市的走势具有一定的影响效应。因此通过计算上市公司景气指数，可以预判股市未来走势的大致变化，当然这里指的是一个长期趋势，至少是一个中期的趋势。股市的无序波动，对投资者来说，无

论是机构投资者还是个人投资者都有着不利的影响。同时股市稳定发展对经济具有重大意义,稳定发展的股市有利于促进经济的稳定,减少经济的大幅波动。因此如何促进中国股市健康稳定发展,让投资者充分享受到上市公司发展的成果,又让经济平稳发展,避免经济的波动带来的损失,是一个重要的课题。而上市公司景气指数的构建,可以从微观层面为政府相关管理部门了解上市公司发展、监管证券市场运行提供参考依据。当上市公司景气指数逐步走低的时候,要从基本面上提升上市公司生产经营能力,提升上市公司的盈利能力,同时要提前做好应对股市大幅下跌带来的风险,提前从其他方面来稳定股市大幅下跌;反之,当上市公司景气指数大幅上扬时,要考虑到可能会引起的股市大幅上涨,将导致大量资金流入股市,实体经济会受到损害,甚至出现全民炒股的局面,这个时候就要避免出台刺激股市上涨的政策。总之,通过上市公司景气指数的研究,可以为监管部门平稳股市的大幅波动提供时间上的先机,从而有利于促进股市健康平稳地发展。

三、通过优化营商环境提升上市公司发展景气度

上市公司基本上都是所在行业的佼佼者,有些是“专精特新”小巨人企业,有些是单项冠军企业,还有大量银行、保险类上市公司是国有企业。上市公司作为行业发展的风向标,对整个行业的发展有着举足轻重的作用,上市公司的发展可以反映出产业的发展状况。上市公司对整个国民经济的发展有着非常重要的作用,关系到国计民生的方方面面,同时对地方经济发展有着非常重要的作用,从前面的分析中,可以发现经济越发达的省份,上市公司数量越多,景气度也越高,可见上市公司能够提升一个地方的经济发展水平。同时上市公司具有品牌效应,能够为城市的发展带来正面的宣传作用,可以起到城市名片的作用;上市公司自身具有较强的研发能力,拥有大量的专利,有利于提升所在城市的科技创新能力。因此,上市公司在地方经济发展中的作用日益显著。为了促进上市公司更好地发展,地方政府应该想方设法为所在区域的上市公司提供良好的营商环境,让上市公司发展速度更快,发展质量更高,当上市公司获得快速发展,成长为行业的领头企业,能够占有更广阔的市场和获得较强的盈利能力,这个时候上市公司会上缴更多的税收,吸纳更多的就业,为地方经济发展做更大的贡献。因此,地方

政府一方面要鼓励、扶持本地企业上市，为本地企业上市提供绿色通道；另一方面，地方政府要为上市公司提供良好的营商环境，提升上市公司的发展能力，从而提升上市公司的景气度。

参考文献

1. 张友棠，张勇. 企业财务景气监测预警系统初探[J]. 财会通讯，2006(8).
2. 陈乐一，李春风，李玉双. 我国物价景气的测定及展望——基于构建物价景气扩散指数的分析[J]. 价格理论与实践，2011(5).
3. 王恩德，梁云芳，孔宪丽，高铁梅. 中国中小工业企业景气监测预警系统开发与应用[J]. 吉林大学社会科学学报，2006(5).
4. 徐广军，张腊梅. 基于企业景气状况的财务预测研究——以企业调查数据为样本[J]. 上海立信会计学院学报，2008(5).
5. 曾全红. 时间序列分析与季节调整方法浅析[J]. 北京统计，2000(4).
6. 宋晓梅. 从企业景气指数看北京经济发展潜在问题[J]. 北京统计，2004(6).
7. 韩胜新. 企业景气指数预测效果实证分析与应用探讨[J]. 现代商贸工业，2012(3).
8. 黄晓波. 基于会计信息的企业景气指数研究——以我国上市公司 2007—2012 年数据为例[J]. 南京审计学院学报，2013(10).
9. 陈国政. 上市公司景气指数指标体系构建研究[J]. 上海经济研究，2017(12).
10. 曾锋等. 长沙房地产市场景气指数研究与应用[J]. 现代商贸工业，2011(7).
11. 吴健辉等. 中部六省企业景气指数与 GDP 增长率的相关关系分析[J]. 景德镇学院学报，2005(4).
12. 王亮萍. 从景气指数与 GDP 的相关分析看景气调查的科学实用性[J]. 山西统计，2003(10).
13. 王恩德. 中国中小工业企业景气监测预警系统开发与应用[J]. 吉林大学社会科学学报，2006(5).
14. 芮莎，程琳. 经济周期波动和景气指数研究综述[J]. 合作经济与科技，2011(13).
15. 孔凡文. 格兰杰因果关系检验模型分析与应用[J]. 沈阳建筑大学学报，2010(2).
16. 秦伟广. 我国股票市场指数与国际股票市场主要指数的联动性分析——基于协整分析[J]. 技术经济，2010(11).
17. 王耀，韩福林，张冬晓. 对包头市企业景气指数与 GDP 相关关系的数量分析[J]. 内蒙古统计，2003(5).
18. 高辉清. 工业景气止跌回升——2000 第一季度工业景气调查分析报告[J]. 预测，2000(2).
19. 刘树成. 中国经济波动的新轨迹[J]. 经济研究，2003(3).

20. 刘金全,范剑青. 中国经济周期的非对称性和相关性研究[J]. 经济研究,2001(5).
21. 解三明. 我国经济中长期增长潜力和经济周期研究[J]. 管理世界,2000(5).
22. 陈磊. 企业景气状况与宏观经济运行[J]. 管理世界,2004(3).
23. 王志强,段谕. 股票价格与货币需求关系的实证分析[J]. 东北财经大学学报,2000(2).
24. 李雁华. 股票市场的晴雨表效用评价[J]. 发展,2011(11).
25. 陈迪红,李华中,杨湘豫. 行业景气指数建立的方法选择及实证分析[J]. 系统工程,2003(4).
26. 李文溥,尚琳琳,林新. 地区经济景气指数的构建与景气分析初探[J]. 东南学术,2001(6).
27. 梁运斌. 我国房地产业景气指标设置与预警预报系统建设的基本构想[J]. 北京房地产,1995(11).
28. 张霞,陈晓亮,刘晓敏. 四川工业经济运行预警指标体系的构建[J]. 经济体制改革,2006(6).
29. 王焕高,王志强. 我国经济景气波动的原因分析[J]. 财经问题研究,1997(11).
30. 刘伟. 甘肃省企业景气状况分析[J]. 发展,2003(12).
31. 石良平. 景气循环预警方法的理论思考[J]. 财经研究,1992(5).
32. 黄孝祥. 沪深 300 指数与国际股票指数的联动性研究[J]. 长江大学学报,2009(4).
33. 张平. 中国上市公司发展报告(2015)[M]. 北京:社会科学院出版社,2015.
34. 高明华等. 中国上市公司企业家能力指数报告(2014)[M]. 北京:经济科学出版社,2014.
35. 沈开艳. 上海经济发展报告(2016)[M]. 北京:社会科学院出版社,2016.
36. 沈开艳. 上海经济发展报告(2017)[M]. 北京:社会科学院出版社,2017.
37. 赵弘. 中国区域经济发展报告(2016—2018)[M]. 北京:社会科学院出版社,2017.
38. 李扬等. 全球化下的中国经济学(2006)[M]. 北京:社会科学院出版社,2006.
39. 王振. 长三角地区经济发展报告(2014)[M]. 上海:上海社会科学院出版社,2014.
40. 池仁勇等. 中国中小企业景气指数研究报告 2016[M]. 北京:社会科学院出版社,2016.
41. 刘涛. 经济增长与产业与产业结构变动的关系及其效应研究[M]. 北京:科学出版社,2013.
42. 林李亚. 企业景气指数与工业增加值的相关性分析[C]. 北京市第十五次统计科学讨论会获奖论文集,2009.
43. 赵光娟. 企业景气指数的干预模型研究[D]. 武汉:华中农业大学,2011.
44. 叶成雷. 区域中小企业景气指数研究和实证分析[D]. 杭州:浙江工业大学,2012.
45. 邹洪伟. 投资景气指数的研究[D]. 北京:北方工业大学,2002.
46. 谭德彬. 基于景气预测技术的宏观经济监测预警系统的设计与实现[D]. 成都:西南财经大学,2004.
47. 胡淑静. 中小企业景气指数和预警系统研究[D]. 杭州:浙江工业大学,2012.
48. 龚盈盈. 基于景气指数的宏观经济监测预警系统研究[D]. 武汉:武汉理工大

学，2005.
49. 邓明. 季节指数的估计及其应用的研究[D]. 无锡：江南大学，2007.
50. 张玉霞. 我国服务业景气监测预警研究[D]. 石家庄：河北经贸大学，2013.
51. 王振等. 长三角中微小企业景气指数发展报告(2013)[R]. 上海：上海社会科学院，2014.

图书在版编目(CIP)数据

中国A股上市公司景气度研究 / 陈国政著 .— 上海 ：上海社会科学院出版社，2022
ISBN 978-7-5520-3952-8

Ⅰ.①中… Ⅱ.①陈… Ⅲ.①上市公司—景气指数—研究—中国 Ⅳ.①F279.246

中国版本图书馆CIP数据核字(2022)第162738号

中国A股上市公司景气度研究

著　　者：陈国政
责任编辑：杨　国
封面设计：杨晨安
出版发行：上海社会科学院出版社
上海顺昌路622号　邮编200025
电话总机021-63315947　销售热线021-53063735
http://www.sassp.cn　E-mail:sassp@sassp.cn
排　　版：南京展望文化发展有限公司
印　　刷：上海景条印刷有限公司
开　　本：710毫米×1010毫米　1/16
印　　张：16.75
插　　页：1
字　　数：263千
版　　次：2022年9月第1版　　2022年9月第1次印刷

ISBN 978-7-5520-3952-8/F·716　　定价：88.00元